/ 江苏省"十四五"时期重点图书出版规划项目 /

STRONG GOVERNMENT AND STRONG SOCIETY:
THE STUDY ON THE CONSTRUCTION OF
CHINESE GOVERNANCE SYSTEM

强政府与强社会：
中国治理体系建构研究

闵学勤 罗薇薇 邱 婕 著

当代中国社会心态和社会治理

丛书主编 陈云松

南京大学出版社

图书在版编目(CIP)数据

强政府与强社会：中国治理体系建构研究 / 闵学勤，罗薇薇，邱婕著. — 南京：南京大学出版社，2023.5
（当代中国社会心态和社会治理 / 陈云松主编）
ISBN 978-7-305-26488-7

Ⅰ.①强… Ⅱ.①闵… ②罗… ③邱… Ⅲ.①社会管理－研究－中国 Ⅳ.①D63

中国国家版本馆 CIP 数据核字(2023)第 011982 号

出版发行　南京大学出版社
社　　址　南京市汉口路 22 号　　邮　编　210093
书　　名　**强政府与强社会：中国治理体系建构研究**
　　　　　QIANGZHENGFU YU QIANGSHEHUI　ZHONGGUO ZHILI TIXI JIANGOU YANJIU
著　　者　闵学勤　罗薇薇　邱　婕
责任编辑　还　星　　　　　　　　编辑热线　(025)83593052
照　　排　南京南琳图文制作有限公司
印　　刷　江苏凤凰数码印务有限公司
开　　本　718 mm×1000 mm　1/16　印张 14.5　字数 230 千
版　　次　2023 年 5 月第 1 版　2023 年 5 月第 1 次印刷
ISBN 978-7-305-26488-7
定　　价　68.00 元

网址：http://www.njupco.com
官方微博：http://weibo.com/njupco
官方微信号：njupress
销售咨询热线：(025) 83594756

＊版权所有，侵权必究
＊凡购买南大版图书，如有印装质量问题，请与所购图书销售部门联系调换

目 录

第一章 治理时代的开启 ··············· 1
第一节 何为治理 ·················· 1
第二节 治理理论及其西方实践 ········· 16
第三节 治理的本土孕育及其现代实践 ····· 31

第二章 以治理为名的战略架构 ·········· 46
第一节 政府战略 ·················· 46
第二节 社会战略 ·················· 60
第三节 市场战略 ·················· 73

第三章 从大政府到强政府 ············· 77
第一节 国家与社会的关系 ············· 78
第二节 大政府治理的中国现实 ·········· 85
第三节 从大政府到强政府的实现路径 ····· 92

第四章 从小社会到强社会 ············· 102
第一节 小社会的源起与进路 ············ 102
第二节 国家治理体系中的社会建构 ······· 111
第三节 从小社会到强社会何以可能 ······· 120

第五章　本土治理现状与经验研究 ………………………………… 135
第一节　基于中国十座城市调研的实证研究 …………………… 136
第二节　基于南京基层社区治理的创新实践 …………………… 145

第六章　治理体系中的模式研究 …………………………………… 167
第一节　平台型治理 ……………………………………………… 167
第二节　嵌入式治理 ……………………………………………… 173
第三节　大数据治理 ……………………………………………… 179
第四节　合作治理 ………………………………………………… 184
第五节　新参与式治理 …………………………………………… 192
第六节　脱域式治理 ……………………………………………… 196

第七章　治理能力和体系现代化进程中的强强融合 ……………… 202
第一节　政府治理能力提升 ……………………………………… 202
第二节　社会治理能力提升 ……………………………………… 212
第三节　中国治理体系的建构及未来 …………………………… 222

第一章

治理时代的开启

1989年,"治理"一词被世界银行作为非洲危机和发展问题的关键词提出,后来成为社会理论研究的显学以及政治建设实践的重点。从政治领域到社会经济领域,小至企业、社区,大至国家、全球社会,治理的适用范围及作用不断扩大。作为学术话语,"治理"被加以多重维度的诠释,成为一套具有争议性且充满生命力的复杂思想体系。因此,我们有必要从知识社会学的角度追溯"治理"的学理内涵、回溯西方国家的治理实践,以解答:究竟何为治理? 治理兴起的原因与主要论题何在? 治理理论的困境及前景如何? 中国治理变革通往何处?

第一节 何为治理

20世纪90年代以来,"治理"一词被广为使用。治理应用的范围、领域日增月盛,政治学、社会学、经济学、管理学、地理学等学科领域的不同视角赋予了治理多义性阐释,治理的词义在动态发展的同时也模糊了概念边界。正因如此,我们有必要先从词源学的意义上考察"治理"一词从何而来、如何演化并流行,梳理治理概念的图谱,以解决概念和语义上的分歧,探究治理理念的真切意义。

一、旧语汇新释义

古代中国关于治理的最初语义发端于天下之治、国之大治或帝王之治中,正如周文王与姜太公在《淮南子·齐俗训》中各自受封时的对话"何以治鲁""何以治齐",这既与《诗经》中所传授的"普天之下,莫非王土"的传统观念有关,也与《史记》中所悟到的"天下非一人之天下,乃天下之天下。同天下之利者,则得天下;擅天下之利者,则失天下"的治理之道有关。在几千年中华文明的孕育过程中,除了天下之治,古语中与治理相关的释义还包含"礼治""仁政""无为""民本""大同"等理念。

大国礼治,看似轻法重礼,实则是其对植根于民间礼尚往来、风土人情、纲常信条、处变之道的信任和认同。由此延展出的大国秩序形成独特的、绵延千年的中国之治。有学者认为这在一定程度上甚至超越科层化、组织化和制度化①。孔子曰"克己复礼""礼以行义",孟子曰"盖礼可以包法",孔孟之言宣扬礼是人们由个体对集体,由小我对大家的一种遵从,是人们长久以来形成的往来关系以及社会秩序的一套完整的规范。作为儒学核心价值的礼渗透于大国之治中,也使泱泱之国自古就有"礼仪之邦"的美誉,且对礼的解读甚为广泛——大到国家体制、宗族礼仪、典章规范,小到家庭及个体生活习俗、行为模式,无不涉猎,成为社会成员的重要文化归依②。也因此,礼作为一种传统,礼教作为社会行为,礼治作为治理要义,在陶冶人们情操的同时,发展出治国的伦常和秩序,并通过不断地丰富其思想和内涵,将大国治理中需要应对的关系问题、道德问题、阶层问题、国家问题等网罗其中,使得古代中国对于治理话语的解读维度区别于西方文明。

以仁治国、以仁施政,是孟子对儒家的最大贡献之一,也是基于"民贵君轻""人性本善""有恒产者有恒心"等理念基础上建构起来的中国古代理想治理模式之一。仁是中国古代文化的一个核心概念,指人的道德修养的最高境界、做人所追求的理想人格。古人把"仁"的原则运用于国家治理所形成的"仁政"主张,既是推此及彼,也是希望从中华文化内核中汲取共识,然后放之四海,即"天子不仁,不保四海;诸侯不仁,不保社稷;卿大夫不仁,不保宗庙;士庶人不仁,不保四体"(《孟

---

① 任锋:《大国礼治何以重要?——政制崇拜、治体论与儒学社会科学刍议》,《孔子研究》2021年第6期。
② 宣朝庆:《社会治理传统的再发明——以礼治为核心的分析》,《上海师范大学学报(哲学社会科学版)》2020年第6期。

子·离娄上》)①。因此仁政在理念上具有合法性和社会基础,"三代之得天下也以仁,其失天下也以不仁"②,"不仁而得国者有之矣,不仁而得天下,未之有也"③,但仁政在现实操作中具有很大难度,它高度依赖国家和地区长期稳定的政治经济局势,也依赖历朝历代是否有明君当政,还依赖不断变迁中的民心向背。

相比"礼治""仁政","无为"是古代中国治理之道里最富哲学思想的一种战术。"无为而治"取之于老子"道法自然""为无为,则无不治"(《道德经》第三章)。道家所谓的"无为",并非不作为,而是顺天时、顺自然、顺民心,一切以其应有的道义和秩序顺势而为。"无为"要求在治理中不以君王的意志而转移、不以一己之利而假公、不以过度欲望而逆天,这种治理境界也同样具有理想主义色彩。为此,在操作层面,老子进一步释义"无为"可能产生的后果,即"我无为而民自化,我好静而民自正,我无事而民自富,我无欲而民自朴"(《道德经》第五十七章)。以"我(君王)"的放下并敬畏自然、天地之道,那么即可孕育民之教化、民之善行、民之自治,最终"以正治国,以奇治兵,以无事取天下"。古代中国"无为而治"的理念强调人与自然、人与天地的和谐共生,反对所有违背天道人伦的"有为",而以顺应万物生长、发展的规律即所谓"无为"来取民意、赢人心,即便在两千多年后的今天,这仍是经典的治理之道。

"民本"的思想是相对于君本和官本而言,民为国本、民为政本,"民惟邦本,本固邦宁"(《尚书·五子之歌》)。这种以民为本的古代中国治理思想,贯穿于历朝历代江山社稷的固守之中。但与以人为本不同的是,"民本"思想并非自下而上基于百姓的需求和百姓的福祉,而更多基于自上而下的天意以及稳定和昌盛。"天之生民,非为君也;天之立君,以为民也"(《荀子·大略》),"天以民为心,民安乐则天心顺,民愁苦则天心逆"(《潜夫论·本政》)。在受命于天的基础上,"敬天"和"保民"互为一体,通过保民、安民、恤民来顺应天意、敬畏君主。从这个意义上说,"民本"思想只是手段而不是目的,民稳定则国家稳定、政治稳定,如果民不稳定则国

---

① 徐伟新:《论古代中国的国家治理——探寻中华文化和中国精神的历史源头》,《中共中央党校(国家行政学院)学报》2021年第6期。
② 万丽华、蓝旭译注《孟子》,北京:中华书局2007年版,第149页。
③ 同上,第324页。

家不稳、政治不稳。"立君者天也,养民者君也"①,民的存在、民的安宁,最终服务于国家和政治,也只不过是一种道德上的怜悯或是维护君主统治的一种砝码②。不过顺天意、固邦本的民本思想在现实操作中仍有其意义和价值。孟子在战国时期根据当时的社会情况以及百姓疾苦,提出振聋发聩的"民贵君轻"论,并进而提出:在政治上重民,尊重臣民、倾听民意、安抚民心;在经济上养民,大力推行"制民之产""与民以时"和"平均赋税";在文化上教民,将人伦五常教之于民,以促进为政和谐等。从民本思想到民本实践,在涓涓细流中将大国之治渗透于民间,由开化、教化到进化,代代相传,民作为国之主体得以扎根、延续,为后来者开启中国之治打下了基础。

"大同"思想发端于商朝和西周时期,至春秋战国,儒、道、墨等各家直至近现代思想家对此均有论述,共同奠定了中国有关"天下为公,世界大同"(《礼记·礼运·大同》)的基本内涵。各家对大同理念的解读和憧憬主要集中在"财产公有,天下一家,有衣同穿,有饭同食,合理分工,选贤与能,安详和谐"③ 等理念上,也即所有、所长、所养、所终等都能推己及人、博施于民。它是历代政治家、思想家所向往的治国理政目标,也是人类命运共同体所恪守的原则。在大同思想的理想光环下,"仁者爱人""以和为贵""己所不欲,勿施于人"等思想,深深植根于中华民族的精神之中,构筑了中华民族为人处事、治国理政的行为方式特点④。在日常实践中,大同观还常常被"和谐稳定""和而不同"的短期治理目标所替代,这与古代中国传承下来的集体主义价值观有关,也与百姓对"礼治""仁政""民本"等治理方略有期待有关。在分工相对单一、文化相对同一、价值观相对统一的古代中国,大同思想容易根植于心,或成为安抚天下的一剂良药、但随着经济、社会和文化的多元发展,特别是随着西方文明的入侵,如何输出大同思想并建构和谐的人类命运共同体便成为治理难题。

---

① 李淑英、王天琪:《"人本"和"民本"统一视域下共享发展的推进理路》,《广西社会科学》2021年第6期。

② 王远:《从"民本"到"人本"——以儒学为核心的中国社会保障思想传统与当代变迁》,《社会科学辑刊》2015年第5期。

③ 徐伟新:《论古代中国的国家治理——探寻中华文化和中国精神的历史源头》,《中共中央党校(国家行政学院)学报》2021年第6期。

④ 孙聚友:《儒家大同思想与人类命运共同体建设》,《东岳论丛》2016年第11期。

就西方而言,"治理"经过漫长的西方文明史,特别是 20 世纪中后期的理论与实践相长,从语汇上已被学术界所熟知,具体含义常常在不同学科语境下被加以不同理解。治理词语的滥用及概念边界的模糊,为其招致了"新瓶装旧酒"①的批评,这从根基上挑战了治理的话语体系。概念的辨析和界定的工作尤为紧迫,我们亟须端本正源、剖析治理词义、反思常识性理解,追问这一语汇"新"在何处。

"新瓶装旧酒"的质疑使治理的阐释陷入两难。近三十年,关于治理的著书立说骤增,"治理"一词以十分宽泛的意义被言说,看似包罗万象,但经常没有确切含义。跨学科、跨领域的应用也导致治理概念的具体指代内容逐渐失焦,出现诸多种"治理的变形"(varieties of governance)②,甚至彼此之间相互矛盾,由此产生了诸多批评。正如鲍勃·杰索普所说,治理已然成为"可以指涉任何事物或毫无意义的'时髦词语'"③。作为主流的描述词,"治理"无处不在、无所不含,出现了一股给当下流行的其他话语加上"治理"词缀的学术潮流。④ 各种似是而非的用法使"治理"一词成为"空洞的能指",克劳斯·奥菲反思这种概念的空洞化使治理占据了政治和学术话语的主导地位,在语言用法上被作为"统治"(government)所属的"类范畴"(superordinate category)而不是与之相反的概念,由此,治理成为一切社会秩序的同义词。⑤ 正是由于治理的概念含糊不清,批判的矛头指向了治理与公民权利、民主政治、政策网络、国家重构等理论的重叠,当上述概念并行之时甚至可以将治理与其他概念画上等号。

怀疑论者对"治理"的驳斥和攻击,主要源自旧语"governance"与词义所指之间的区别尚未被辨析。治理(governance)一词最早可追溯到古希腊政治术语"κυβερναω",其与统治的词源相同。早在柏拉图的著作中,治理就被作为一种统治

---

① "治理"概念被怀疑为"新瓶装旧酒、没有新意",参见[英]鲍勃·杰索普:《治理的兴起及其失败的风险:以经济发展为例的论述》,载俞可平主编《治理与善治》,北京:社会科学文献出版社 2000 年版,第 57 页。

② Giliberto Capano, Michael Howlett, M. Ramesh, "Re-thinking Governance in Public Policy: Dynamics, Strategy and Capacities", *Varieties of Governance: Dynamics, Strategies, Capacities*, London: Palgrave Macmillan, 2015, p. 3.

③ [英]鲍勃·杰索普:《治理的兴起及其失败的风险:以经济发展为例的论述》,载俞可平主编《治理与善治》,北京:社会科学文献出版社 2000 年版,第 55 页。

④ R. A. W. Rhodes, "Governance and Public Administration", *The Oxford Handbook of Public Management*, Oxford: Oxford University Press, 2007, p. 286.

⑤ Claus Offe, "Governance: An 'Empty Signifier'?", *Constellations*, Vol. 16, No. 4, 2009.

技艺来讨论,《政治家篇》记录的对话把统治者形象地比喻为"操舵者"(steersman)①。可见,船舵(gouvernail)是最原始的意思②,意为操纵、控制和引导。16世纪末,"治理"指代一种新的"治理术"(gouvernementalité),沿袭基督教"把政治当作一种牧羊的活动"③之传统,通过掌管空间、人口数量、健康等实现对人的"看护"。按照柏拉图的隐喻,如果传统治理关注的是船长或舵手如何引领船舰航行的方向,那么新的治理模式则转向了如何让人们登上舰船。直至1990年前后,治理的含义基本都没有太大的变化,一直被视为统治的异名同义词,用于表达统治者掌控并行使公共权力、管理国家公共事务的政治活动,甚至在近现代一度被社会科学领域遗忘。治理的兴起是在20世纪80年代末,世界银行重提"治理"并发布一系列报告,《撒哈拉以南非洲:从危机到可持续发展》(1989)、《治理与发展》(1992)、《非洲:治理危机》(1994)等等,将治理水平和经济发展相勾连,对政府在现代市场经济中的角色、公共部门管理、责任制度、经济发展的法律框架、信息透明度提出新的要求,旨在缩小政府干预的范围、建构中性的现代国家。④ 自此,治理概念的新轮廓逐渐被勾勒出来,并迅速在社会科学领域流行。

20世纪90年代以来,诸多学者针对治理的新词义做出了具体诠释。受后现代社会哲学的影响以及经济社会秩序失控的现实挑战,西方政治学家、社会学家反思统治的经典意义,反对将治理等同于统治。主要代表论点如下。詹姆斯·罗西瑙作为治理的最早提出者之一,认为治理的内涵与外延比统治更为丰富:"它既包括政府机制,同时也包含非正式、非政府的机制,随着治理范围的扩大,各色人等和各类组织得以借助这些机制满足各自的需求,并实现各自的愿望"⑤。作为规则体系和制度安排的治理覆盖了从家庭到国际组织各个层面的人类活动。罗茨

---

① Plato, *Plato: Complete Works*, edited by John M. Cooper, Indianapolis/Cambridge: Hackett Publishing Company, 1997, p.341.
② [法]让-皮埃尔·戈丹:《何谓治理》,钟震宇译,北京:社会科学文献出版社2010年版,第14页。
③ [法]米歇尔·福柯:《安全、领土与人口》,钱翰、陈晓径译,上海:上海人民出版社2010年版,第112页。
④ 中文表述根据刘军宁的翻译和引介,"智贤"(刘军宁)对世界银行相关报告进行了详细梳理、归纳和补充。参见智贤:《GOVERNANCE:现代"治道"新概念》,载刘军宁等主编《市场逻辑与国家观念》,北京:生活·读书·新知三联书店1995年版,第55—78页。
⑤ [美]詹姆斯·N.罗西瑙主编《没有政府的治理——世界政治中的秩序与变革》,张胜军、刘小林等译,南昌:江西人民出版社2001年版,第5页。

总结了六种治理的用法,分别指涉最小国家、公司治理、新公共管理、善治、社会—控制系统与自组织网络。为避免概念的模糊,他尝试给治理一个"指定的定义",即自组织的组织间网络,正因为网络的自主性促使治理对政府统治、中央控制发起挑战。[1] 时隔二十年,回应对"新治理"等说法、概念的质疑,有学者认为新、旧之分仅仅是一个经验问题而非分析问题[2],罗茨重新将治理的用法划分为公司治理、新公共管理、善治、国际治理、社会—控制论系统、受马克思主义影响的新政治经济学以及网络治理,并且重新判断网络治理、元治理与中心治理是当前三种主要的治理态势,认为从福利国家的官僚体制,到撒切尔和梅杰政府的市场化改革,再到网络治理与伙伴式合作政府的转向是治理的核心。[3] 库伊曼提出"社会—政治治理",强调复杂性、动态性、多样性社会催生出来的治理新形式从政府单边主导转向了政府、社会互动的双边甚至多边的模式。[4] 斯托克梳理了主流的治理观点,提出著名的"五个论点":一是指出自政府但又不限于政府的一套社会公共机构和行为者,二是明确指出在为社会和经济问题寻求解决方案的过程中存在的界限和责任方面的模糊之点,三是肯定涉及集体行为的各个社会公共机构之间存在着权力依赖,四是指行为者网络的自主自治,五是认定办好事情的能力并不在于政府的权力、政府发号施令或运用权威。[5] 关于治理概念的理解,大家莫衷一是,联合国全球治理委员会对治理提出了一个具有高度概括性和代表性的定义,《天涯若比邻》(Our Global Neighborhood, 1995)研究报告规定:治理是各种公共的或私人的机构管理其共同事物的诸多方式的总和。它是使相互冲突的或不同的利益得

---

[1] [英]罗伯特·罗茨:《新的治理》,载俞可平主编《治理与善治》,北京:社会科学文献出版社2000年版,第86—106页。

[2] Oliver Treib, Holger Bähr, Gerda Falkner, "Modes of Governance: Towards a Conceptual Clarification", *Journal of European Public Policy*, Vol. 14, No. 1, 2007.

[3] R. A. W. 罗茨:《理解"治理":二十年回眸》,丁方达译,《领导科学论坛》2016年第17期;R. A. W. 罗茨:《理解治理:政策网络、治理、反思与问责》,丁煌、丁方达译,北京:中国人民大学出版社2020年版;王绍光:《治理研究:正本清源》,《开放时代》2018年第2期; Mark Bevir, R. A. W. Rhodes, Patrick Weller, "Comparative Governance: Prospects and Lessons", *Public Administration*, Vol. 81, No. 1, 2003.

[4] Jan Kooiman, "Governance and Governability: Using Complexity, Dynamics and Diversity", *Modern Governance: New Government-Society Interactions*, London: Sage Publications, 1993, p. 35.

[5] [英]格里·斯托克:《作为理论的治理:五个论点》,载俞可平主编《治理与善治》,北京:社会科学文献出版社2000年版,第34页。

以调和并且采取联合行动的持续的过程。这既包括有权迫使人们服从的正式制度和规则，也包括各种人们同意或以为符合其利益的非正式的制度安排。它有四个特征：治理不是一整套规则，也不是一种活动，而是一个过程；治理过程的基础不是控制，而是协调；治理既涉及公共部门，也包括私人部门；治理不是一种正式的制度，而是持续的互动。① 治理的定义在理论研究和实践应用中出现了多种版本，以至被视为连接各个学科、领域的"桥梁"②。尽管如此，我们仍然可洞悉其中的共同关怀。

治理绝不是"新瓶装旧酒"，作为一个古已有之的旧词语，治理的重新出场标志着政府管理方式的转变。根据全球治理委员会的界定，我们可以从"合法性""法治""透明性""责任性""回应性""有效性""参与""稳定""廉洁""公正"来解析治理概念③，这十个关键词旨在重新组合国家、市场、社会的关系结构。与"统治"同义的概念框架指涉了统治者与被统治者之间船长—乘船者、牧羊人—羊群的关系，不论统治手段偏倚于强硬还是柔软、外显抑或内隐，二者在本质上都处于宰制与被支配的主客二分关系之下。相较而言，治理倾向于委托—代理的关系，并且更多地支持公民跳过代理环节的直接参与。具体来说，治理反对以政府为单一管理主体的权威中心结构，要求社会大众的参与和市场机制的引入；治理警惕国家空心化与社会碎片化的问题，强调过程中公共部门和私人部门、机构和个人的持续互动、协调；治理的机制或手段不再单纯依赖政府权威的强制，也包括以市场原则、公共利益、相互认同和社会契约为基础的非正式制度、规则；治理的目标不以政府或某一主体为限，而是寻求实现公共利益最大化、多方合作共赢的"善治"。治理从主体、过程、机制、目标等方面提出了国家社会关系、公共权力结构的调整方案，是回应复杂现代性条件下政治与市场失灵的有效理论工具。

---

① Commission on Global Governance, *Our Global Neighbourhood*: *The Report of the Commission on Global Governance*, New York: Oxford University Press, 1995, p. 2.

② Kees Van Kersbergen, Frans Van Waarden, "'Governance' as a Bridge Between Disciplines: Cross-disciplinary Inspiration Regarding Shifts in Governance and Problems of Governability, Accountability and Legitimacy", *European Journal of Political Research*, Vol. 43, No. 2, 2004.

③ 俞可平：《全球治理引论》，《马克思主义与现实》2002年第1期。

二、治理的概念谱系

治理的研究内容和实践领域甚广,治理研究者们的著述明确表明"治理"已然超越了传统"统治"的含义。那么,治理的概念内核、价值理念究竟是什么呢?解答这一问题需要将治理置于政治学、社会学的语境,并从经典作品的解读中探析核心要义。我们应围绕主体多元化、权力结构分散化、模式网络化等论题深入探讨治理概念的具体所指、范围和取向,从而回答谁治理,治理什么,通过什么途径治理,治理效果如何等问题。

一是治理主体的多元化。从有关治理的种种论述中,我们可以发现首要的共识是政府不再是唯一的主体。治理主体涵盖了个体、组织、现代国家乃至国际社会各个层级,吸纳政府之外的私人机构与公共机构、企业与非政府组织等多方力量。治理是对主、客二分式的思维框架与社会结构的认知突围,强调主体间性,公众、企业、社会组织不是政府统治的对象、客体,而是自为、自觉的参与者。继而,这引出一个新的问题,即政府在各个主体之间如何定位?一方观点主张政府少干预,甚至不干预。罗西瑙认为治理"依赖主体间重要性的程度不亚于对正式颁布的宪法和宪章的依赖",他推断"没有政府的治理"将建构未来全球新秩序,这一宏观变动对微观行为主体的影响也将会使公民在广场聚结、表达诉求成为潮流。①市场经济的发展、政治民主化的改革、非政府组织的兴起以及公众"民主性格"②的培育等将进一步使各个治理主体占据更大的治理空间,多元治理主体并存表明了政府的"他在性"。法默尔从后现代解构主义的立场反思行政官僚,提出"向他者的开放",甚至认为开放性要求真正的无政府主义。③ 另一方观点强调政府指导并推动多元主体共同治理。受法默尔的影响,张康之提出要从政府本位主义转向"他在性"。显然他的态度更加温和,偏向改良主义,其落脚点并不是以他者取代

---

① [美]詹姆斯·N. 罗西瑙主编《没有政府的治理——世界政治中的秩序与变革》,张胜军、刘小林等译,南昌:江西人民出版社2001年版,第5页、第335—338页。
② [美]卡罗尔·佩特曼:《参与和民主理论》,陈尧译,上海:上海人民出版社2006年版,第97页。
③ [美]法默尔:《公共行政的语言——官僚制、现代性和后现代性》,吴琼译,北京:中国人民大学出版社2005年版,第351页。

政府,而是建构服务型政府以更好地引导多元主体共治。① 也有观点认为治理作为一个过程,本身是一个实然性概念,可为善或为恶、为利或不为利,因此民主为政府治理提供合法性,这就指向了以责任、开放、民主为价值取向的政府机构改革,从而政府才得以具备良好的领导能力。② 相对来说,前者侧重社会本位的立场,政府、社会之间泾渭分明;大多数学者秉持后一种立场,焦点在于政府如何与市场、社会等多个主体共商、共治,即治理不是独立于政府的,政府与社会的边界相对模糊,恰恰是这种模糊打破了"中心—边缘"的不对称结构,也因此标划出在控制手段之外存在通往有序社会的新路径。建构一种国家与社会相互依赖的新型伙伴关系,正是治理的题中应有之义。

二是治理结构的分散化。治理强调不同的权力分配方式,并将市场、社会等力量整合进管理框架。库伊曼认为治理主体的行动受治理结构的制约或激活,指出治理体系的三个要素,即治理主体系统(governing system)、治理客体系统(system-to-be-governed)、治理互动机制(governance interactions)。从治理结构、治理的施予者和受与者之间交互关系的角度来看,传统等级式管理的互动特征表现为政策、法律的干预,官僚政府作为治理主体位于较高的等级和指挥的中心。③ 受"多一些治理、少一些统治"(more governance and less government)这一颇具后现代主义色彩的口号影响,库伊曼提出"作为治理的治理"(governing as governance),这个开放系统由多个利益相关者参与并包含了所有关于解决社会问题、创造社会机会的互动。④ 由是观之,授权,即权为民所赋,是治理的主要支撑。政府不再是治理的唯一合法性来源,也不再具有独霸的绝对地位。统治依赖的是政府以及威权主义的意识形态,但治理认为政策领域的秩序不是通过上令下行的权力施加,而是在多方协商中生成,是集体行为的过程。于是,治理通过塑造形形色色的"社会代理者"角色,使管理的"纵向和等级因素减弱,部分代之以按市场以

---

① 张康之:《论主体多元化条件下的社会治理》,《中国人民大学学报》2014年第2期。
② Md. Aklasur Rahaman, "Governance and Democracy", *Global Encyclopedia of Public Administration, Public Policy, and Governance*, Cham/Switzerland: Springer International Publishing, 2018, pp.2765-2770.
③ Jan Kooiman, Maarten Bavinck, Ratana Chuenpagdee, et al., "Interactive governance and governability: an introduction", *Journal of Transdisciplinary Environmental Studies*, Vol.7, No.1, 2008.
④ Jan Kooiman, *Governing as Governance*, London: Sage, 2003, p.4.

及治理社会资源的协作方式结构的横向治理"①。作为代理人,政府需要公众的反馈,需要遵守代理人建立的服务规则,需要和其他私营部门或非政府组织展开合作服务,所以说"民主和善治相互支持"。② 多元主体的参与、互动打破了等级制的金字塔,重塑了治理过程的权力结构。政府不再高居神坛中央,由自上而下、上传下达的单向式权力运行轨迹转向上下互通、双轨并行的路径,权力的光谱从垂直立式的"高塔"移向扁平化的"广场"③,呈现去中心化的特点,指向多元主体的权力共享。

三是治理模式的网络化。治理对传统等级制的管理模式提出挑战,网络化治理模式的核心是民主化、多样化、合作化,主张以参与、协商等互动机制取代统治模式的命令—控制机制。库伊曼提出了三种与治理结构和秩序相对应的治理模式,即自治、协同治理、等级管理。④ 其中,等级管理是最传统的模式,"操纵"和"控制"是这一模式的关键词;协同治理则是理想治理模式,强调治理过程的自发和有序,其重要影响在于造就了有组织的互动形式。具体而言,涉及政府和企业互动的市场治理、政府和非政府部门互动的社会治理、市场和社会成员的私人治理三个层次,网络化治理处于三者交会的路口且囊括了所有互动形式和治理模式。⑤ 网络视角下的治理具有四个基本特征:一是,公共、私人以及自愿部门等各个组织之间相互依存;二是,交换资源和协商共同目标的需要促使网络成员之间持续互动;三是,博弈互动以信任为基础并且由网络参与者协商同意的规则所调节;四是,网络具有一定的自治权。⑥ 网络化的治理模式中,多元主体之间相互耦合、默契协作,怀着共同目标携手共治。但另一方面,网络化的治理模式也存在限定性。

---

① [法]阿里·卡赞西吉尔:《治理和科学:治理社会与生产知识的市场式模式》,载俞可平主编《治理与善治》,北京:社会科学文献出版社 2000 年版,第 131 页。
② Francis Fukuyama, "What Is Governance?", *Governance*, Vol. 26, No. 3, 2013.
③ 古希腊至西欧中世纪,城镇规划布局的传统是将承载市场交易、公共活动的广场修建于象征世俗权威的神庙、高塔旁边,高塔往往占据高地势,导致影子完全覆盖了广场。因此,借用"高塔"和"广场"分别隐喻统治和治理理念下的权力结构。参见[英]尼尔·弗格森:《广场与高塔:网络、阶层与全球权力竞争》,周逵、颜冰璇译,北京:中信出版社 2020 年版。
④ Jan Kooiman, *Governing as Governance*, London: Sage, 2003, pp. 79-113.
⑤ Michael Howlett, M. Ramesh, "Achilles' heels of governance: Critical capacity deficits and their role in governance failures", *Regulation & Governance*, Vol. 10, No. 4, 2016.
⑥ R. A. W. Rhodes, "The New Governance: Governing without Government", *Political Studies*, Vol. 44, No. 4, 1996.

"责任问题是网络化管理所面临的最艰巨的挑战"①,网络成员相互依赖、互动导致主体间权责界限的平衡十分微妙。有学者从民主政治和治理网络的关系来分析,共识民主国家治理网络更强调各主体的互补角色,但是多数民主主义国家的弱联合主义会使政府更倾向于将网络作为工具,作为推行和实施公共政策的媒介,以提高政治议程的一致性、强化优势利益。② 面对集体行动和公共治理的责任困境,奥斯特罗姆在"利维坦"与"市场化"、国家与企业之外寻找"第三条道路",即"多中心治理"模式,指出社群成员选择的理想政策方案需要"有助于他们获得信息、减少监督和实施成本、公正地分配占有权和供应义务"③来解决制度供给、承诺和监督问题。麦金尼斯进一步重申奥斯特罗姆夫妇提出的"多中心"不能等同于多个权威中心,即管辖单位的数量不是这一模式的关键,关键在于参与者能够对不同集体性实体进行选择,允许消费、提供和生产者或单位在各个综合层次搭配运作以及多个领域的政治互动。④ 多元主体及其相互对话、协商、合作的机制构架了一个多中心、高弹性的治理网络,关于如何在政府、社会、经济各个领域紧密依赖的网络中实现相互支持的制度安排,学者们给出了"多中心治理""协同治理""整体性治理"等多个模型设想和解决方案,也出现了公私伙伴关系、共同监管、合资企业等新的互动模式,形成横纵相交、共同管理公共问题的组织网络。

三、治理对现代国家的挑战

治理是在社会史的宏观变迁背景下被提出的。20世纪末期的福利国家危机使现代国家的政治基础——统治体系发生动摇,再加上第三次全球化浪潮席卷民族国家,加剧了国家和政府的"空心化"。政府失灵、市场失灵是治理兴起的关键动因,国家、市场、社会关系的新组合与调整为大势所趋。国家隐没、政治终结的话题屡次被提起,"多一些治理、少一些统治""没有政府的治理"等政治改革口号

---

① [美]斯蒂芬·戈德史密斯、威廉·D. 埃格斯:《网络化治理:公共部门的新形态》,孙迎春译,北京:北京大学出版社2008年版,第105页。
② Chris Skelcher, Erik-Hans Klijn, Daniel Kübler et al. , "Explaining the Democratic Anchorage of Governance Networks", *Administrative Theory and Praxis*, Vol. 33, No. 1, 2011.
③ [美]埃莉诺·奥斯特罗姆:《公共事物的治理之道:集体行动制度的演进》,余逊达、陈旭东译,上海:上海三联书店2000年版,第317页。
④ [美]迈克尔·麦金尼斯主编《多中心体制与地方公共经济》,毛寿龙译,上海:上海三联书店2000年版,第8页。

即便存在矫枉过正的嫌疑,但也都表明了国家部分让位于社会、集权化的历史叙事方式被非中心化和多元化的思维方式取代。从"统治"到"治理"、从"善政"到"善治",是社会政治重心的转移方向。

　　治理的首要课题是权力的消解或多元化。从西方古典共和传统中混合均衡政体的设想,到有限政府、分权制衡、代议制的制度设计,政府的权力行使一直是政治哲学探究的重要议题。传统的专制管理模式以统一命令、集体规则为工具手段编织出一张巨网笼罩整个社会,褫夺了公众、非政府组织、市场等力量行使权力的可能,主权为国家独享,公共事物由政府专断。但是,置于"后传统社会",社会出现的种种不可治理性"集中体现为一张诊断书:政府软弱无力"①,症结便在于治理方式滞后于时代变迁。吉登斯就此推断,"权威,包括国家的合法性,必须在一种积极的基础上得到重构……权威无法再通过传统的象征性符号或者通过声称'情况向来如此'而获得合法性"②。传统政府统一命令、强制推行的权力行使方式受到挑战,国家权威日渐式微,由此引发了人们对民主政治、社会治理的思考。"民主"重在回应"国家权力的终极来源"③问题,词源由"demos(人民)和kratos(统治)两个词"④组成,顾名思义,是强调社会的自治、自主。因此,讨论政府正当行使权利的范围,是基于市场、社会等治理主体具有相对于政府的自主性这一前提,这与治理理念不谋而合。民主和治理相互证成,治理对全能、绝对、集权的国家十分担忧,反对政府的权威中心地位,可以说是对西方古典民主和自治精神的复归,力图通过增加民主的含量以实现对权力运行轨迹的纠偏。如托克维尔赞美17世纪北美新英格兰地区的乡镇自治是民主的样板,乡镇的公共事务管理沿袭了古希腊雅典城邦在公共场所召开公民大会的传统,"在那里,社会是由自己管理,并为自己而管理……人民之对美国政界的统治,犹如上帝之统治宇宙"⑤。治理的魅力来自追求共同善和公益的个体及社群,拓展自由活动空间、捍卫社会公共领域,是将

---

　　① [法]玛丽-克劳德·斯莫茨:《治理在国际关系中的正确运用》,载俞可平主编《治理与善治》,北京:社会科学文献出版社2000年版,第272页。
　　② [英]安东尼·吉登斯:《第三条道路:社会民主主义的复兴》,郑戈译,北京:北京大学出版社2000年版,第76页。
　　③ 张凤阳主编《政治哲学关键词》,南京:江苏人民出版社2006年版,第61页。
　　④ [美]罗伯特·A.达尔:《论民主》,李风华译,北京:中国人民大学出版社2012年版,第11页。
　　⑤ [法]托克维尔:《论美国的民主(上卷)》,董果良译,北京:商务印书馆1988年版,第63—64页。

全能主义国家变革为有限国家的"奥卡姆剃刀"①。

治理对政治合法性基础的颠覆冲击了现代国家的组织形式——官僚制。韦伯的"官僚体制—集权的行政管理"是现代国家组织架构的理论支撑点。从严格意义上来说,现代国家的建构就是在特定领土范围内建立"韦伯式的合法暴力垄断",其核心是强制手段和高压政治的集中并由中央政治权威控制,这就需要设立诸如提供公共服务的其他国家机构,同时国家通过自由法治和民主形式,即设置一套透明、普遍的规则并兼顾民意的权力行使方式,来使权威合法化。② 官僚制的国家权力统摄范围之广、管理内容之冗杂、社会动员之齐一化,是其他组织模式望尘莫及的。按照韦伯的统治社会学,官僚体制的组织形式具有不容置疑的技术优势,具体如下:

> 官僚体制集权主义的、采用档案制度的行政管理,精确、稳定、有纪律、严肃紧张和可靠,也就是说,对于统治者和有关的人员来说,言而有信,劳动效益强度大和范围广,形式上可以应用于一切任务,纯粹从技术上看可以达到最高的完善程度,在所有这些意义上是实施统治形式上最合理的形式。③

可见,职务等级明确、层级划分有序、职责职权同构,是官僚制模式的基本特征。其一,在权力分配方面,一切公共事务由政府统辖规划,这种等级坚持单一权力中心的集中管理,具有稳定性、可靠性,能够有效减少社会摩擦;其二,在组织过程方面,设计严密的程序,通过等级制链条层层向下垂直分工,体系内部所有部门遵循功能原则,各安其位、各司其职;其三,在组织行为方面,官僚机构作为以技术为导向的理性实体,计算理性是指挥、分工的标尺,以设置一套井然有序的纪律程

---

① 奥卡姆批评中世纪神义论以必然性等级秩序构想的世界图式,即社会与政治生活的统治模式"正有如灵魂统治肉体或者任何高级的种类统治低级的种类",对此,奥卡姆提出"删繁就简"的箴言。借此类比治理对国家被附加的神圣性以及统治和被统治上下之间等级性的悬搁,重在裁剪庞大或臃肿的政府官僚机构。参见[美]乔治·霍兰·萨拜因:《政治学说史(上册)》,盛葵阳、崔妙因译,北京:商务印书馆1986年版,第276—277页。

② Francis Fukuyama, "Exchange: Liberalism Versus State-Building", *Journal of Democracy*, Vol. 18, No. 3, 2007.

③ [德]马克思·韦伯:《经济与社会(上卷)》,林荣远译,北京:商务印书馆1997年版,第248页。

序,寻求效率的管理具有鲜明的非人格化特性。可见,严密、精确、统一的官僚制管理模式如同一台机器运作,政府作为管控中心发布指令,听令者按照规则和法律机械运作。官僚制管理模式是现代性的典型表征,工具理性、科层理性渗透各个领域,致使社会国家化。然而,官僚体制的弊端也随着后工业社会的来临而逐渐显露。自主权的失落是病理之所在,依靠命令和控制程序、刻板的工作机制和组织模式只能在既定的合法职能范围内行动,而无力处理需要跨越组织边界、协同治理的复杂问题,因此有效治理需要的是"共生"而不是"分离"的逻辑。① 针对专制、官僚式管理框架下政治空间的壁垒、主体之间的隔绝,托克维尔提出结社是规制人类社会最关键的法则,也就是"要使结社的艺术随着身份平等的扩大而正比地发展和完善"②。治理动摇了绝对国家的现代性观念,强调限定行政权力的边界,要求国家权力向社会成员、组织平等开放,各个治理主体共享权力资源,型构自组织的治理网络。多元、分散、下沉的权力结构将公共事务的管理引向各个社会主体行动的空间,非正式权威和规则被纳入治理框架,也决定了组织形式的互动性、高弹性。

但是,治理是否意味着政府权威的消解、官僚体制的终结? 作为韦伯所描述的"理想类型",官僚制无疑是一种有效的组织形式。在这个意义上,治理虽然反对政府单中心的宏观调控,但是在微观组织层面,官僚制依然提供合理的借鉴。治理并非要求完全淘汰或替代官僚制,而倾向是对后者权力结构和运行轨迹的调整和约束,也因此体现为一种"后国家主义"③的演进或"后官僚制"④。激活公共精神、唤醒公共理性、壮大公众参与的治理,反过来也有助于国家建构的民主化。恰如斯考切波对各国革命的比较分析,她指出"社会结构和政治结构的根本性变化以一种相互强化的方式同时发生"⑤。治理过程中政府、社会和市场经济的改革

---

① Kenneth J. Meier, Mallory Compton, John Polga-Hecimovich et al., "Bureaucracy and the Failure of Politics: Challenges to Democratic Governance", *Administrations & Society*, Vol. 51, No. 10, 2019.
② [法]托克维尔:《论美国的民主(下卷)》,董果良译,北京:商务印书馆1988年版,第640页。
③ 张康之:《论"后国家主义"时代的社会治理》,《江海学刊》2007年第1期。
④ 郁建兴、刘大志:《治理理论的现代性与后现代性》,《浙江大学学报(人文社会科学版)》2003年第2期。
⑤ [美]西达·斯考切波:《国家与社会革命:对法国、俄国和中国的比较分析》,何俊志、王学东译,上海:上海人民出版社2007年版,第5页。

与发展是亦步亦趋的,或许有时间上的滞后,但三者之间存在一定的兼容性。治理并不是现代国家建构的对立面,二者的辩证关系要求在对官僚制管理保持警惕的张力之间,实现社会与国家的互动、私域与公域的平衡。

20世纪80年代,"治理"一词被赋予新的释义。关于治理的概念界定、结构体系、运行模式、价值旨趣等方面的探讨和争鸣接踵而至,学界对于如何理解治理逐渐达成了基本共识。拂去治理动态发展过程中的模糊性尘埃,治理与统治的区别是最关键的。治理围绕政府与市场、政府与社会的关系,解构并重构了传统政府"统治"的权威结构及权力运行向度,即从单中心到多中心、垂直层级到扁平网络转变,在这一过程中呈现出主体多元化、结构分散化、模式网络化等特征。所以说,治理是现代国家建构的必要补充。现代国家正在经历"从统治到治理"的转向,高度单中心化、自上而下、等级森严的政府统治开始采用新的政治、制度和规制设计,转变为分权、多中心、多层次的治理体系。[①] 针对以政府单一中心、程序理性规制秩序为内核的现代国家建构,治理从后现代主义的视角进行反思,以多元互动、协作与参与来调整权力结构及运行机制,突出了"政府—市场—社会"的新分析框架,治理理论的影响力和解释力也与日俱增。

第二节　治理理论及其西方实践

治理理论之所以生发出如此蓬勃的生命力,关键是在与传统的"政府统治"话语争锋中超越了政府与市场、政府与社会的对立,从一元趋向多元、从管制朝向合作、从垄断走向共赢。治理理论的兴起意味着社会科学发展出现新逻辑,这也是在经验层面对社会现代化、经济全球化发展危机的应答。作为动态发展的"治理",既是一个重要的理论问题,也是长期以来国际政治中的一个重要的实践问题。鉴于此,探究:治理何以对国家和政治建构的理论基础产生影响?是以"统治"还是"治理"来回应?置于治理的分析框架中,政府如何定位?是"有为"抑或"无为"而治?面对怀疑论的诘难,治理又如何解决理论阐释的窘境?

---

① Giliberto Capano, Jeremy Rayner, Anthony R. Zito, "Governance from the Bottom Up: Complexity and Divergence in Comparative Perspective", *Public Administration*, Vol. 90, No. 1, 2012.

一、政治建构的两种范式:"治理"对话"统治"

治理是重新理解政治社会的重要理论工具。此前,民族国家、政府、现代理性、科层制与官僚主义长期处于政治社会理论丛林的中心,治理则走出了这片盘根错节的丛林,打破了国家和社会、公共领域和私人领域、政治和行政、计划和市场的二分传统,建构起公共事务管理的新机制,以多元合作来回应现代社会的不可治理性。

治理是对传统管理模式的扬弃。治理与统治的词根相同,但话语的所指迥然相异。"治理从头起便须区别于传统的政府统治概念"[①]早已成为治理研究的共识。统治是民族国家管理公共事务、维持公共秩序的正式制度化的过程。按照韦伯"理想类型"的划分,不论是封建制度和世袭制度的统治,还是魅力型的统治,或是官僚体制的统治,抑或是与民主混合的统治,管理的基础是政治制度,都是置于国家的统摄和控制之下。相较而言,治理的兴起伴随着社会的壮大,理论边界涵盖了广义的社会,是一个更加宽广的社会性范畴。首先,治理与统治最本质的区别是权威主体不同。统治以政府为单一权威中心,而治理的权威由公共部门和私人部门共享,存在多个权威来源,且无上下尊卑之分。治理主体不仅限于政府机关,其外延更为广泛,社区志愿组织等第三部门的机构越来越多地承担起以往分属于政府部门的职责。治理在国家与社会、政府与非政府、公共机构与私人机构、强制与自愿的合作中[②],突出对社会组织、群体乃至个体的关怀,激活并提升公共领域的政治功能。其次,治理与统治的权力结构不同。统治是政府单一向度、自上而下的垂直式管理,治理冲破了这种基于韦伯官僚制理论的线性统治模式,建构了上下互通、相互交错的网络化环状形态。治理对话统治,彰显的是从权力集中到权力共享的政治建构逻辑的转变。多元主体拥有发言权,通过参与、协商、谈判,围绕民主政治、分配正义、公民权利等共同善的目标来重构政治社会运行系统,纠正现代国家建构中对公共性的偏离。最后,治理与统治的权威基础不同。统治的过程是由政府制定规则、发号施令,强制性的法规命令是一般、普遍化的准则,治理则是"由共同的目标所支持的,这个目标未必出自合法的以及正式规定的

---

① [法]让-皮埃尔·戈丹:《现代的治理,昨天和今天:借重法国政府政策得以明确的几点认识》,载俞可平主编《治理与善治》,北京:社会科学文献出版社 2000 年版,第 281 页。

② 俞可平:《治理和善治引论》,《马克思主义与现实》1999 年第 5 期。

职责,而且它也不一定需要依靠强制力量克服挑战而使别人服从"①。共同的目标以及非正式、非政府的规则,指向了基于市场原则与合作协商过程中形成的自愿性的集体认同。可见,治理不依靠等级官僚体制的单一调控,以协商为逻辑基础,强调共同体成员之间的相互沟通、对话,多中心的权力主体、多向度的权力运行使治理与推崇国家或政府中心主义的统治区别开来。

那么,"治理"是否成为社会科学的新范式? 全球化、网络化时代的社会复杂性以及因果链条的多向性使传统框架下政府公共治理的效能削弱,国家统治面临合法性危机、社会信任危机等多重困境。20世纪末期,政府失灵和市场失灵突显,国家主义和新自由主义方案的失败,使人认识到契约主义的委托—代理式管理无法回应多元、复杂、动态的社会问题。对此,治理理论揭示了公共事务管理不能是"利维坦国家"的独角戏,主张权力从政府单极扩散到市场、社会的非政府机构或个体,以主体间的合作伙伴关系替代委托代理关系。可以说,范式革命是要改变政府角色。回溯早期政治学文献,卢梭的"公意"、奥尔特加的"大众的反叛"、曼海姆的"大众社会"、雅斯贝尔斯的"世界公民"、阿伦特的"公共性的复权"等都或正或反地触及了中心—边缘式的公共管理结构和民主问题。② 治理理论的重要突破是将民主纳入行政框架,超越"政府统治"的路径,识别出另一条民主自治的选择道路,挑战了统治话语在政治学知识中的霸权地位。如皮埃尔所说,"治理应是一枚双面币:一面是效率,另一面是民主"③。治理以可操作性的参与民主、协商民主等作为公共事务管理的中介,重新界定了政府、公众的职能和社会角色,政府职能主要体现在联合治理主体、推动合作进程等,公众也从消极的被管理者蜕演为积极的参与者,由此勾画了一个多中心的民主图像和开放的治理结构。治理和统治分别指涉两种大相径庭的社会管理理念与方式,不啻为一场"范式转移"。治理理论将国家和社会视为一个"连续统"的两端,意即二者存在相互融合的可能,通过非线性的互动组成网络化的治理系统,以整体的协同效应解决社会公共问题,从

---

① [美]詹姆斯·N.罗西瑙主编《没有政府的治理——世界政治中的秩序与变革》,张胜军、刘小林等译,南昌:江西人民出版社2001年版,第5页。
② [美]乔万尼·萨托利:《民主新论》,冯克利、阎克文译,上海:上海人民出版社2009年版,第39页。
③ [法]让-皮埃尔·戈丹:《何谓治理》,钟震宇译,北京:社会科学文献出版社2010年版,第86页。

而实现社会空间的善治与良序。同时,无论对统治如何臧否,治理并没有完全否定政府的功能,而重在对政府角色赋予新的定位。

二、政府角色定位的转换:"有为"抑或"无为"

治理理论不仅仅是关于政治建构和公共行政管理的范式之争,也是对全球经济危机、福利国家超载等现代性风险的回应。西方国家对治理理论的发展和应用,也不只是在智识线索上的语源学考察和价值论探析,还表现为力求提高国家能力和社会参与的政府再造实践。从历史主义考察,治理的渊源可以追溯到数千年前的政治历史中,如果将美国革命和法国大革命视为现代政治及国家治理问世的历史起点①,政治秩序和政府角色几经曲折变迁。治理的兴起直接冲击了传统政府的统治权威和中心地位。"从统治到治理"的转向蕴含两个维度,即政治与行政系统的开放、社会自主性的激活。因此,我们基于政府角色定位及治理能力、非政府力量发育及参与这一体两面来回溯西方治理实践,尤其是从政府和社会的力量纠缠之间描绘出政府角色定位的转变及其分属的治理理念。

(一)自由主义传统的弱势政府:政府对市场的退让

基于霍布斯、洛克等人的"自然状态"假说,政府长期以来是社会统治模式中的唯一主体。不论是马基雅维利笔下兼具狮狐兽性的假面君主,还是卢梭称赞的绝对主权者,高高在上的政府几乎并吞了市场与社会全部的自主、自由空间。直至自由主义提出政府"守夜人"的思想,封建专制的统治模式才逐渐在历史中褪色。近代自由主义的传统强调人类社会如同物质世界一样,有其自在、自发的自然秩序。关于经济发展和自由主义政治,自由主义者主张"既然个人的功利追逐经过市场机制的自发作用可以成为增进社会利益的最佳方式,那么,在实践中,就应该采取一种允许、保护和鼓励自由竞争的放任主义经济政策"②,亚当·斯密将这一内在机理称为"看不见的手"。"自由放任"抑或"看不见的手"的原则,主张社

---

① [美]弗朗西斯·福山:《政治秩序的起源:从人类时代到法国大革命》,毛俊杰译,桂林:广西师范大学出版社2012年版,第411—412页。

② 张凤阳:《现代性的谱系》,南京:南京大学出版社2004年版,第84页。

会相对于国家是一个自组织的"独立经济体系"①,不应受国家干预。市场解缚的要求迫使政府让位,形成了极具自主色彩的盎格鲁-撒克逊传统。通过规定社会不受政治权力渗透的原则,严格限定了政府的权力疆界,打破了传统专制社会政府权力无所不及的统治模式。

　　自由主义政治文化下的治理导向了再造"治大国若烹小鲜"这种小而美的政府设置模式。受自由主义思潮的影响,19世纪初期西方各国政府开始退让,在经济领域奉行"自由放任"的经济政策,仅留给政府守夜、打更的有限权力。相较而言,深受德国古典哲学影响的欧洲国家观建立在黑格尔"绝对精神"基础上,美国的国家观则具有较少形而上学的色彩,治权有限、权力制衡的宪政传统深厚。崇尚自由、民主的美国认为具有高效率的企业管理是行政的典范,独特的政治文化和历史传统催生了政府干预最小化的治理改革方案。市场或商业的管理组织方式成为政府公共部门管理参照的样板,其引入了绩效管理、顾客导向、合同外包、契约协议等行之有效的市场化方法,以革新统治范式下僵化、失效的政府管理架构,打破政府作为单一管理主体的独霸局面。这种基于自由主义精神来改革的"企业化政府"的核心原则是"衡量各部门的实绩,把焦点放在后果上而不是在投入上""把精力集中在挣钱而不单单是花钱""下放权力,积极采用参与式管理""要市场机制而不要官僚主义机制"等。② 强调放松管制、效率导向、市场自由化的"小政府、大市场"的治理模式初露锋芒。20世纪70年代再次掀起了一场基于自由主义传统的"新公共管理运动"浪潮,以市场管理、企业管理为蓝本,引入市场竞争机制、精简机构、放松规制,赋予企业更高的自由度。例如,里根政府强调市场自由竞争、减少对私营部门行为的限制、推行减税政策,商业力量成功地渗透到非经济体系中,福特、洛克菲勒、卡耐基等私人基金组织支持治理项目,并且商业精英在政府机关、学校等公私机构中占据更多的席位③,这一系列以减少政府管控为核心

---

①　邓正来:《市民社会与国家——学理上的分野与两种架构》,载邓正来、亚历山大主编《国家与市民社会:一种社会理论的研究路径(增订版)》,上海:上海人民出版社2006年版,第94页。

②　[美]戴维·奥斯本、特德·盖布勒:《改革政府——企业家精神如何改革着公共部门》,周敦仁等译,上海:上海译文出版社2006年版,第16—17页。

③　Michael Useem, "The Social Organization of the American Business Elite and Participation of Corporation Directors in the Governance of American Institutions", *American Sociological Review*, Vol. 44, No. 4, 1979.

要义的"经济复兴计划"使美国得以应对 70 年代通货膨胀和大面积失业的危机。值得注意的是,商业精英的参与是市场与政府合作、谈判甚至对抗的治理机制,使政府在市场力量锋不可当之际几乎让出主导治理前行的权杖。① 加之全球化浪潮的席卷进一步推动了企业、资本脱离政府控制的管辖范围,政府与跨国公司的相对议价能力发生倒置,如以色列政府向英特尔公司支付 6 亿美元以吸引对方投资建厂,美国亚拉巴马州和南卡罗来纳州政府也同样为奔驰、宝马公司设立汽车装配厂而支付了巨额款项。② 可以说,治理理论倡导的公私合作、参与首先在自由主义的市场导向式治理中彰显出来。

(二) 统合主义传统的强势政府:政府自主性的回归

1929 年至 1933 年世界经济危机的爆发粉碎了自由主义的市场神话,触发了一场披露市场失灵的学术浪潮。凯恩斯主义应时而生,在反思市场机制的同时对政府与市场的边界、政府的职责和定位加以重新勘定和调整。在第二次世界大战后重建的治理过程中,西方社会警惕极端自由主义,确立了福利体制。福利制度的主要逻辑是增强社会保障,德国铁血宰相俾斯麦在 19 世纪末推行保险计划(insurance plans)以减少劳动者的负担,至魏玛共和国时期,社会保障的制度设计获得了法律形式,政府通过福利将权力渗透到几乎所有领域。③ 政府充分发挥自主权,不断扩大职能范围,调整社会政策,对市场经济和社会领域进行微观干预,以有效整合社会公益、重整国家经济和社会发展。由此,政府作为主导者重新回归治理,一反自由主义"守夜人"的角色设定,而饰演一个事必躬亲的"掌舵者"。

强势政府的改革思路因循统合主义的道路。战后重建的任务推动了统合主义的复兴与实践,是对市场失灵的政治反应。依照施密特的观点,统合主义是指一套具体的制度实践或结构,是一个利益代表系统,将组织化的单位统合进一个单一、强制、非竞争性、等级秩序、功能分化、政府许可的结构安排中,组织单位以接受政府在需求表达、选举、支持等方面的控制为交换来获取由政府授予特定领

---

① 闵学勤:《政府的强势与弱势:基于社会治理视角的思考与研究》,《上海行政学院学报》2010 年第 3 期。
② Lester C. Thurow, "Globalization: The Product of a Knowledge-Based Economy", *The ANNALS of the American Academy of Political and Social Science*, Vol. 570, No. 1, 2000.
③ Gert Verschraegen, "The Evolution of Welfare State Governance", *Evolutionary Governance Theory: Theory and Applications*, Cham/Switzerland: Springer International Publishing, 2018, p. 61.

域的代表地位和专断权。① 在"依旧是统合主义的世纪",合作是一种替代性的控制手段,并不反对控制,也不意味着缩减政府。统合主义的传统直接影响了整体性的治理理念,主张控制论是治理的必要模型。邓西尔以汽车驾驶与航行舵手的范例作类比来隐喻"整体性治理"(Holistic Governance)的概念,即汽车驾驶员虽然具有驾驭方向的自主性和选择权,但倘若驾驶系统发生故障,车祸则随时都会发生。② 为了使政治社会系统趋于内稳态和统一均衡,共同体需要遵守的界限依然是政府自上而下或由外而定的,政府渗透、汲取、协调能力被认为是一种"缓和的控制"(relaxation of control)。

尤其是在关于政府与市场的政治经济关系问题上,其反对把市场视为顺应自然法的自成系统,而是将其作为需要政府监控管理的均衡系统。强调整体性治理的政治学者指出以引入市场机制为主要内容的新公共管理思想忽视了"外部性"问题。也就是说,假设市场交易的基本前提是二元的、竞争的,一个购买者的消费行为并不会惠及其他潜在购买者,而这一预设忽视了具有"社会效益"(socially-useful)的公共产品,溢出效应引起了关于公共服务的争论。典型的例子是1989年皮尔斯关于可持续发展的报告,倡导以"社会税"的方式对大气污染排放、硝酸盐含量过高的食品等重新"定价"。这份报告重点表达了不同于"新公共管理"的原则,即"市场"可以而且应当被干预、调控,以符合"社会"公益。

基于统合主义的整体性治理假定政府是治理的主导力量,在应对市场的不自足以及社会碎片化等问题时,需要一个权威行动主体进行综合性的协调、规划。历史上"利维坦"式巨人政府的边界问题也引起人们对以整合回应碎化方式的戒备,即这种方式在解决"邪恶"的政策问题上可能再次落入中央集权模式的窠臼③。但是,在某种程度上可以说,政府是一种必要的"恶",无政府状态只会导致"一切人反对一切人的战争"(黑格尔语)之野蛮状态,相反基于公益原则的强大政府与人类社会对正义的追求具有很高的亲和性,坚强而有力的现代国家的科层式治理

---

① Philippe C. Schmitter, "Still the century of corporatism", *The Review of Politics*, Vol. 36, No. 1, 1974.

② Andrew Dunsire, "Holistic Governance", *Public Policy and Administration*, Vol. 5, No. 1, 1990.

③ Perri 6, *Holistic Government*, London: Demos, 1997, p. 40.

对防止派别之争和暴乱、保卫共同体的安全、商业贸易的繁荣均有所裨益。① 罗茨在有关英国治理的研究中指出,英国汲取了被新公共管理改革理念拖入"相互倾轧的50年代"之教训,已重新"通过加强对资源的控制弥补了已经丧失的对福利提供的控制。服务提供上的放权一直与财政控制上的集权同步前进。这样交出控制权不可能为中央提供调控网络的足够工具"②。面对政府空心化的危机,重新唤起政府对资源掌控、调控的能力,找回积极的政府角色成为20世纪90年代以来的治理趋势。回到当下,英国脱离欧洲联盟也引起大家对国家问题的重新审视。2013年卡梅伦首次提出就英国是否脱欧举行公投。2016年,全民决议"脱欧"。2021年1月,英国正式退出欧盟。长达七年的英国脱欧历程,对经济联盟等欧洲一体化的超国家尝试给予了重击,表征了西方国家放弃超国家道路转向国家利益至上的战略并探索政府再造。过去三十年,英国治理改革的趋势指向政府自主权、控制权的回归,从"更好的政策"(better politics)转向更公开的"政治的政策"(political politics),如加强中央政府与政策部门的联系、加强政治顾问在政策变革方面的影响力、加强公务员制度的依附性等等。③ 一言以蔽之,整体性的治理路径推动了"强势政府"的出现。

(三) 多元主义传统的有限政府:公众对政府的反哺

福利国家的管理危机是治理发生新转向的直接原因,持续了近半个世纪之久的扩大政府职能和地位的改革趋势至20世纪70年代发生倒转。政府在管理的制度结构、工具、过程设计上的低效甚至是失效,引起民众的不满和质疑,使对政府失灵和协调失败的反思兴起,如哈耶克、弗里德曼、布坎南等新自由主义者纷纷诘责政府对经济的过度干预和调控,表达出复归古典自由主义的政治倾向,对之后西方各国补救政府、市场失灵的治理举措产生极大影响。福利国家的危机倒逼政府不得不重新定位自身角色,寻找回应政府失灵的治理之道。撒切尔政府时代开启了英国政策范式的转向并推行分权和私有化改革的"紧缩的理念"。1999年,布莱尔的新工党

---

① [美]亚历山大·汉密尔顿、约翰·杰伊、詹姆斯·麦迪逊:《联邦党人文集》,程逢如、在汉、舒逊译,北京:商务印书馆2009年版,第305—308页。

② [英]罗伯特·罗茨:《新的治理》,载俞可平主编《治理与善治》,北京:社会科学文献出版社2000年版,第98页。

③ Jeremy Richardson, "The Changing British Policy Style: From Governance to Government?", *British Politics*, Vol. 13, No. 2, 2018.

政府在《现代化政府白皮书》中提出"协同型政府"(Joined-up Government),意图实现横、纵两个维度的协调管理。① 可见,政府角色从"划桨者""掌舵者"转变成"服务者""护航者",主要职责在于协调并平衡相关利益主体的互动、合作。

社会的崛起和壮大,为在政府与市场的岔路口开辟新路径提供路标。以罗茨为代表的学者认为,"新公共管理"和"企业化政府"的过时、福利国家的衰落都亟待新的社会管理方式出场,罗茨为此给治理贴上新的标签——"新治理"②。随着极端自由主义和保守主义的政治蓝图破灭,治理研究者意识到单以计划或市场的方式已无法提供社会公正的衡量标尺,单一的政府和市场管理模式成为众矢之的。一方面,政府职能过度扩张但管理效率低下、行政机构冗杂臃肿、行政信息沟通受阻且失真,陈旧官僚体制的种种弊端日渐暴露;另一方面,市场化改革要求政府从公共领域撤退的激进倾向,容易陷入"倒洗澡水连同婴儿一起倒掉"的险境。随着治理理论和实践的发展,公众的主体性觉醒,人民扮演着越来越积极的主人角色,以至有学者断言21世纪的改革就是"创建以公民为中心的治理结构(citizen-centered governance structure)的复兴实验过程"③。第三部门、社会中间力量与公共理性空间的拓展已展现出公众对政府反哺的图景。例如,丹麦在犯罪预防领域有丰富的合作治理经验,自20世纪70年代就展开了学校、社会服务机构和警方之间所谓的SSP合作模式,2007年丹麦警务改革引入了地方犯罪预防委员会,地方政府、警察和社会组织开展犯罪预防,让利益相关者参与进来,并在多个主体之间分配领导角色,实现互动式治理。④ 新治理通过公民议会、市民委员会等合法渠道使社会的期望与诉求得以充分表达,政府与大众力量主导的非政府组织协调合作推动了多元主体共同治理。新治理的核心正是寻求在多元主体平衡的基础上促进社会多样性,但这也并不意味着以市场、社会任何一方力量褫夺政府的作用。

---

① Christopher Pollitt, "Joined-up Government: a Survey", *Political Studies Review*, Vol. 1, No. 1, 2003.
② R. A. W. Rhodes, "The New Governance: Governing without Government", *Political Studies*, Vol. 44, No. 4, 1996.
③ [美]理查德·C. 博克斯:《公民治理:引领21世纪的美国社区》,孙柏英等译,北京:中国人民大学出版社2005年版,第10页。
④ Andreas Hagedorn Krogh, "Implementing and Designing Interactive Governance Arenas: A Top-Down Governance Perspective", *Scandinavian Journal of Public Administration*, Vol. 21, No. 3, 2017.

最小国家的意识形态忽视了市场的局限性,如同传统左派忽视国家的不自足性,因此政府在维持社会和市场的框架中必须发挥基础性作用。① 政府好比是治理过程中的"助产婆"(苏格拉底语),是服务提供者,亦是责任承担者、社会公正的维护者,政府、市场与社会构成稳固坚实的"三角"②。所以,从"大政府"(big government)到"强政府"(strong government)的转型,是区别于自由主义和统合主义传统的治理模式的"新"之所在。

社会民主治理的演进本质上是多元主义理念对政府管理方式的重新诠释。吉登斯用"结构多元主义"③来描述新的治理模式。多元主义从公共选择的角度,主张分权而非集权的治理逻辑,在政府权力配置上提出权力下沉和多中心化两方面的要求。多元主义民主论者达尔指出,民主不仅仅是一个统治过程,更重要的是民主体制内在地就是一种权利体制④。权利作为民主治理过程的关键要素,只有通过公众的有效参与才能使许诺了的民主权利成为现实,公共意见在治国中获得表达才能缩短现实的治理和理想的民主之间的距离。20世纪60年代,林登·约翰逊政府的"伟大社会计划"(Great Society Program)掀起了一场"新公民参与运动"(New Public Involvement)⑤,倡导多方参与、多元合作的网络化治理模式。新治理模式下的"新公众参与"革去了自由主义传统中公众参与的精英主义倾向⑥,参与主体、参与领域具有充分的多元性,不论贫富与阶层差异,为治理注入一股民主的活力。因此,有效参与是民主治理的首要标准。作为对福利国家体制的纠偏,多元主义传统下的治理话语强调社会、市场与政府共享权力,要求政府收缩职能、减少对社会治理的控制,以激活社会民主行动,实现多元主体共同参与、共同治理。公众参与的治理过程也重新勾绘了政府的理性化图谱,虽然政府在经济社会领域的渗透程度与福利国家时期不可同日而语,但是政策公开透明、共同善的

---

① [英]安东尼·吉登斯:《第三条道路及其批评》,孙相东译,北京:中共中央党校出版社2002年版,第59页。
② [美]全钟燮:《公共行政的社会建构:解释与批判》,孙柏瑛、张钢、黎洁等译,北京:北京大学出版社2008年版,第161页。
③ 同上,第56页。
④ [美]罗伯特·达尔:《论民主》,李柏光、林猛译,北京:商务印书馆1999年版,第56页。
⑤ [美]约翰·克莱顿·托马斯:《公共决策中的公民参与》,孙柏瑛等译,北京:中国人民大学出版社2014年版,第3页。
⑥ 同上。

导向、与非政府机构的伙伴关系和互惠网络补益了政府形象的重新建构,强势政府向亲和政府转型。西方各国纷纷推动公共部门和私人部门、政府机构和非政府组织、国家和社会的共同参与、密切合作。日本自1995年阪神大地震后倡导政府和非营利组织的合作互补关系并鼓励后者参与城市改造、社区建设、灾害救助、妇女权益等领域的建设①,美国也从历时百年的"小政府、大社会"向"强政府、强社会"转型②,这正是治理的现实写照。民主成为治理的新导向,政府与社会的上下互通将治理的价值取向引至共同的善和公共利益,更多地追求多元主体的公共利益而非效率、重视人而非生产率③,权威化、系统化的科层制政治空间逐渐向社会开放,重构了国家政府的行政架构以及公共事务的管理模式。

关于政府定位"大"还是"小"、"强"或是"弱"是一个常议常新的论题,争论往往难解难分,借鉴韦伯提出的"理想类型"分析法,我们或许能根据西方治理实践将政府角色的嬗变还原成下述几种类型:弱势政府、强势政府、有限政府,以此作为治理的镜像来窥见治理理论的发展理路。

表1-1 西方政府角色定位与治理理论群

	弱势政府	强势政府	有限政府
政治文化传统	自由主义	统合主义	多元主义
关系基础	契约关系	委托—代理关系	合作伙伴关系
政府角色	划桨	掌舵	护航
治理主体	市场中心	政府中心	多中心
治理机制	私人/市场运营	科层控制	公私混合
治理结构	自下而上	自上而下	上下互通
治理目标	效率	整合、去碎片化	民主、公民权
治理理论	新公共管理、重塑政府	整体性治理、政策网络治理	新公众参与、新公共服务、网络化治理、元治理

---

① 胡澎:《日本社会治理的新走向》,《中国民政》2015年第6期。
② 曾志敏:《强政府、强社会:社会治理现代化的新加坡与美国经验》,《社会治理》2016年第6期。
③ [美]珍妮特·V.登哈特,罗伯特·B.登哈特:《新公共服务:服务,而不是掌舵》,丁煌译,北京:中国人民大学出版社2004年版,第150页。

概言之,政府定位与治理理论的发展是同构的,治理的动态映射出 20 世纪末期政治和社会领域的重大变迁。现代社会日益从简单、封闭、独立走向复杂、动态、相互依存的状态,政府角色的定位在治理探索和实践中也如同"西西弗斯推石上山"经历了跌宕起伏的几次转换。早期基于自由主义传统的小政府设置及其"无为"的消极治理模式不啻为一种乌托邦幻想,基于统合主义传统的庞大官僚科层体系及其"无所不为"的控制模式也未能应对复杂现代性社会的棘手问题。"小政府、大市场"抑或"大政府、小市场"的治理模式均暗伏危机。从大政府到小政府,最后到有限政府,政府角色的定位经历了缩小、放大、再缩小、再放大的几次调整;"从统治到治理"的转向也经历了由政府主导到政府让位,再到政府回归,最后实现多元主体共治的几个阶段。政府、市场、社会关系结构的演化路径,表明了治理是一种"超越左与右"(吉登斯语)的探索,既不主张服膺于独大的权威国家,也反对膜拜放任的自由市场,而是复归社会生活世界并通过沟通理性、对话交往重建共在、共商、共融的网络,力图在参与、协商的社会行动机制中获得治理过程的合法性。在历史与现实之间,"治理"生发出强大的理论解释力。

三、西方治理的悖谬反思:危机与转向

治理理论打破了公共部门与私人部门、政府与社会、权力与权利、计划与市场的二元框架,但是动态发展的治理理论尚未成熟,更像是一个后现代色彩浓厚的"前理论式"[①]思想,仍存有内在逻辑悖反、理论与现实相左等问题。具体体现为双重危险倾向与两难问题,即灵活性的行政体系在开放中面临责任主体缺位、多元主体在合作与竞争中出现公共理性阙如。由此,面对治理失灵的可能,我们需要探讨治理理论的不自洽,基于"元治理""善治"等概念来思索治理理论的出路。

治理理论的困境首先聚焦在政府出场或退场的两难。治理作为政治建构的"范式革命",批驳政府中心主义的管理传统,但缺乏经验基础来支撑其去官僚化的变革逻辑。对于政府自上而下的科层式管理已不再适用的宏大叙事,更多的是一种规范性的假设。治理勾绘了一个政府、市场、社会的平衡网络,政府在其中是和市场、社会同行的游戏玩家,而非传统管理模式的游戏规则的制定者。但是,政

---

① [英]鲍勃·杰索普:《治理的兴起及其失败的风险:以经济发展为例的论述》,载俞可平主编《治理与善治》,北京:社会科学文献出版社 2000 年版,第 53 页。

府放松管制与权力下放、私有化与社会壮大,是否表示"新治理"与以往的制度架构彻底分离,还是仅仅如同小政府论者所希冀的规范性框架,尚未可知。事实上,政府的分权改革可能引发治理的碎片化问题,各组织机构间的关联、互动也缺乏有序性。再次回到韦伯阐释的官僚体制,纵向的等级分割和横向的专业分化①建立起官僚组织结构。相较之下,"没有政府的治理"设想存在结构性矛盾,即纵向权力维度缺失,也因而使治理存在失败的可能性。正如卡赞西吉尔对治理优劣的客观评价,"治理长于横向协调及伙伴关系、协商、规范,但陋于通盘权衡以及就局部政策管辖范围之外的问题做决断"②,而政府官僚体制在某种程度上恰恰填补了这一缺位。治理对政府及其官僚科层体制暧昧、矛盾的态度,使政府被置于似是而非的尴尬地位,"与市民社会各种机构体制之间的矛盾和紧张关系,连接公、私、志愿部门的组织未尽完善都可能导致治理失败。领导者的失误、关键性的伙伴在时间进度和空间范围上的意见不一以及社会冲突的深度等,都能给治理播下失败的种子"③。对此,学界质疑由罗茨、罗西瑙等学者所主张的"没有政府的治理"并重新思考政治改革的方向,提出"把政府请回来"④。

多元化的治理面临公共理性失落的困境而落入"民主赤字"的陷阱。治理的魅力在于多元主体的对话、协商,治理的要点在于"目标定于谈判和反思过程之中,要通过谈判和反思加以调整"⑤,而这个过程必须要以沟通、反思的理性为基础才能减少有限理性带来的潜在危害,才能在正和博弈中达成多方共识、共赢。反之,倘若双方或多方主体对原定目标产生争议,而未能通过理性对话来减少噪声干扰,进行负面协调,则会引发治理的失败。可见,谈判和反思过程中所不可或缺的公共理性,正是社会直接参与或自治的前提。但是,正如涂尔干所述,"集体意

---

① [德]马克思·韦伯:《经济与社会(下卷)》,林荣远译,北京:商务印书馆1997年版,第279—280页。
② [法]阿里·卡赞西吉尔:《治理和科学:治理社会与生产知识的市场式模式》,载俞可平主编《治理与善治》,北京:社会科学文献出版社2000年版,第132页。
③ [英]格里·斯托克:《作为理论的治理:五个论点》,载俞可平主编《治理与善治》,北京:社会科学文献出版社2000年版,第46—47页。
④ Giliberto Capano, Michael Howlett, M. Ramesh, "Bringing Governments Back in: Governance and Governing in Comparative Policy Analysis", *Journal of Comparative Policy Analysis: Research and Practice*, Vol. 17, No. 4, 2015.
⑤ [英]鲍勃·杰索普:《治理的兴起及其失败的风险:以经济发展为例的论述》,载俞可平主编《治理与善治》,北京:社会科学文献出版社2000年版,第72页。

识"并非个体心理的简单加和,无法"从个体推演出社会,从部分推演出整体,从简单推演出复杂。社会是自成一体的实体;具有自己的独特性质……产生的结果是:道德观念不能还原为功用的动机;理性在思维过程中不能还原为个体经验"①,集体意识彰显的是一种集体力或曰社会力。因此,我们有必要理解这种群体心理和公共理性的内在机制,以及能否通过某种制度设计来叩击公众的潜意识。

从公共理性的角度来说,谁才是公民的问题看似不言自明,但在治理操作过程中,参与者大多是具有一定社会资本和政策影响力的精英,意见领袖以说服、演算等政治技艺使公共意见达成一致的方法与过程存在"制造同意"的嫌疑②。对此,彼得斯比较分析参与模式和市场模式,指出后者把公众降格为顾客,参与强化了公众的作用但试图以投票以外的方法来诱导民主参与,而并不是像市场模式中通过权力的竞争来发展市场。③ 同意与共识是民主集体决策的关键,然而失却了共识根基的参与实际上被异化成了一种控制手段。因此,公共理性的阙如社会的不自主性,使一味强调社会中心的论调反而助长了治理的"恶",陷入"阿罗悖论"。所以说,过于强调自下而上的参与可能会导致"理性的怪诞与低效的制度"(rationally strange and inefficient institutions)④。由于参与者各自不同的利益和取向,公共领域如同一个政治市场,政治互动的空间成为一个新的角斗场,并且参与者陷入各自部署防御性策略的被动局面。主体间利益分割、各自为战,网络化治理就形成这样一幅灰色图景,"一张由大量相互差别、各自独立的社会子系统组成的网。诸多社会部门(消费者、运输用户、狩猎者、店主等协会)有能力组织起来,保护自己的资源,却无须考虑它们的行动在总体上将对社会造成什么后果;它们组成网络,制定自己的标准"⑤。如玛丽-克劳德·斯莫茨所言,参与主体无须考

---

① [法]爱弥尔·涂尔干:《宗教生活的基本形式》,渠东、汲喆译,北京:商务印书馆2011年版,第18—19页。
② Arianna Bove, "Politics without romance? The pursuit of consent in democracy", *History of European Ideas*, Vol. 46, No. 3, 2020.
③ [美]B.盖伊·彼得斯:《政府未来的治理模式》,吴爱明、夏宏图译,北京:中国人民大学出版社2014年版,第66—73页。
④ Andreas Hagedorn Krogh, "Implementing and Designing Interactive Governance Arenas: A Top-Down Governance Perspective", *Scandinavian Journal of Public Administration*, Vol. 21, No. 3, 2017.
⑤ [法]玛丽-克劳德·斯莫茨:《治理在国际关系中的正确运用》,载俞可平主编《治理与善治》,北京:社会科学文献出版社2000年版,第271—272页。

虑行为对社会的外部性影响,因而滋生了逃避责任、"搭便车"或寻找"替罪羊"等行为,甚至多数派依靠多数原则、多数统治的办法来搭少数人的便车①。公共性丧失进一步导致民主责任问题的产生,治理失败时,谁负责、对谁负责成为各方规避的问题,责任的主体和客体没有清晰界定。上述种种行动的意外后果都与治理理念的设想背道而驰。

对于治理的现实困境,"元治理"(meta-governance)重新审视政府国家的重要性。激进的治理论者提出"多一些治理、少一些统治""管得最少的政府是最好的政府""没有政府的治理"等口号试图最大限度地弱化政府国家的地位。为了调和政府中心论和社会中心论之间剑拔弩张的张力,"元治理"对政府角色定位进行重新想象、建构,提出政府在"元层次"(meta-level)上运作,在确立治理体系中各种网络运作的法律和政治规则方面扮演一种综合角色②。福山指出,主流关于治理的言说大多忽视了政府有没有能力治国理政这一更为根本的问题。③ 对此,"元治理"意识到反思强势政府、大政府的前提是需要对政府职能的广度和权力的强度加以区分,其内含的线索是削弱政府职能范围的同时增强政府能力的强度④。具体而言,政府能力及其"元治理"角色定位主要体现为两方面的功能:一方面,政府作为组织者,在战略上促进多元主体的共同合作。这意味着,政府是推动多元主体相互对话的主要组织者,突出政府在与多元主体相互依存的治理网络中扮演"同辈中的长者"角色,负责维持治理这一集体行动的基本规则和秩序,力求使治理获得最大的兼容性、包容性;另一方面,政府作为保障者,在制度上提供关于"治理的治理"的机制。也就是说,为了应对治理失败,政府需要承担治理失败的政治责任,充当"上诉法庭"并即时采取"最后一着"补救措施⑤,以有效缓解多元主体间的冲突、平衡权力关系网络。治理理论并没有将政府从概念集合中排除,也没有

---

① 毛寿龙、李梅、陈幽泓:《西方政府的治道变革》,北京:中国人民大学出版社1998年版,第45页。
② [美]珍妮特·V.登哈特、罗伯特·B.登哈特:《新公共服务:服务,而不是掌舵》,丁煌译,北京:中国人民大学出版社2004年版,第84页。
③ Francis Fukuyama, "What Is Governance?", *Governance*, Vol. 26, No. 3, 2013.
④ [美]弗朗西斯·福山:《国家构建:21世纪的国家治理与世界秩序》,黄胜强、许铭原译,北京:中国社会科学出版社2007年版,第16页。
⑤ [英]鲍勃·杰索普:《治理的兴起及其失败的风险:以经济发展为例的论述》,载俞可平主编《治理与善治》,北京:社会科学文献出版社2000年版,第80页。

否定政府国家的重要性,当然更不可混同于对"一个至高无上、一切治理安排都要服从的政府"①之设想,而是试图在平衡多元主体治理网络的过程中解蔽政府的自主性和积极性。因此,治理理论的探索方向需要从去国家化的逻辑更多地转向民主的逻辑,以免在政府的"回退"与"请回来"之间徘徊。

20世纪80年代以来,治理以多元、民主、认同、参与等主张,回应社会不可治理性问题,推动了一场从统治到治理的范式转移,为西方国家的政治建构提供了新的路径,更多地强调市场、社会等政府之外的力量,指向政府与社会新的关系结构。西方各国在回应治理挑战中,围绕政府与社会关系的调整探索出了不同的政治改革方案,即强势政府、弱势政府、有限政府,政府定位在几次转换中经历了缩小、放大、再缩小、再放大的调整,最后在自由主义和统合主义之间另辟蹊径,建构多中心、网络化的治理模式。西方治理实践的启示在于,单一的官僚科层式的政府管控与自由放任的市场竞争均躲不开失灵的结局,社会力量的成长及其对政府的反哺使治理结构在一定程度上得到匡正。与此同时,政府将去往何方的问题也引起争议。激进的治理论者将矛头指向国家主义或政府中心主义的政治倾向,同时也招致反击。为回应治理存在的理论逻辑悖反,"元治理"重提政府的自主性,避免与经典"统治"范式彻底决裂所带来的治理失败的风险。置身于现代性与后现代性并存的时代,将政府请回治理的舞台,重新想象、设计政府的角色,是治理理论对失败风险的回应及其未来的理论进路。当下中国面临现代性危机和全球化挑战,和西方国家一样需要回应社会的复杂性、动态性、多样性,治理理论为中国政府角色定位及社会转型的研究提供了有效的解释。

第三节 治理的本土孕育及其现代实践

前文曾分析古代中国有关治理的语汇意义,而在实践层面,治理在中国本土的实践启蒙更多来自民间的乡治和家治。

有关乡治,所谓"皇权不下乡",看似表达距离遥远、信息不畅,皇权难以企及

---

① [英]鲍勃·杰索普:《治理的兴起及其失败的风险:以经济发展为例的论述》,载俞可平主编《治理与善治》,北京:社会科学文献出版社2000年版,第79页。

乡里民间，但实则也为乡治提供了萌发的空间。乡绅的参与、乡约的制定、里治的推行等成为中国本土独特的基层治理实践样板。首先，作为乡村社会政治、经济、思想、道德、文化之精英的乡绅，他们以个人声望、经济实力、治理智慧等方面的优势支撑起乡村治理的日常，如以"仁孝"之德为乡村示范，用聪明才智和广泛人脉抵御外敌，甚至阻止官吏对农民盘剥。例如从北宋到南宋，由于朝廷不断加强财政中央化，在地方财政不足的情况下，江南地区的乡绅不仅参与如城墙、学校、书院、贡院、寺庙乃至桥梁、渠堰水利等的兴修或重建，而且积极组织参与诗社、乡饮酒礼、法会等社会文化宗教活动及乡曲义庄、社仓、义庄、赈灾、施药、施粥、育婴等慈善公益活动。再如清末出任自治的职员多为乡绅，"督抚委其责于州县，州县复委其责于乡绅"①。在中国古代，乡绅参与乡村政治文化治理，既减轻政府财政压力，又强化乡村自治，同时还弥补了自上而下的权力空白。其次，乡约的兴起也成为自下而上乡村自治的重要表征。最早的《吕氏乡约》，提出凡自愿加入的，即为乡约成员。《吕氏乡约》要求建立乡约组织，并推选约正、执月等管理者，乡约成员定期聚会。它还明确乡约成员的互助事项，即"德业相劝，过失相规，礼俗相交，患难相恤"②。《吕氏乡约》虽因其创始人吕大钧早年病卒没有得到大力推广，但由此奠定了没有官府参与，乡民自愿结社、自组服务、自奖自惩的乡村自治最初形态，也为后来各地乡村通过乡约推行乡治提供了范本。最后，有学者认为皇权事实上还是下乡的，古代中国通过基层编组的方式，政令从中央到省、州、郡、县，再经胥吏、衙役，最终将政令传至"里"，"八家为井，井一为邻，邻三为朋，朋三为里，里五为邑，邑十为都，都十为师，师七为州"，意即 72 户为一里③。从先秦到隋唐，里长由民众选举，由县令委任，体现出一定的"以民治民""还权于民"的特点，而宋代到明清时期则历经"乡里制—保甲制"的循环，开始呈现国家权力对乡村的渗透。

民国时期从南到北轰轰烈烈的乡建运动也为本土乡治提供了实践机会。与宋代和明清时期在地乡村精英发起的乡治不同，民国时期的乡建由饱学诗书、满怀爱国热情的知识分子发起，他们不忍"乡村危机"对中国的侵蚀，希冀下乡亲力

---

① 赵秀玲：《中国古代乡村治理资源的价值重估》，《东南学术》2020 年第 3 期。
② 杨亮军：《宋代基层社会治理体系中的乡约——以蓝田〈吕氏乡约〉为中心》，《甘肃社会科学》2015 年第 4 期。
③ 吴晓林、岳庆磊：《皇权如何下县：中国社区治理的"古代样本"》，《学术界》2020 年第 10 期。

亲为,输出知识、技能、观念和行动方略来改变乡村面貌,比较有影响力的实验区包括晏阳初领导的中华平民教育促进会在定县的实验区、梁漱溟领导的山东乡村建设研究院在邹平的实验区、杨开道和许仕廉教授等带领的燕京大学社会学系师生开展的"清河实验"等。这些参与乡建的知识分子在思想上继承"五四"新文化运动中科学、民主的精神,舍弃教职和当官升迁的机会,通常先从教农民识字起,再为农民普及农业知识、改良农业技术、推广新的农产品,然后再在文艺、卫生和公民教育等方面帮助农民全方位提升生存和生活技能。农民在知识外力的推动下,有参与、有进步,一段时间内在一定程度上实现了乡村建设派的初衷。但是进入乡村的外来知识力量把乡治简单地理解为提高农民的生产、生活技能,激发他们的公共参与,而忽略了当地士绅阶层的本土根基和势力,而当士绅被边缘化并成为反对乡建、乡治的力量时,乡村实验便遇到了结构性,甚至是不可调和的阻力。而从另一个维度看,乡建团体为了顺利推进实验,必须与当地政府保持合作,包括晏阳初、梁漱溟在内对这样的"政教合一"趋势颇有忧虑:"两个系统,文化运动团体与现政权系统现正趋于合成一个"①"许多地方正在实验,如此结果下去,有让乡村工作行政化的趋势——乡村工作变成地方下级行政,果真如此,那还有什么社会改造可谈呢? 这是一个大的问题"②。即便如此,受战争影响持续不到十年的全国乡建运动仍然为中国本土治理提供了实践机会,也为乡村农业合作化、乡村教育发展及乡民移风易俗等做出了贡献。

除了乡治,治理在本土实践的另一重要场域是"家"。"家"在中国文化中的特殊地位使其成为一个联结社会、联结天下的"最小国""最大家",并发展成为区别于西方的齐家伦理和家治文化。在乡土中国的传统家庭或宗族,往往是几十甚至几百人聚居的大家族,是"由宗法家族所组成的礼治社会"③。人们在家族事务中须处理复杂的人际关系以及物质生产生活资料的分配问题,因此一个家族的团结共治,就能凝聚周遭的小社会。这一点在朱子《家训》和《家礼》中都有所体现,通过家族的道德伦理建制和行为礼仪规范,家族成员的情感与家族认同被激发出

---

① 晏阳初:《十年来的中国乡村建设》,载宋恩荣编《晏阳初文集》,北京:教育科学出版社1989年版,第179页。
② 梁漱溟:《乡村建设理论》,上海:上海人民出版社2006年版,第369页。
③ 费孝通:《乡土中国》,北京:生活·读书·新知三联书店2013年版,第60页。

来,实现了儒家"齐之以礼"的社会管理和"养之成德"的理想秩序,并透过齐家教化实践,以亲亲的自然情感为起点,不断扩充至包含社会、国家乃至天下的道德关怀,自觉地形成一个文化价值相一致的生命共同体①。儒家"齐家"思想中的"纲常"不仅调整代际的关系,而且对同辈之间、邻里之间、男女之间的秩序进行了规制,建立了社区内利益公道有序分配的秩序基础,为社会活动和生活提供了较为稳定的预期②。近现代以来,随着工业化、城市化和现代化的快速推进,个体主义的崛起在一定程度上消减了齐家的公共性和社会性,但家国天下的本土治理文化仍是中华基因中非常重要的独特存在,由内而外、由己及彼,助力社会整体的运行秩序。

  治理在中国本土真正扎根是从 21 世纪起,特别是党的十八大之后,西方治理理论来到中国,与古代及中国长期孕育的治理理论发生融合,迅速引发一系列化学反应。党的十九大报告提出"以良法促进发展、保障善治"③,明确将"善治"定位为当前中国政治建设的目标。中国具有自己的历史传统和社会发展道路,我们需要探索政府在特定国家体制中占据什么样的定位,政府角色对不同时代经济社会发展会带来什么样的影响,中国又将走向什么样的治理格局。为此,我们要结合历史经验、立足中国国情民意来探索治理在中国的适用路径。十九大报告提出"以良法促进发展、保障善治"④,明确将"善治"定位为当前中国政治建设的目标。同时,治理理论的阐释困境也表明,我们不能将其直接拿来机械式地用在中国的治理上。中国具有不同的历史传统和社会事实,因此我们需要探索:政府在特定国家体制中占据什么样的定位? 政府角色对不同时代经济社会发展带来什么样的影响? 中国又将走向什么样的治理格局? 为此,我们要结合历史经验、立足中国国情民意探索治理在中国的适用路径,解答中国作为后发国家的治理道路何以可能及何所向。

---

  ① 陈苏珍、詹石窗:《朱子齐家思想的哲学建构——以朱子家庭教化实践为中心的考察》,《南昌大学学报(人文社会科学版)》2022 年第 1 期。
  ② 许倬云:《西周史(增补本)》,北京:生活·读书·新知三联书店 2001 年版,第 14—15 页。
  ③ 习近平:《决胜全面建成小康社会 夺取新时代中国特色社会主义伟大胜利》,《人民日报》2017 年 10 月 28 日。
  ④ 习近平:《决胜全面建成小康社会 夺取新时代中国特色社会主义伟大胜利》,《人民日报》2017 年 10 月 28 日。

一、治理时代的政府回应:困境与变革

从发生学意义上看,"治国安邦"在中华文化语境中有悠久历史,也是诸子百家争鸣的主题。如道家"治大国,若烹小鲜"(《老子》第六十章)①的"无为无不为"的治国理念,又如儒家"道之以政,齐之以刑,民免而无耻;道之以德,齐之以礼,有耻且格"(《论语·为政》)②的德治主张,多指理政、治国、平天下的政治理想模式。自 1995 年"智贤"(刘军宁)在李慎之先生的建议下将"governance"译为"治道"③,国内学界衍生出一系列西方治理理论的引介性研究,聚焦在治理概念、原则、目标特别是社会建设等方面的新意蕴。中西方政治文明对治理赋予的内涵不尽相同,那么,中国治国理政的政治文化传统在与西方治理理论的相遇中又擦出了什么样的火花?

(一) 总体性社会与管控

受时局所限,1978 年之前的中国是一个总体性社会,社会发展程度低。救亡图存后的国家建设,借鉴了苏联模式并建构出一元化的中央集权体制以及全能主义的管理模式,以在短时期内快速恢复"国家自主性"及其作为实现政策目标之行为主体的能力④。但是,这种"一统体制与有效治理之间的内在矛盾"⑤往往难以调和,权力集中是以弱化社会自主性及地方治权为条件的,而这同样会削弱治理的效度。从管控的运行系统上看,附属于政府的社会管理较为零散且具有较强的单位属性与"向上负责制"⑥的组织特点,以自上而下的社会动员为主要手段,由下而上的民情传达则较为滞塞,由此形成全能主义的社会政治结构。

基于全能主义的视角,这段历史时期不存在独立于政府国家之外且不受干扰的自主性社会。邹谠提出"全能主义政治"表达了政治与社会关系的一种特定形

---

① 陈鼓应注译《老子今注今译》,北京:商务印书馆 2016 年版,第 291 页。
② 李泽厚:《论语今读》,北京:生活·读书·新知三联书店 2004 年版,第 49 页。
③ 智贤:《GOVERNANCE:现代"治道"新概念》,载刘军宁等主编《市场逻辑与国家观念》,北京:生活·读书·新知三联书店 1995 年版,第 55 页。
④ [美]彼得·埃文斯、迪特里希·鲁施迈耶、西达·斯考克波编著《找回国家》,方力维等译,北京:生活·读书·新知三联书店 2009 年版,第 10 页。
⑤ 周雪光:《中国国家治理的制度逻辑》,北京:生活·读书·新知三联书店 2017 年版,第 19 页。
⑥ 周雪光:《国家治理逻辑与中国官僚体制:一个韦伯理论视角》,载周雪光《中国国家治理的制度逻辑:一个组织学研究》,北京:生活·读书·新知三联书店 2017 年版,第 76 页。

式,即政治机构的权力可以随时地、无限制地侵入和控制社会每一个阶层和每一个领域。① 具体而言,在社会主义公有制和计划经济体制下,政府作为公共权力的行使者,以计划为手段完全干预经济运行模式,决定重要社会资源的配置,通过城市单位制和农村人民公社制为典型的全面性制度,建构了高度组织化的体系。1950年初,出现了一些防护队、防盗队和居民组等群众性自治组织②,但是这些社会组织必须在政府框架内行动。1950年颁布的《中华人民共和国土地改革法》规定:"乡村农民大会,农民代表会及其选出的农民协会委员会,区、县、省各级农民代表大会及其选出的农民协会委员会,为改革土地制度的合法执行机构。"③可见,初露头角的村民自治依靠政府的赋权、放权,政府通过政策推动自上而下地将村民纳入政治建构的过程中。社会组织力量单薄,主要通过政府所认可、赋予合法性的渠道十分有限地参与管理,尚未形成规模性、整体性的社会有机系统,封闭式的社会结构留给公众力量的生长空间较为有限。

(二) 差异化社会与技术治理

1978年以来的治理改革带有鲜明的全球化、现代化冲击的痕迹,"倒逼机制"④直接推动治理的转型。改革开放以后,中国经济社会又处于大转型之中,单位—公社体制瓦解,"单位人"蜕变为"社会人",市场经济催生了个体经济社会地位的转变,社会阶层日益分化且超出旧有的政府管控的框架,市场机制的不健全、公共理性的有限,单向度改革路径的低效使治理理论被寄予众多期望。政府职能向社会治理重心转移的治理话语对中国政府能力建设具有很强的启示。棘手的社会现实问题逆向驱使治理体制改革以作出"适应性应对"⑤,竭力在不可治理性中寻找突围的方向,冲破固有的路径依赖与体制束缚,逐渐从全能主义的政府管控转向以社会发育来反哺政治体制改革。

具体而言,治理改革主要包括以下几个方面:一是,以市场经济体制为物质基础。改革开放以来中国社会结构发生极大转变,政府主动放弃计划经济时期的全

---

① 邹谠:《二十世纪中国政治:从宏观历史和微观行动的角度看》,牛津:牛津大学出版社1994年版,第69页。
② 房宁:《民主的中国经验》,北京:中国社会科学出版社2013年版,第104页。
③ 《建国以来重要文献选编(第一册)》,北京:中央文献出版社2011年版,第298页。
④ 李友梅:《当代中国社会治理转型的经验逻辑》,《中国社会科学》2018年第11期。
⑤ 李路路、冯泽鲲、唐丽娜:《阶层结构变革与国家治理体系创新》,《社会学评论》2020年第3期。

面管控,适度放松控制,着力发展市场经济且将经济建设置于中心位置;从计划体制到承包制,再到分税制改革;从计划单轨模式到双轨制,再到市场并轨,重新释放、激发基层社会活力。尤其是乡镇企业在世纪之交成为一种不同于国家、组织和农户个体的社会力量,一种极具中国特色的产权形式焕发出了强大的社会活力。经济体制改革解构了高度集中和平均主义的社会分配机制,市场经济日渐成为一个自主性空间,社会经济结构得到重构,随之而来的社会分化与多元化为治理的培育提供了社会土壤。二是,以法理权威为治权保障。民主法制化建设逐渐成为全社会的政治共识,社会迫切需要以法治来保障治理的稳定性、长效性。法制具有"个人集成的特征",可为作为"仪规共同体"的传统中国社会增加限制权力运行、避免专制权力的维度。①《村民委员会组织法(试行)》(1987年)和《城市居民委员会组织法》(1989年)颁布,基层群众自治开始进入法制化轨道。党的十五大正式提出依法治国,"依法治国把坚持党的领导、发扬人民民主和严格依法办事统一起来"②。当前,中国处于法理权威和卡理斯玛权威混合兼容的合法性基础③之上的社会系统中,有必要扎实法理权威的根基,并冲破后者的羁绊,实现二者相互耦合。三是,基层社会治理模式基本成型。从高度集中的计划经济体制转向自由竞争的市场经济体制,是政治体制改革的重大举措,其中最具挑战的是基层社会治理。改革开放时期破除了单位组织的严格束缚,迎来了社会组织发展的黄金年代,并且基层群众自治制度于2007年被正式纳入四大基本政治制度范畴。非政府组织开始野蛮生长,随之建立起社会组织管理体制。1989年通过的《社会团体登记管理条例》正式确立了登记管理部门与有关业务主管单位负责的双重管理体制,但多头监管、重复监管会使社会组织的发展淹没在规避政治风险和责任的目标导向之中。双重管理体制推行近三十年后,中国重新确立了"统一登记、分类管理"体制。

治理在我国悄然践行多年。2013年,党的十八届三中全会通过《中共中央关

---

① [美]郝大维、安乐哲:《先贤的民主:杜威、孔子与中国民主之希望》,何刚强译,南京:江苏人民出版社2004年版,第133—134页。
② 《十五大以来重要文献选编(上)》,北京:中央文献出版社2011年版,第29页。
③ 周雪光:《国家治理逻辑与中国官僚体制:一个韦伯理论视角》,载周雪光《中国国家治理的制度逻辑:一个组织学研究》,北京:生活·读书·新知三联书店2017年版,第69页。

于全面深化改革若干重大问题的决议》,提出要"创新社会治理体系"①,推进从社会管理、社会建设到社会治理的演进,社会治理上升到国家战略层面,登上了国家治理舞台的核心。中国进入新时代以来,治理改革的主要内容包括从"双轨"到"并轨"改革、脱贫攻坚、建立社区治理基本政策框架、群团组织"去四化""强三性"、建设社会信用体系等②。治理改革的主要特征是共建、共治、共享,在微观层面上,保持对贫困人口等社会弱势、边缘群体的关怀;在中观层面上,力求治疗城乡"中心—边缘"二元分割的历史症结,推动城乡融合的一体化发展;在宏观顶层制度设计方面,强调"推进国家治理体系和治理能力现代化""推进社会治理精细化",在具体政策制定上,推行"社区、社工、社会组织"三社联动机制、协商民主机制等,吸纳社会力量的广泛参与,以革除封闭式、失衡的互动关系之弊端。由此,中国进入更加强调公众有效参与、政府廉洁公正、过程合法透明的精准治理时代。

　　回溯历史,中国经历了中央集权的计划经济体制以及市场经济的私有化浪潮,尤其是在改革开放四十余年的市场化进程中,随着政治体制改革和市场经济发展,公众参与的公共领域及政治空间均有极大的拓展。在现代化的冲击与反应中,日渐形塑了一个与开放、流动的现代化社会相适应的治理格局,新时代更加重视培育和引入政府、市场之外的社会力量。政府不断探索现代化治理体系的建构路径,取得了一定的成效。与前三十年政府管控模式相比,显著的变化在于社会呈现差异化格局,社会机制从被动运行转向社会公众主动选择与政府结盟抑或谈判的方式参与治理。社会经济领域的力量被调动起来,呈现出政府权力与民营企业、科层支配与社会治理交互连带、限制和转化的网络关系③。但是,我们仍不可忽视,公共理性、社会发育不成熟的先天顽疾会导致"边界模糊的中国式社会治理"④,治理冲突的频发也折射出政府、市场、社会的"三角"结构尚不稳定,突出社会这一维力量需要培育,中国推进国家治理体系和治理能力现代化、社会治理精

---

① 《十八大以来重要文献选编(上)》,北京:中央文献出版社 2014 年版,第 539 页。
② 参见陈鹏:《中国社会治理 40 年:回顾与前瞻》,《北京师范大学学报(社会科学版)》2018 年第 6 期。
③ 渠敬东、周飞舟、应星:《从总体支配到技术治理——基于中国 30 年改革经验的社会学分析》,《中国社会科学》2009 年第 6 期。
④ 闵学勤:《政府的强势与弱势:基于社会治理视角的思考与研究》,《上海行政学院学报》2010 年第 3 期。

细化仍任重而道远。

二、治道之变的路径:"求稳"中"求变"

随着 20 世纪 80 年代治理理念在全球的兴起,中国于改革开放之际也迎来了治道变革。中国特殊的国情、社情,即中央集权式大政府的历史传统、市场和社会尚处于发育的初期、公共理性尚未成熟、现代性国家建构尚未完成等等,决定了治理理论的中国适用性是有限度的[①]。关于治理理论适用"度"的争论,有学者从治理的国别属性揭示中国国家的成长路径、治理体系的演进轨迹以及国家与社会革命的动力因均有别于西方国家,特殊的政治基因导致在中国现代政治建构尚未成型之际若仓促地将国家权力回归社会,则会陷入浪漫主义的泥沼。[②] 对治理理论拿来应用的警惕态度,提示了中国的治道之变必须置于独特的社会政治场域中加以明辨慎思与方法论创新。

中国"早熟"的政治文化决定了治理改革的困难在于如何实现稳中求变。中国自古以来以强大的政府行政力量支配社会公共事务管理,不同历史时期也许有管控得严紧或宽松的程度之别,但这一传统的治理模式始终未发生本质变化。传统治理模式有其内在优势,能够强有力地通盘权衡利弊、集全国之力高效率地实现政策目标、维护中央政权的稳定。20 世纪中叶,面对政治、经济、社会和意识形态的严峻氛围,新生政权通过国家利益至上的"强制性的管理"[③]才得以迅速恢复国民经济,"三大改造"将生产资料私有转变为公有,从而逐步建立相对完整的国家工业体系。社会经济转型与政治发展的逻辑、全球化浪潮的冲击是影响中国治道变革的关键,时局动荡使"稳定压倒一切"成为治理改革的基本原则,基层社会领域的治理大多是由作为准行政力量的群团组织所主导,自治组织在很大程度上承担的是政府行政末梢的功能,扮演政府代言人的角色。社会的僵化使原有政府管理的症候日渐暴露,社会主义现代化国家的发展道路出现结构性偏离。正如梁

---

① 参见郁建兴、王诗宗:《治理理论的中国适用性》,《哲学研究》2010 年第 11 期。
② 刘建军:《和而不同:现代国家治理体系的三重属性》,《复旦学报(社会科学版)》2014 年第 3 期。
③ 王思斌:《新中国 70 年国家治理格局下的社会治理和基层社会治理》,《青海社会科学》2019 年第 6 期。

漱溟先生的判断，中国政治文化"实是一种成熟了的文化"①"其长在此，其短亦在此"②。中国治理改革的困难之处便在于此，如何既提升政府统领、濡化、汲取等能力以维持社会秩序，又能冲破固有框架以推动治理朝向主体多元化、结构网络化的方向发展；如何在从全能政府转向有限政府的同时，又能妥善处理"多元化的国家能力建构所包含的冲突"③；如何结合自上而下的组织化、行政化的控制机制与自下而上的社会自组织的参与机制，激活新社会阶层的力量。

稳中求变的治理旨趣，决定了中国治理发展以政府为起点和主力的独特路径。西方语境中的治理是以市场、社会的成长为基础，因此指向这两种非政府力量参与治理过程。可以说，西方治理路径是以市场力量的崛起为起点。市场对权力的竞争及以企业精神改造政府的尝试动摇了传统的统治框架，设想政府、市场、社会三方权力共享、相互制衡与合作的机制；相较之下，中西方政府、市场与社会的关系结构不同，为中国语境中的治理改革做了历史性"注释"（费孝通语）。中国的治理改革是以政府为起点，政治建构的内在逻辑在一定意义上决定了治道变革的方向，甚至可以说要求建设服务政府、法治政府、责任政府的政治制度改革本身就是治道变革。西方社会中触发治理浪潮的政府失灵和市场失灵的问题在中国还未上演，所以中国治理模式的探索并不与强盛的政府能力相抵牾，反而因其政治优势始终因循于政府的主导，市场、社会力量的成长也依托政府的培育。改革开放以来，政府主导了一场经济市场化、社会法治化的去行政性的改革，简政放权、党政分开、政企分开、政社分开等被作为政府体制改革的目标。例如，1993年党的十四届三中全会通过《中共中央关于建立社会主义市场经济体制若干问题的决议》，官方首次正式提出"社会管理"并将其定位为政府负责保障国民经济正常运行和社会秩序良好稳定的一项职能。④ 政府建立一系列制度规范，支持、引导多元社会力量的参与，并着力整合不同阶层、利益诉求的社会群体。新时代，政府职能的轴心更是从经济建设转移到社会建设与公共服务，培育市场与社会力量，进而创造一个有机的治理结构。概言之，改革开放以来社会政治权力结构的调整基

---

① 梁漱溟：《乡村建设理论》，北京：中华书局2018年版，第65页。
② 同上，第64页。
③ 曹正汉、王宁：《一统体制的内在矛盾与条块关系》，《社会》2020年第4期。
④ 《十四大以来重要文献选编（上）》，北京：中央文献出版社1996年版，第461页。

本遵循政府治理范围适度缩减、经济和社会领域的自由活动空间拓展这两条路线，从主动与被动关系的管控转向互动关系的服务模式，从全能主义的臃肿机构体系转向精简、高效的"一站式"行政服务，从全面干预转向适度调控，从权利主体转向责任主体，从人治转向法治等。这是政府主导下的治理改革的主要方向，也是政府、市场、社会"三角"关系的深入调整。

中国治道之变的独特路径与政治文化传统、历史传承一脉相连。中国传统文化重民彝、民生，主张以民为本、天下为公。如《尚书·五子之歌》中"民惟邦本，本固邦宁"，以及《管仲·霸言》中"夫霸王之所始也，以人为本。本理则国固，本乱则国危"的治国理念；又如，从孟子有言："民为贵，社稷次之，君为轻"，到魏征向唐太宗进谏："怨不在大，可畏惟人；载舟覆舟，所宜深慎。"正如钱穆先生所言，"政治是文化中重要一机构"①，每一个政治制度的背后蕴含着特定历史时代的文化理念。治理现代化的改革道路，需要在从传统到现代之间秉持继往开来的态度，最大限度地激活传统与现代的良性互动。置于中国民本文化传统的语境之中，治理具有双重价值取向：一是，政府基于"路径依赖"主导的增量改革道路②。汲取传统政治模式的优势，在保持社会秩序平衡的基础上进行渐进性改革，在不损害人民利益的前提下最大限度地增进民生福祉；二是，社会基于"权为民所享""权为民所赋"理念的民主改革道路。通过协商民主、参与民主机制激发人民的积极性和创造性，实现从国家集权治理向社会分权、从粗放式社会治理向精细化社会治理的转变。因此，政治社会学视角下"强政府、强社会"的定位更加贴合中国国情、社情。

三、治理的中国道路：强政府与强社会的协奏

根据中国的现实语境，改革开放以来，中国从总体性社会向多元化社会转型，治理结构也从垂直层级化向横向扁平化的方向发展，市场与社会日渐成长，政府与社会的力量对比也发生微妙变化。政府与社会处于合作伙伴的关系中，相互补益、共生共长，党委、政府、社会组织和公众四类社会治理主体各自发挥领导、负责、协同、参与的优势和功能，形成有机互动关系，形塑了新的治理结构。从理论预设的角度言之，中国通往善治的必由之路是强政府与强社会的联合。

---

① 钱穆：《中国历代政治得失》，北京：生活·读书·新知三联书店 2001 年版，第 23 页。
② 俞可平：《国家治理的中国特色和普遍趋势》，《公共管理评论》2019 年第 3 期。

治理最直接的目的是打造强政府以有效解决总体性社会危机。善治描绘了治国安邦的理想蓝图,善政则是通往善治的关键①。中国与西方许多国家一样,都曾试图建构韦伯式的官僚科层体制,但是对于已迈进市场化进程且孕育了公共理性的当下中国社会而言,政府之"强"绝非指涉由政府自上而下命令及底层向上自觉服从的"威权性权力",而是以相对自发、无中心的方式扩散的"弥散性权力"②,或是两种权力结合。也就是说,治理改革并不是要求政府从此趋弱去强,而是对政府能力上乘的期待。就政府治理能力而言,现代政治文明从政治的产出端的维度,要求"政府对人民的回应性"③。这意味着保障社会和公众利益是政府作为服务者的首要目的,政府的政策实施、治理的过程要与人民需求、利益和偏好并肩前进。中国政府主导的治理改革的逻辑是从权力本位转向权利本位④,权利本位治理逻辑的核心要义就在于政府作为治理系统的掌舵者、元治理者要把维护和实现人民权利、公共利益作为导向。回顾改革开放四十余年来治理变革的进程,中国之所以能在市场逻辑穿透之时维持住社会的有机团结,能在全球化浪潮席卷之际自我调适,能改革国内治理环境以适应对外开放中国际社会与资本的一般性规范,关键在于治理能力突出的政府。治道变革的历史经验已表明,由政府主导、社会各方力量参与的"一轴多元"⑤的精细化治理结构,对于回应复杂性社会风险卓有成效。今后中国治理改革道路仍将面临"发展与秩序"⑥的根本性、全域性挑战,这意味着中国治道变革绝不能是政府简单地退出市场和社会领域,而应是其适度缩小职能范围、走出全能主义的误区,亦即"有所为,有所不为"。对此,曹正汉把中国政府的改革策略比喻为"分散烧锅炉",资源过度控制、社会管制过严、权力扩张过度都会引起"烧爆"的危险,这就要求政府基于对社会承受度的考量来调节集权程度、提高治理能力以达到"把水烧开"的同时不会"把锅炉烧爆"。⑦在高风险的后工业社会,政府相较于任何其他组织、机构而言,拥有更多的社

---

① 俞可平:《中国的治理改革(1978—2018)》,《武汉大学学报(哲学社会科学版)》2018年第3期。
② [英]迈克尔·曼:《社会权力的来源(第二卷·上)》,陈海宏等译,上海:上海人民出版社2007年版,第7页。
③ 王绍光:《民主四讲》,北京:生活·读书·新知三联书店2014年版,第73页。
④ 夏志强:《国家治理现代化的逻辑转换》,《中国社会科学》2020年第5期。
⑤ 李友梅:《当代中国社会治理转型的经验逻辑》,《中国社会科学》2018年第11期。
⑥ 冯仕政:《中国道路与社会治理现代化》,《社会科学》2020年第7期。
⑦ 曹正汉:《中国上下分治的治理体制及其稳定机制》,《社会学研究》2011年第1期。

会资本,具备更强大的能力来防范和化解社会矛盾、维持社会秩序的稳定与平衡。因此,欲实现善治,必须充分发挥政府作为社会前进之掌舵者的积极作用。

中国治道变革的进程可谓是一部社会成长史,自主性社会领域的出现扭转了改革开放以前重国家、轻社会的治理模式,作为"三角"结构之重要一环的"社会领域"已清晰可辨,是能够组织集体行动、自我证成、自我治理的主体。从公民的本质说起,指向的是有权"参加司法事务和治权机构的人们""参加议事和审判职能的人"。① 中国自古以来皇权不下县、地方乡绅自治这种上下分治的双轨模式,就已初步显现出民众的自治力量。封建与郡县、官僚与士绅、集权与分权、霸道与王道、道统与正统等多重复杂并交互变异的治理结构和机制②,为当代基层社会治理积淀了深厚的历史传统。改革开放以来,首先给社会成员带来自由参与市场经济活动的契机,诸如自我意识、契约意识等经济理性在一定程度上刺激了人民主体意识和公共理性的觉醒。由此,人民获得了更多地参与政治生活的可能,才成其所是,也给社会空间的拓展奠定了主体性基础。改革开放之初,农村村民自治和城市居民自治先后得以推行,政府权力下沉基层社会,非政府组织参与社会治理,是基层民主和社会治理进程的重要突破。近年来,各个地方相继探索出社会治理现代化的创新实践模式,如深圳和成都"居站分离"的尝试、江苏太仓的"政社互动"改革、重庆南岸"三事分流"的经验等,均将治理的下沉理念付诸实践并在一定程度上激发了社会治理的活力。③ 由是观之,新的公共领域,即"以非政府组织的名义与政治领域区隔的社会领域已经在中国形成"④,社会增量已使政府和经济部门日益重视社会的主体性、自主性,社会自发、自由的力量在治理中扮演的角色越来越重要。因此,只有激发被官僚主义所抑制了的社会主体的自主性、创造性,通过政府与社会的分工协作,在"国家形塑社会"与"社会形塑国家"的双向过程中不

---

① [古希腊]亚里士多德:《政治学》,吴寿彭译,北京:商务印书馆1965年版,第111—113页。
② 渠敬东:《中国传统社会的双轨治理体系封建与郡县之辨》,《社会》2016年第2期。
③ 田毅鹏:《社会治理现代化进程中的"传统"与"现代"》,《社会发展研究》2019年第4期。
④ 高丙中、夏循祥:《社会领域及其自主性的生成》,《北京大学学报(哲学社会科学版)》2015年第5期。

断往返①,二者相互形塑、相互协助,构筑共建共治共享的"社会治理共同体"才成为可能。

总体而言,治理是一个庞大的理论体系,追求主体的多元化、权力的分散化、关系的网络化。20世纪80年代政府失灵和市场失灵的困境掀起了一场治理浪潮,它不仅仅是一个"时髦词语",更是政治分析中极具启发性的概念,注定未来还会伴随我们一段时间②,因而我们更需要对治理加以深入研究。有关中国治理的应用研究,真正的问题是治道自身的"何所向",中国在现代化浪潮中如何寻找"我们的星星和罗盘"③?

20世纪80年代,西方治理理念被引入中国,西方治理实践已清晰勾绘了政府从掌舵者到服务者转变的角色定位图谱,政府在多元治理结构中仅仅是一方参与者而非主导者,"精简政府""架空政府"等口号把政府推上了治理改革的风口浪尖。但现实情况往往是,"属于最多数人的公共事务常常是最少受人照顾的事务,人们关怀着自己的所有,而忽视公共的事务;对于公共的一切,他至多只留心到其中对他个人多少有些相关的事务"④。自亚里士多德以来,很多学者都洞察到民主社会"各人自扫门前雪,莫管他人瓦上霜"的平庸,只有在趋于理想的"乌托邦"中,公众才可能自我节制、理性地参与政治生活。就连曾提出没有政府管理的"新治理"的罗茨也在后来关于英国政府空心化的研究中指出政府的缺位会导致碎片化、责任模糊、组织灵活性降低、政府能力下降的弊病。⑤ 经济全球化形势的巨变、社会复杂性程度的加剧倒逼政府必须做出即时有效的回应,西方政府弱势化倾向的治理改革模式在中国犹如逾淮之橘。正如钱穆先生所言,"制度是一种随时地而适应的,不能推之四海而皆准,正如其不能行之百世而无弊"⑥,探索中国治道变

---

① 甘阳:《"民间社会"概念批判》,载张静主编《国家与社会》,杭州:浙江人民出版社1998年版,第28页。
② Giliberto Capano, Michael Howlett, M. Ramesh, "Re-thinking Governance in Public Policy: Dynamics, Strategy and Capacities", *Varieties of Governance: Dynamics, Strategies, Capacities*, London: Palgrave Macmillan, 2015, p. 3.
③ 李猛:《自然社会:自然法与现代道德的形成》,北京:生活·读书·新知三联书店2015年版,第484页。
④ [古希腊]亚里士多德:《政治学》,吴寿彭译,北京:商务印书馆1965年版,第48页。
⑤ R. A. W. Rhodes, "The Hollowing Out of the State: The Changing Nature of the Public Service in Britain", *The Political Quarterly*, Vol. 65, No. 2, 1994.
⑥ 钱穆:《中国历代政治得失》,北京:生活·读书·新知三联书店2001年版,第6页。

革,需要对放弃政府介入的治理理念加以重新反思,立足中国政治文化和历史传统,将西方治理理论与中国人事相配合。

投以历史分析的目光,中国治道变革的历史经验和教训有资于治道。从全能主义的管控到多元主义的治理,不同历史时期治理结构的嬗变折射出政府、市场、社会关系的此消彼长。中国治理的理论和实践探索预示着一种方向,治理作为政治理论丛林的路标指向了融入社会、凝聚各方力量的开明政府。因此,调适政府、市场与社会的关系,调整权力结构,催化社会与市场的力量,既是治理体系发展的要求,也是国家治理现代化的应有之义。改革开放以来,中国的治道变革取得了一定成效,但仍然任重而道远。中国治理的未来前景,需要进一步提升社会组织的能力、培植公民精神,继续围绕民主、法治、公平、责任等目标建构稳定的"三角"关系,打造"强政府、强社会"的模式,以有效回应上述种种治理困境。

因此,本书提出"强政府、强社会"作为中国社会治理精细化目标和框架,重点意在突破政府的"大而不强"以及社会的"小而不强"的尴尬、粗放的局面。其一,从政府能力的方面而言,需要国家承担元治理的角色,发挥"强政府"在稳定秩序、规制方面的重要作用;其二,从社会的角度来看,需要培育市场和社会的力量,旨在通过多元、参与、协商建立"强社会"。全球化、网络化时代给现代政治建构带来极大挑战,同时也为中国孕育强社会提供历史机遇,探索政府与社会共同推进社会治理精细化的可能及可为,解析中国强政府下社会成长的空间、路径和多元模式,并形成中国强政府与强社会的强强联合新格局,这正是中国社会由行政管理、社会管理向社会治理转型的最大难点。

第二章
以治理为名的战略架构

21世纪以来,有关治理的理念、理论和实践逐渐进入中国,从初期对治理的慎思慎用,到各行各业提出由管理向治理转型,直至党的十八大之后国家治理体系和治理能力现代化成为国家治理方针的基本取向和重要任务,治理为中国所用并成为中国的国家战略的速度之快出乎各界人士所料。除了改革开放在经济领域的成就向政治和社会领域外渗并与治理所追求的多元包容、协商共治等理念融合共通,社会组织的逐步孕育、公众受教育程度和收入水平的同步提升也为社会整体参与治理做好了准备。

面对信息技术和数字技术的迅猛发展,以及日新月异的国内国际局势,政府、社会和市场几乎同时以治理为名在寻找新的战略方向。与以往相同的是,改革的步伐从未停止,与以往不同的是,西方的治理实践和经验远不足以覆盖中国现实,中国仍需摸着石头走自己的治理之路。

第一节 政府战略

习惯于统合管理模式的中国政府,一方面受经济改革的倒逼,必须通过自我变革寻求与之匹配的治理体制,另一方面被自下而上的多元诉求推向一个必须回应且必须采取新模式的治理场景之中。作为一个大政府建制,重新调整战略的呼声和涌动比任何时候都来得急迫,服务战略、仿企业化战略、赋权战略、创新战略、数字战略和终身学习战略都成为中国不断探索的路径选择。

一、服务战略

这一革命性的转型需要足够的勇气和战略眼光。治理讲究扁平化、去中心化，但仍需要掌舵者、主持人和协调人，在治理主体的各类角色扮演中，政府选择何种角色，即意味着选择何种战略。而 21 世纪之初，政府的服务型角色定位开启了与统治、管理完全不一样的治理之旅。

服务型政府的确立经历了一个发展过程。2002 年 11 月 8 日召开的党的十六大将政府职能概括为经济调节、市场监管、社会管理和公共服务四项。公共服务第一次与经济调节、市场监管、社会管理并列，成为转型期我国政府的四项基本职能之一。2004 年 2 月 21 日，时任国务院总理的温家宝在省部级主要领导干部研究班上提出要"努力建设服务型政府"。2005 年 10 月，由中华人民共和国国务院新闻办公室发表的《中国的民主政治建设》将"建设公共服务型政府"列为民主政治建设的一项重要内容。十届全国人大四次会议通过的《中华人民共和国国民经济和社会发展第十一个五年规划纲要》又把"加快建设服务型政府"、实现基本公共服务均等化作为我国"十一五"时期行政管理体制改革的重要目标，此后党的十七大提出"加快行政管理体制改革，建设服务型政府"，党的十八大则提出"建设职能科学、结构优化、廉洁高效、人民满意的服务型政府"。[1] 党的十九届四中全会继续提出，"必须坚持一切行政机关为人民服务、对人民负责、受人民监督，创新行政方式，提高行政效能，建设人民满意的服务型政府"。至此，"服务型政府"既是一个概念，也是一个命题，成为政府治理的核心价值和基本战略。

政府自上而下持续推进的服务战略形成了一系列落地执行方案，从各级政府成立作风办，开展常规性的年度考评，到政府网站的群众来信来电及回应，再到政府的放管服改革，以及电子政府、数字政府的建构，每一项举措都试图探索如何服务于民、还权于民。比较明显的几个节点包括：2012 年国务院对影响服务政府转型的行政审批进行了规范和部分取消，提出"健全省市县乡四级联动的政务服务体系，并逐步向村和社区延伸"，其在厘清政府职能的基础上进一步推动了中国服

---

[1] 沈亚平主编《服务型政府及其建设路径研究》，天津：天津人民出版社 2017 年版，第 4 页。

务型政府建设。2016年出台的《政务服务中心运行规范》对政务大厅等服务中心"运用标准化手段,进行服务规范化建设,实现政务服务的系统化、透明化和常态化"的职能进行了标准化和规范化,既保障了政务服务的质量,又提升了政府的公信力和执行力,其中让百姓最有获得感的就是各地兴起的一站式服务中心或政务中心,让民众只进一家门,可办多家事。同时,一站式服务中心等措施也涉及机构调整,在空间维度上拉近了政府与民众之间的距离,对服务型政府的实践建设做出了有益的探索。① 当然最显性的落地举措还是2008年、2013年和2018年国务院连续采用大部制机构改革方案,通过优化组织结构,触及体制机制层面,意味着中国行政改革进入了服务型政府建设的创新性阶段。②

在政府服务战略施行过程中,最值得一提的是政务服务的总客服"12345"热线平台。南京市自2010年12月正式开通"12345"政务服务呼叫中心以来,构建了"一键通政府"的治理机制,随着其知晓度、公信度的不断提升,被群众誉为"为民办事的民心线",成为民情民意下通上达、政府及时精准治理的有力杠杆。热线先后建立了首接负责、退单监管、时效监管、质量监管、应急处置、考评考核、督查督办、一事一议等10余项制度规范,对紧急诉求立即办,对非紧急求助类事项要求在5个工作日里办结答复,对涉及投诉举报或建言献策类事项要求在15个工作日里完成并回复,这样有民意、有回应的闭环式服务模式,有效发挥了公众表达的绿色通道作用,也成为政府治理的有效安全阀,先后获得市级、省级和国家级荣誉。南京市委和市政府办公厅联合印发了群众诉求办理工作绩效考评办法,对按时办结率、答复率、发回重办率、群众满意率等12项标准进行绩效考核。此后,全国"12345"政府公共服务平台发展较快。2014年起,江苏省13个省辖市及48个县(市)、6个区建成了"12345"政务平台,实现了市、县两级全覆盖。③ 2021年1月,国务院办公厅印发《关于进一步优化地方政务服务便民热线的指导意见》,要求加快推进除110、119、120等紧急热线外的政务服务便民热线归并,年底前各地设立的政务服务便民热线实现"12345政务服务便民热线"一号通用,提供24小时人工

---

① 燕继荣:《服务型政府的研究路向——近十年来国内服务型政府研究综述》,《学海》2009年第1期。
② 张康之:《走向服务型政府的"大部制"改革》,《中国行政管理》2013年第5期。
③ 吴国玖、金世斌、甘继勇:《政务热线:提升城市政府治理能力的有力杠杆——以南京市"12345"政府公共服务平台为例》,《现代城市研究》2014年第7期。

服务。同时,优化流程和资源配置,实现热线受理与后台办理服务紧密衔接。这一系列从地方到全国统一号码的政务热线服务模式,运行十年后沉淀为服务型政府标配,在全球也是独一无二的。政府推行服务战略的行动主义视角不仅为建构服务型政府提供了新的理论思考,也为创新社会治理模式提供了路径选择。

二、仿企业化战略

在治理浪潮席卷的进程中,政府需要时常处于学习或反思中才能应对多方的诉求,虽然分属不同的组织且目标不同,但政府为防止担负有限责任时仍可能出现的失灵状况,向企业学习其灵敏的市场策略、清晰的成本收益控制模式、有凝聚力的企业文化等成为其变革的战略方向之一,由此重塑的政府也被称为企业型政府或"仿企业化"政府。

"仿企业化"的理念肇始于 20 世纪 80 年代西方公共行政改革,并迅速在美国、英国、荷兰、丹麦、新西兰等西方国家的行政改革实践中蔓延[1]。仿企业化模式,其主旨为"以企业精神改革政府",具体表现在以公众为本、为公众提供优质服务、在具体公共事务执行管理中引入市场机制,追求高效率、进行成本收益分析,讲究社会效益与经济效益统一等[2]。政府"仿企业化"理论的推行者认为工业化时代传统的官僚组织体制与其匹配,且在一定程度上推动了发达国家的工业化进程,这样的官僚制或科层制表现出六大特征:法制先行、层级明显、公私分开、专业为上、职业分类和富有规律[3]。而随着信息时代和知识经济时代的到来,原有的官僚制科层制模式必须有所变革,而"仿企业化"即为政府行政改革的一种战略选择。

至于政府"仿企业化"的内容,克里斯托夫·波里特在《西方五国公共行政管理改革的轨道与模式比较》中对英国、荷兰、丹麦、芬兰和新西兰五国行政改革的内容作了归纳,认为可以从以下几个方面进行考察:私有化或公司化、采用市场机制的情况、分权、产出导向、传统性重构[4]。中国政府虽未在公开文件中倡导"仿企业化",但浸润在经济快速发展的大潮中,感受市场和企业发展的冲击,也一直尝

---

[1] 闵学勤、丁宏:《城市社区仿企业化管理的路径研究》,《江海学刊》2007 年第 5 期。
[2] 闵学勤:《社区认同的缺失与仿企业化建构》,《南京社会科学》2008 年第 9 期。
[3] 竺乾威:《从行政到管理》,《公共行政与人力资源》,2001 年第 1 期。
[4] 克里斯托夫·波里特、曾峻、朱华:《西方五国公共管理改革的轨迹与模式比较》,上海行政学院学报 2002 年第 1 期。

试从政府绩效考评、公众导向和向企业家精神学习等层面探索"仿企业化"战略的落地实施。

仿企业化式的政府绩效评价源自西方,也被西方称为来自政府的"生产力"。所谓政府绩效评价或绩效考评,即对一定时期内某级政府或某政府职能部门的成绩和效益进行测量与评价,并显现其成果与效率,以及经济性与公平性。① 在立法方面,美国制定了《政府绩效与结果法案》和《政府绩效与结果现代化法案》,日本的《政府政策评价法》与韩国的《政府绩效评估框架法案》等都试图从立法角度来规范政府绩效考评的主体及价值,其标准多元化,并更加注重公众参与评价,强调评价的结果公开性,来推动政府改革的前行。② 据截至2013年的不完全统计,全国已经有16个省(自治区、直辖市)出台了绩效考评相关办法,包括建立绩效考评的计划,促使考评常态化、定期化;针对包括公众参与在内的第三方评价制度也进行了规范,推动考评更加科学、公开和民主;同时均特别制定了相关监督机制,一方面确保考评结果都被顺利运用,另一方面也全程监督考评工作的过程管理;各省还建立绩效考评的相关问责制度,避免考评工作流于形式或沦为政绩工程。③ 国家人事部也成立了《中国政府绩效评估研究》相关专家组,设计了包括考评职能、考评影响、考评潜力等三个1级指标,十一个2级指标,三十三个3级指标,目的是"全面系统地评估中国地方各级政府,特别是市县级政府的绩效和业绩状况"④。但总体而言,在实施过程中,与企业绩效评估的日常化相比,政府的绩效更被三个极端,即地方GDP、突出政绩和大型突发事件后的问责制所淹没,而且伴随绩效考评而来的奖惩制也因为阳光工资的施行只剩下惩处,政府绩效考评的激励作用没有完全突显。

相比绩效考评,政府向企业习得顾客(公众)导向的理念更显困难。顾客导向理念被引入政府部门并成为政府服务公众的一个基本出发点,肇始于新公共管理运动。公共管理运动面向传统公共行政模式下公众与政府的关系,公众被视为接受政府服务的顾客,主张建立"被顾客驱动"的政府。政府不再是高高在上、自我

---

① 郑方辉、冯健鹏:《法治政府绩效考评》,北京:新华出版社2014年版,第9页。
② 郑方辉、曹小华:《政府绩效考评的法规体系及其法制化》,《深圳大学学报》2016年第2期。
③ 同上。
④ 王建民:《中国地方政府机构绩效考评目标模式研究》,《管理世界》2005年第10期。

运作的官僚机构，而是忠实于公众的公共服务提供者，从顾客的视角出发及时响应顾客的诉求，解决顾客问题的同时追求顾客满意度的最大化。① 虽然服务型政府要求在公众需求驱动下，以为社会、市场和公民提供优质与高效的公共服务为核心职能，并最终以顾客，即公众的获得感和满意度为服务效率和质量的测量标准②，但真正做起来，地方政府的部门若出现利益至上、"GDP 崇拜"、政绩冲动等都容易将政府引入偏离公众的方向。虽然近十年来政府采用"万人评议"、第三方评估等模式来倡导倾听公众的声音，但公众的碎片化与惯常的大政府建制在短时间内很难对等，在程序上也很难实现正面对话，公众导向还有相当长的一段路要走。

在"仿企业化"的道路上，走在市场化前列的浙江和广东都充当了中国改革开放试验田的角色。例如浙江地方政府在确立政府与市场的互补关系、实行行政分权和县政扩权改革、明确界定政府与非政府组织的职能、不断改善投资环境等方面的举措，广东地方政府在打破禁区为体制改革探路、活用政策探索多种发展模式、实行产权制度改革和提升政府效率③等方面实际上都已将创新、敢为、超强执行力等企业家精神附着在政府决策上，对激活地方、创新地方都起到了积极的推进作用。

三、创新战略

政府自启动改革开放以来，其实从未停止创新：起初，是来自顶层的关于市场化的改革和全面开放；紧接着沿海各省和地区地方政府首尝改革开放的胜果，进一步选择适合地方的创新战略，政府逐渐开启全方位的创新战略；直至党的十八大后，提出建设"创新型政府"的目标，这成为政治体制改革的一个重要节点。

政府创新明显不同于一般企业或组织创新行为。第一，政府创新面向公共事务和公共服务。公共部门是政府创新的主体，特别是公共权力部门；政府创新的终极目的也是提升公共服务并增进公共利益。第二，政府创新必须面向全局。政

---

① 陈俊星：《基于公众导向理念的地方政府绩效管理》，《行政论坛》2015 年第 1 期。
② 参见何水：《服务型政府：争议中的透视》，《中国行政管理》2010 年第 10 期。
③ 高波、李祥：《浙粤地方政府的制度创新、行政效率与企业家精神》，《广东社会科学》2011 年第 6 期。

府创新的受惠者主要是广大的公众,而不是政府公共部门自身。由于政府掌握着社会的政治权力,政府创新的结果通常对社会有着广泛而深刻的影响。第三,政府创新还需确保其政治性。政府创新直涉政府内部的体制改革、权力关系和利益关系,敏感度和风险性往往高于其他模式的创新。① 因此,政府创新需要极大的勇气和智慧。好在随着经济的发展,从制度架构视角、公众需求视角、资源支撑视角和公共传播视角来看,各级政府都具备了创新动能,之后就看谁先创新,创新什么,以及创新的方法与可持续性。

其实,地方政府作为政府创新的热土,就国际惯例而言,其获得的经验常常被其他各级政府汲取,同时由于体量较小且变革相对迅速,相比中央政府,地方政府更容易倾向于选择创新。20 世纪 90 年代以来,有学者认为地方政府的创新与地方民营经济的发展成正相关关系,因为民营经济的发展需要各个地方政府作出"在地化"的行政回应模式,寻找中央政策的"开放空间",如"打擦边球""创造性转换"等。而社会结构随着社会经济的变化,也需要地方政府根据每一区域的具体社会状态,做出对社会结构重组后的政策应对措施。因此,地方政府在这两个压力的激励下"不得不"采取创新行动。②

虽然地方政府创新已从少数地方的单点式创新逐步扩展为基于经济发展差异的区域创新,但整体性扩散结构没有生成。整体性扩散的缺失严重制约了中国地方政府创新的深化,且使已有的创新面临维持困境。③ 俞可平在跟进了 2000 年至 2015 年间获得"中国地方政府创新奖"的 178 个案例后认为,"越是成功的政府创新,其可持续性便越高;政府创新若想持续,其关键点在于创新基本内涵的延续与放大,而不在其外延的存续;政府创新作为结果变量,受宏观大环境,特别是政治环境的影响较大;领导变更带来的理念与行事方式的转变对政府创新有相当的影响,而领导的直接支持是政府创新得以持续的关键;政府创新的直接成果和民众的获得感及支持,是政府创新的合法性基础;法律和制度保障对政府创新长久持续有着更强大的推动力;舆论对优秀政府创新项目的传播和推广,也是政府创

---

① 参见俞可平:《论政府创新的基本问题》,《文史哲》2005 年第 4 期。
② 韩福国:《"权威—分层—分权"结构何以可能?——基于中国地方政府治理创新 40 余年发展进程的思考》,《河南社会科学》2020 年第 7 期。
③ 韩福国:《从单点式、区域化到整体性的政府创新何以可能?——基于整体性扩散结构的分析》,《政治学研究》2020 年第 1 期。

新得以持续和扩散的温床;无论是政界还是学界,对政府创新及时进行理论总结,有助于政府创新的可持续;良好的微观环境,对于政府创新的成功十分重要;创新者的乐观态度,是政府创新得以持续的重要助推剂"①。事实上,就笔者的观察而言,地方政府不乏创新驱动,甚至也不乏创新的点子,最关键还是缺乏创新的持续推动力。解决好可持续的问题,政府创新便比任何其他组织创新更有资源优势和集群优势。

笔者在地方政府的大力支持下,主持的"掌上云社区"创新项目持续至今已有五年有余。南京栖霞区"掌上云社区"(前身为"掌上社区")自2016年9月在全区推广运行近六年来,通过"规模化战略"(1.0版)、"智能化+大数据战略"(2.0版)和"一体两翼战略"(3.0版),不断升级优化、持续深耕,目前已在政界、学界、新闻界和老百姓心目中形成一定的影响力,除荣获首届"长三角城市治理最佳案例"(2018)和首届"中国城市治理创新奖"(2019)外,2020年进入《中国改革年鉴》,国内各大主流媒体。人民网、新浪网、新华网、交汇点、《新华日报》和《南京日报》等均持续跟踪报道了"掌上云社区"的各项发展进程。六年来,在栖霞区委、区政府的大力支持和民政、街道及各社区的共同努力下,"掌上云社区"通过"规模化战略"已实现129个社区全覆盖,建立微信群1 611个,入群人数达38.8万人,占户籍人口比例超过60%,基本实现每1户常住家庭就有1名家庭成员入群;通过"智能化+大数据战略"在每个微信群植入政务机器人——"小栖",在线实现5 200项"小栖"智能回复,接入不见面审批事项达590多条,并经由"小栖"在数据库后台主要承载党建云社区、信息交流、智能回复、"不见面"服务、工单流转、协商议事、多群管理和大数据分析八大功能模块。自2018年6月起至2020年3月,笔者团队连续21个月向栖霞区委、区政府递交基于"掌上云社区"大数据库进行分析研判的《栖霞月度民生民情大数据报告》,并通过"一体两翼战略",基于"掌上云社区"母体平台,在全区推以"社区营造"和"社区协商"为"两翼"的"腾飞振兴计划"。其中"社区营造"这一翼经2018年至今的连续申报、培育和孵化,在社区微更新、社区人文环境打造、公共空间功能改造和社区服务增能等方面,以社区为主体、社会组织协同参与完成"社区微幸福"160个,重点打造的具有代表性、示范性和借鉴性

---

① 俞可平:《中国地方政府创新的可持续性(2000—2015)——以"中国地方政府创新奖"获奖项目为例》,《公共管理学报》2019年第1期。

的项目共有 20 个。"社区协商"这一翼虽已初步形成"线上线下""自上而下+自下而上"的双线协商模式,并通过"协商小程序"和"投票小程序"解决了一部分"急难愁盼"的社区关键问题,但在协商的规模化、常态化和品牌化,以及协商人才的培育方面还未有大的进展。目前"掌上云社区"正以区块链技术为支撑,以社区协商为路径,以"云社区学院"为赋能载体,以"掌上云社区+"为精准服务链接的综合平台战略,开启"掌上云社区"4.0 版的新探索。

随着改革的进一步深化,中国经济已步入"新常态"发展阶段,单纯依靠"粗放型"增长模式难以使中国摆脱"中等收入陷阱"的风险。党的十八大以来提出的"创新驱动"战略已将中国各级政府引入创新通道,只要形成全社会认同的创新激励机制,持续共享创新成果,政府作为治理引航者的角色扮演就是可圈可点的。

四、数字战略

与治理时代同步到来的全球第四次科技革命掀起人机协同、深度学习、跨界融合、群智开放、自主操控等新兴数字技术浪潮,政府的数字战略或数字政府呼之欲出。西方发达国家最早于 2010 年起开启 2.0 版的数字治理,其标志性特征是引入云计算和大数据等先进数字处理技术,以及社会网络分析技术等来对数字时代的公共服务进行变革,也因此,西方新公共管理运动来到数字治理的新阶段。从时间表的先后顺序来看,2012 年,美国发布了《数字政府:构建一个 21 世纪平台以更好地服务美国人民》的报告,率先确立了政府数字治理的目标。直至 2017 年,美国众议院才通过《政府技术现代化法案》,允许公共部门运用互联网和物联网的全方位融合来满足公众的公共需求。英国政府也于 2012 年将电子政务与在线政府建设纳入数字化战略,随后于 2017 年通过新政府转型战略,于 2018 年出台《数据保护法》,让公众更安全、更便捷地运用和享受在线服务。[1] 除了英美等发达国家,其实数字政府已成为世界各国顺应数字时代的必备题目,目前已有至少 150 个国家制定了数字化转型战略,这既是技术对政府治理的倒逼,也是公众对高效政府的共同期待。就国内层面而言,中国推动数字政府的建设非常迅速和果敢,在顶层设计、政策制定、平台建构、实践创新和地方立法方面已经有了良好开端。党的

---

[1] 李军鹏:《面向基本现代化的数字政府建设方略》,《改革》2020 年第 12 期。

十九大和十九届四中、五中全会都对数字中国、数字政府的精神和国策进行了相关部署。① 尤其是《中共中央关于制定国民经济和社会发展第十四个五年规划和二〇三五年远景目标的建议》中明确指出加强数字社会和数字政府的建设,并全面提升公共服务与社会治理的数字化和智能化水平,显然"十四五"期间数字政府建设将开启高速发展期。② 也由此,中国和世界几乎同步拉开了数字治理的帷幕。

与市场和社会被数字技术推动、开启数字生产和数字消费不同,政府选择数字战略,即意味着要将数字技术植入公共治理中,并随时调整两者之间的融合与冲突,预示着政府的服务方式将从行政驱动向需求驱动转变,治理模式要从粗放管理向精准治理转变,决策方式要从政策推动向数据驱动转变,监督形式也将从内部自我监督向平台监督和社会协同监督转变。③ 以此为基础,数字政府的建构既要依赖大数据、云计算、移动互联网、物联网、区块链和人工智能等新一代信息技术,又要对政府以往的管理架构、职能分工、业务流程等进行相应的再设计或再调整,以提高政府为公众服务的质量和治理的效度④。虽然对中国乃至而言,目前数字战略建构和数字政府建设是史无前例的,但随着不可回避的智能社会时代的到来,市场和社会的数字化水平与智能化水平迅速提升,企业和公众将越来越要求政府运用新兴技术来完成政府服务和政府治理,并进一步希冀政府能从传统的治理理念中转型,建构更开放、高效且共治共享的新型数字化政府⑤,同时这也是各国政府之间新一轮的数字竞赛。

数字战略不仅驱动政府进行数字化转型,实际上也进一步推动界定了数字治理新意义和新价值。数字战略中倡导的"新型公共价值""新型互动关系""新型协作模式""新型组织赋权"等,在政府实施数字化转型的过程中被不断地实践和再造,也推动了公众对公共服务和公共价值的更高追求。⑥ 而且,将数字战略导入政府的数字化建设,至少包含三层含义:一是运用与数字相关的硬件和软件技术进

---

① 李军鹏:《面向基本现代化的数字政府建设方略》,《改革》2020 年第 12 期。
② 参见孙友晋、高乐:《加强数字政府建设 推进国家治理现代化》,《中国行政管理》2020 年第 11 期。
③ 同上。
④ 参见李军鹏:《面向基本现代化的数字政府建设方略》,《改革》2020 年第 12 期。
⑤ 同上。
⑥ 王益民:《数字政府》,北京:中共中央党校出版社 2020 年版,第 38—39 页。

行治理；二是对因数字技术而带来的社会异化现象进行治理；三是与数字时代共成长，对政府组织、机制和治理能力进行提升或再造。其目标是实现政府平台数据的共建共享、部门业务的开放协同、社会治理的互嵌共生、公共服务的高效便捷、机制体制的科学智能，以及安全保障可管可控的智慧化、服务型政府。①

就具体的地方政府数字化转型实践而言，中国政府的数字发展战略大致经历了政府网站建设、电子政务服务和数字政府2.0三个发展阶段。一是20世纪90年代起，国家开始实施政府上网与政府信息化建设工程；二是21世纪初，国家开展了电子政务建设，进入电子政务时代；三是党的十八大以来，中央大力推动"放管服"改革，实施政务服务的"互联网＋"战略，运用大数据、区块链、5G、物联网和人工智能技术提供以数字公共服务为核心的数字政府建设，持续推动全国一体化"互联网＋""最多跑一次"和"不见面审批"等政务服务平台建设，加快进入数字治理时代。②

对地方政府来说，最早启动的广东于2018年出台了《广东省"数字政府建设"总体规划（2018—2020年）》，设立了专门的数字政府管理部门，并由国有电信运营商和行业领军企业的合资企业——数字广东网络建设有限公司负责数字政府的技术运营和服务，并开发了"粤省事"移动民生服务平台，为公众提供集成的政务服务与公共服务。③浙江省以"最多跑一次"的政务服务改革带动数字政府建设。2017年，浙江省出台《加快推进"最多跑一次"改革实施方案》，提出设立"最多跑一次"改革专题组办公室，明确了"四张清单一张网"和"最多跑一次"的改革目标，2018年又印发了《浙江省深化"最多跑一次"改革推进政府数字化转型工作总体方案》，提出建设纵向贯通、横向协同、上接国家、覆盖全省的数字政府体系，到2022年基本实现"网上办公"与"网上办事"，全面实现政府公共服务、社会管理、生态保护等职能的数字化转型；贵州省以数据融合为驱动建设数字政府，设立了国家大数据中心，建成了直接与北京同步传输和异地备份的数据库系统。到2035年，我国基本建成公共服务型政府，必然要求加快推进所有公共服务都能在线办理的进

---

① 参见孙友晋、高乐：《加强数字政府建设　推进国家治理现代化》，《中国行政管理》，2020年第11期。

② 参见李军鹏：《面向基本现代化的数字政府建设方略》，《改革》，2020年第12期。

③ 同上。

程,完善数字治理的法律体系、治理规则体系与监管体系,加快世界一流数字政府建设步伐。① 在市域层面,不少地方政府积极推动"数据上云",推进政务服务事项标准化,推进办事流程优化再造,积极探索审批服务创新。例如北京市信息资源管理与数据共享实践、深圳市"秒批秒报"改革、福州市"智慧福州"建设、上海市闵行区"一网统管"市场监管模式创新、南京市数字经济监管实践、济南市智慧审批工作、杭州市"线上行政服务中心"建设、北京市西城区"西城家园"平台建设、深圳市宝安区"一网通办、一网统管"实践等等②。其中,最突出的还是杭州市政府推出的"城市大脑"建设。

2018年底,杭州发布"城市大脑"综合版,推动"城市大脑"由治堵的局部探索向治城的全面应用迈进。2020年,杭州在全国首创"杭州健康码""复工复产数字平台""亲清在线""读地云"等,率先实现了"城市大脑"的多维应用拓展。截至2021年初,杭州"城市大脑"已形成11个重点领域的48个应用场景、390个数字驾驶舱,中枢系统数据服务接口达1.2万个,数据累计调用量达35.6亿次,"亲清在线"上线惠企、惠民直达政策共330条,累计兑付资金77.3亿元、惠及企业27万家、员工80.5万人,上线办事事项100项、服务普通市民200余万人。③ 目前杭州"城市大脑"将城市作为一个智慧的生命体,正通过"全域感知、深度思考、快速行动、知冷知暖、确保安全"的功能特征,持续推进政府治理数字化转型。

当然,政府的数字战略才刚刚起步,还面临统筹协调和协同机制不足、法规制度不完善、标准规范不统一、政务信息公开水平不够、信息化水平发展不平衡、数据治理与共享机制不健全、信息安全保障机制有待完善、公众参与程度不高等诸多难题和挑战④,在数字经济发展和数字社会治理等方面还需持续同步强化。

五、终身学习战略

21世纪信息技术革命的浪潮,和2020年出现的新冠疫情打破了20世纪建构并稳固下来的政府惯有逻辑,政府在跟随市场疲于应对日新月异的技术变迁的同

---

① 参见李军鹏:《面向基本现代化的数字政府建设方略》,《改革》,2020年第12期。
② 孙友晋、高乐:《加强数字政府建设 推进国家治理现代化》,《中国行政管理》2020年第11期。
③ 参见杭州网:《杭州城市大脑再出发:努力实现市民满意、聪明管用》,https://baijiahao.baidu.com/s?id=1688318610054792041&wfr=spider&for=pc,2021年1月8日。
④ 孙友晋、高乐:《加强数字政府建设 推进国家治理现代化》,《中国行政管理》2020年第11期。

时,还需与公众一道抗击百年一遇的全球疫情,知识和常识都处于短缺状态,向民众倡导的终身学习战略此刻正适合被政府采纳。

在20世纪60年代中后期,一些学者在纵观历史、展望未来之际,深刻意识到发达工业国家正在经历着或者即将迎来又一个时代巨变,知识、信息在生产生活中的地位日益重要,终身学习论应势而出。它于六七十年代在发达工业国出现,是少数先觉者(个人、组织)讨论的涓涓细流,自80年代以来借助经济全球化浪潮,在国际组织的大力推广下迅速蔓延到全世界。① 最终"终身学习"由"欧洲终身学习促进会"提出,并被1994年11月在意大利罗马举行的"首届世界终身学习会议"所采纳。提出这个概念的人们认为"终身学习是21世纪的生存概念"②。在终身学习战略的应用上,日本和欧洲走在了前列。

事实上,1988年即为日本确立"终身学习"的政策概念之年。在该年教育白皮书《日本文教政策:终身学习最新发展》中,终身学习得到前所未有的重视。白皮书指出,随着人们收入水平的提高和个人自由支配时间的增加,人们的学习需要越来越深入和多样化。③ 日本于1990年中央教育审议会的论证报告《关于终身学习的基础构建》中就提议都道府县设置"终身学习推进中心"④,完成了从个体到政府的终身学习战略部署。

1995年,欧盟发表白皮书《教与学:迈向学习社会》,宣布1996年为"欧洲终身学习年",欧洲企业家圆桌会议与欧洲大学校长理事会讨论确定"学习社会"的定义。1998年,英国就终身学习出台了绿皮书和白皮书以及一系列建议、行动、报告和意见;芬兰出台了《乐在学习:终身学习的国家策略》报告书,还有荷兰、瑞典爱尔兰、丹麦等国,也都出台了类似的计划。⑤ 2003年初的民意调查表明,十分之九的欧洲人认为终身学习很重要。欧盟经过讨论协商把终身学习定义为:生活中发生的所有的学习行为,其目的是丰富知识、提高能力,为了个人的、城市的社会的发展或者说是为了个人的工作、前途而进行的学习。它包括从摇篮到坟墓的一生

---

① 参见周建高:《日本的终身学习从摇篮到坟墓》,天津:天津人民出版社2010年版,第229页。
② 许正中、张大伟:《终身学习与学习型政府》,《中共福建省委党校学报》2003年第7期。
③ 周建高:《日本的终身学习:从摇篮到坟墓》,天津:天津人民出版社2010年版,第41页。
④ [日]蛭田道春编著《终身学习与规划》(上),北京:中国广播电视出版社2009年版,第230页。
⑤ [英]诺曼·朗沃斯:《终身学习在行动——21世纪的教育变革》,沈若慧、汤杰琴、鲁毓婷译,北京:中国人民大学出版社2006年版,第10页。

中进行的一切正规的、非正规的学习。①

中国关于终身学习的思想和行为的历史源远流长,如两千多年前的春秋战国时代,师旷与晋平公论学谓"少而好学如日出之阳,壮而好学如日中之光,老而好学如秉烛之明"。荀子认为"学,不可已矣"。② 随着全球终身学习浪潮的兴起,1995年3月,八届人大第三次会议通过《中华人民共和国教育法》提出要"建立和完善终身教育体制"。1999年,国务院批转教育部《面向21世纪教育振兴行动计划》,提出了开展社区教育实验构建终身教育和终身学习体系的任务。同年10月,"世界终身教育政策趋势"研讨会在北京举办。③ 就地方而言,福建省于2005年出台《福建省终身教育促进条例》,上海市于2011年出台《上海市终身教育条例》,太原市于2012年出台《太原市终身教育促进条例》。但总体而言,国人对终身学习的认知以及国家对终身学习的法律法规制定还远落后于其他国家。

事实上,面对2020年席卷全球的疫情,不要说个体,人类目前仅存的流行病学、公共卫生及相关知识都无法做出更精准的判断。在以往的人生过程理论,年龄分层理论,优势、劣势累积理论中,人都是社会变迁、历史事件、劣势累积的被动承受者;而在现代信息和知识每时每刻更新的时代,个体应对这些变化的态度是积极的还是消极的,是短时的还是终身的,会直接影响人类共同的命运。再加上包括中国在内的大多数国家都共同面临老龄化、少子化加剧,以及人工智能技术的突飞猛进,一方面平均寿命不断攀新高,另一方面漫长的成人期要不断应对技术对人力的替代,因此提倡终身学习既是对个体生命周期的关怀,也是增强国力、提升中国的全球竞争力的重要路径之一。

但仅有个体的终身学习论,没有学习型社会和学习型政府还是远远不够的,政府提倡终身学习战略意味着政府必须是能够进行持续系统学习的机构,必须是以终身教育思想和终身学习理念孕育的使学习与工作系统有机结合起来的机制。在这样的政府组织中,公务员时时处处置身于不断学习、不断进步的双循环学习过程中,而不是仅仅为执行某种特定任务或从事某种特定职业而进行学习的单循

---

① 尼科拉斯·范德帕斯:《终身学习在欧盟》,郝克明主编《终身教育国际论坛报告集萃》,北京:高等教育出版社2006年版,第90—92页。
② 参见周建高:《日本的终身学习从摇篮到坟墓》,天津:天津人民出版社2010年版,第229页。
③ 同上,第233页。

环学习过程中。① 当然,政府全面推进终身学习战略还需漫长的过程,这与政府在治理过程中的角色演变有关,也与政府在数字战略、创新战略等中的应用效度有关。

第二节 社会战略

当政府、市场和公众同时认识到社会的意义,那么以建构社会、发展社会、推动社会为战略才成为可能。就目前的发展和认知格局,以及时代和技术背景而言,把握社会战略可以从公众参与、社会协商、公共空间、社区发展和智能社会等维度展开。

一、公众参与战略

全方位、多层次的公众参与即使在西方社会也只是发生在20世纪中后期的事情,经历多轮次的"政府失效"和"市场失效"之后,公众的能动主义观念不断增强,在西方公共组织和公共事务管理中日趋活跃,参与行动也逐渐合法化。公众参与的领域涉及社区发展规划、社区犯罪预防、公共交通、环境保护计划和危险废弃物处理等公共事物的管理②,由公众参与引发的社会运动也此起彼伏,例如民权运动、和平运动、环保运动、女性主义运动及反独裁主义运动等③。随着类似20世纪70年代美国国会通过的林登·约翰逊总统的"伟大社会"等专门针对公众参与的系列法案的出台,引领了"新公众参与运动"时代④。

相比公民参与和政治参与等理念,公众参与的外延超越政治意涵,涉及更广泛的公共社会事务领域。同时,因为公众包括公民个体与群体性组织,所以公众

---

① 许正中、张大伟:《终身学习与学习型政府》,《中共福建省委党校学报》2003年第7期。
② [美]约翰·克莱顿·托马斯:《公共决策中的公民参与》,孙柏瑛等译,北京:中国人民大学出版社2010年版,第9页。
③ [美]西德尼·塔罗:《运动中的力量——社会运动与斗争政治》,吴庆宏译,南京:译林出版社2005年版,第2页。
④ D. R. Judd, *The Politics of American Cities: Private Power and Public Policy*. Boston: Little, Brown. 1979, p.112.

参与又比社会参与兼顾个人参与的自由与理性。解读公众参与源起和发展的理论大致有"个人理性说""权力分配说"和"社会建构说"①,因现代社会治理而突起的西方公众参与在三种合力的驱动下曾在相当程度上推动了西方社会的运行,但公众参与是否能在中国社会创造共同体的"神话",还需对参与理念建构共识和参与实践的进一步证明。

其实,中国语境下对参与的认知一直存在分歧,特别是学界和政界很难以一种发展的眼光来面对公众参与的广泛性及包容性,往往纠缠于狭义范畴下的参与理念,或将其等同于政治参与,例如囿于现有体制的束缚,参与是否要排斥国家主导的动员参与②、是否包含非法参与和暴力参与、是否最终影响到公共政策和政府行为、是否只能是行动不包含参与态度和心理③等。鉴于公众参与在社会运行中的重要地位及可能的稀缺,笔者主张更宽泛地理解公众参与,即公众试图影响各类社会公共事务的所有活动④均属公众参与。首先,就参与主体而言,应包括所有个体、无组织的集体,以及营利和非营利组织,这既覆盖现实生活中的社会各阶层,也囊括网民等新兴公共群体。其次,公众参与的内容小到社区公共事务、大到两会商讨的国家议题,关涉政治、环境、文化、教育等多领域。最后,参与方式包括主动或动员的、常态或非常态的、直接或间接的、线上或线下的各种言论和行动。当然,最重要的就是无论何种参与形态,公众参与的共同目标应是推动社会运行的良性发展,消弭或减少社会各阶层的差异,并为大众创造更多的社会福祉。

即便对公众参与的理念已形成共识,我们还要直面令人担忧的中国社会阶层化和结构化的现象。笔者在 2013 年的实证研究中发现"因社会结构及社会发展阶段的不同,目前国内公众参与的阶层区隔与西方存在不小的差异,访谈中呈现

---

① "个人理性说"认为个人参与任何公共事务都是理性选择的结果,即参与者通过可计算、可控制的参与成本换取了个人的最大利益;"权力分配说"认为公众参与是一种公民权利的应用,是一种权力的再分配;"社会建构说"认为公众参与源自社会结构的变迁,而它的运行和累积也同样重塑社会结构。

② 李路路:《社会结构阶层化和利益关系市场化——中国社会管理面临的新挑战》,《社会学研究》2012年第2期。

③ 金桥:《社会质量理论视野下的政治参与——兼论西方概念的本土化问题》,《社会科学》2012年第8期。

④ 此定义借用塞缪尔·P. 亨廷顿和琼·纳尔逊在《难以抉择——发展中国家的政治参与》(1989:5)中对政治参与的定义句式:政治参与就是"平民试图影响政府决策的活动"。

的各阶层参与图景大致如下:包括农民及失地农民、城市农民工、失业人员、城市部分低收入者在内的社会底层群体,他们的参与范围仅限于所居住村或社区,除少量地参与文化活动、村或社区的选举外,他们更有可能参与因拆迁或环境纠纷而导致的集体活动;包括城市大部分工薪阶层、离退休人员在内的中下层群体,前者是网络参与的积极分子,后者是社区参与的主力军,他们共同的特征是一旦有波及自身利益的维权事件,他们将迅速参与维权;包括私营业主、专业技术人员、政府及企事业单位中高层管理人员在内的社会中层及中上层群体,他们对社会事件敏感,也有心关爱弱势群体、服务社会,但苦于参与渠道的种种限制,他们有时会隐身网络表达政见,有时会借助熟悉的社会组织表达爱心,但几乎淡出社区参与,除非有关键事件发生,并确保参与的安全,否则他们仍会在相当一段时间内让出参与的主角位置;包括企事业高管、政府机关高层在内的社会上层群体,他们借助自身企业或单位力量参与社会,有些活跃在公益捐赠的第一线,但就政治参与而言他们仍受限于强大的制度压力,其参与动力及参与通道仍显不足①。

但是有一个技术变量对全球公众参与的推动是有目共睹的,即移动互联网的普及。即便有国家和地方安全考虑下的各类防火墙存在,移动互联和智能手机也几乎让每一个公众均有通道可以表达、可以参与,笔者曾对新浪微博有关新冠肺炎疫情的话题阅读和讨论数进行了不完全统计和整理,大量相关话题有超过几十亿、百亿的阅读量以及超过几十万,甚至几千万的讨论量:截至2020年3月21日,超过百亿阅读量的话题中最热的为"武汉加油",其次是"新型冠状病毒",前者的讨论量也为所有话题中最高,达3 762.5万。过千万讨论量的话题还包括"抗击新冠肺炎第一线""抗击新冠肺炎我们在行动"和"支援湖北医疗队开始撤离"等,这类积极乐观话题的主持人,也即发起者,均为央媒或主流媒体,也包括像"微公益"这样的社会组织。也有一些无主持人的话题,突破几亿甚至几十亿阅读量,并有超过几十万,最高达132.1万讨论量,如"疫苗""返校""网课""武汉加油中国加油""欧洲疫情"等。这类话题命名简洁,但都事关民声、民情、民意,类似人力资源管理中常见的"无领导小组"讨论,无须动员,也无须意见领袖,在百年一遇的全球疫情面前,华语系公众(包括国人和海外华裔)共商疫情、共论危机、共筑防线,这样

---

① 闵学勤:《行动者的逻辑——公众参与的阶层化与结构化研究》,《江苏社会科学》2013年第4期。

的在线公共参与超出了许多人的预期。与线下逆全球化态势相悖的是,线上全球热议浪潮至少在新浪微博平台上已经形成,就阅读量从大到小依次包括"全球疫情"(53.2亿)、"美国疫情"(33.2亿)、"日本疫情"(28.0亿)、"意大利疫情"(20.1亿)、"英国疫情"(12.1亿)、"法国疫情"(12.0亿)、"韩国疫情"(10.4亿)、"德国疫情"(3.9亿)和"新加坡疫情"(1.6亿)。

累积了近一个世纪理论和经验的公众参与,在21世纪20年代受移动互联网和公众意识的推波助澜,呈现出前所未有的高频参与景象。虽然其背后仍存在地区差异、文化差异、阶层差异和制度差异等,但从提升公众参与的频度和质量出发,建构推动社会发展的公众参与战略,我们至少在社会建构的多维度和整体性上可以有更高的预期。

二、多元协商战略

多元协商,即为平等赋权之下通过磋商、讨论、交流及沟通等方式广泛听取各党派、各阶层及各族群人士的不同意见,取得共识,共同推进国家及社会发展的一种制度安排。一直以来,协商民主理论横跨哲学、政治学、社会学、心理学和管理学等多种学科,其内涵并不十分清晰,边界也略有模糊。受困于代议制民主的诸多诟病,例如"领先者当选"无法表达绝大多数人利益,人们投票时仅呈现"短暂民主",以及选举中可能出现腐败等,自20世纪80年代起,协商民主作为代议制民主的补充在西方逐步兴起,在罗尔斯、吉登斯和哈贝马斯等著名学者的一路支持下[1],于90年代中期与治理理论融合交汇,形成协商治理的理论范式。

协商与治理的交融并非偶然,经联合国人居署在全球范围内选取若干城市进行实地调查后确定的治理五大核心原则"有效、平等性、参与、责任和安全"、国内学者俞可平就中国地方治理总结出的"合法性、透明性、责任性、法治、回应和有效性"等治理关键词[2]、"对话、磋商、讨论、听证、交流、沟通、商议、辩论、争论"等与协商民主的各种形式等无论在理论和行动上都不谋而合,通过对话合作与互通共议的协商模式达成多方参与和共担责任的治理要义,或者借助公开平等与回应高效

---

[1] 参见[美]詹姆斯·菲什金:《协商民主论争》,张晓敏译,北京:中央编译出版社2009年版,第6页。

[2] 参见俞可平:《治理和善治》,北京:社会科学文献出版社1999年版,第9—11页。

的治理理念,嵌入围炉商议和理性沟通的协商行动中,协商治理似乎要进入一种理想图景。而事实是协商民主理论在西方的实践中并没有为我们提供一条通往协商的简单路径,通常不确定和争论一直伴随①,包括协商过程中可能出现的"规模化难题""话语霸权问题""合法化困境"和"团体极化困境"等被一并带入协商治理中。人们并未寻找到相对确认的、有广泛适用性的解决方案,于是有关协商治理的各类社会实验在不同时间、不同国度和不同规模水平下被频繁施测,研究者们试图验证"协商将有利于治理""只有经过协商的民主才有意义"等假设②。

国内关于多元协商的制度安排起始于中华人民共和国成立初期。1949年9月,中国人民政治协商会议召开,各民主党派与中国共产党经过广泛协商,共同参与制定了三部法律,标志着民主协商作为一种政治协商在中国开启它独特的旅程。漫长的近一个甲子纪年走下来,民主协商已经成为中国共产党领导的以政治协商为主要内容的民主形式,它的价值在于中国共产党围绕即将决策的重大问题,通过人民政协会议、协商座谈会、茶话会等各种形式同民主党派、无党派人士展开广泛协商,无论是党和国家的重大方针政策、国家领导人选的酝酿、重要会议及通过的文件决定、宪法和重要法律的修改,还是国民经济和社会发展的中长期规划、政府工作报告的出台,中共中央都要与各民主党派中央和无党派人士进行协商,广集民智、广求良策,以确保党和政府所制定的重大方针政策的科学性和有效性。

特别是在十八届三中全会上,习近平总书记提出中国共产党在决策之前和决策之中必须围绕"经济社会发展重大问题和涉及群众切身利益的实际问题,在全社会范围内展开广泛协商",再次表明多元协商的重大意义。紧接着,2015年颁发的《关于加强社会主义协商民主建设的意见》,明确提出要对"政党协商、人大协商、政府协商、政协协商、人民团体协商、基层协商、社会组织协商"等进行全面部署。同年出台的《关于加强城乡社区协商的意见》进一步提出了要"根据当地经济社会发展实际,坚持广泛协商,针对不同渠道、不同层次、不同地域特点,合理确定

---

① Susan Dorr Goold, Michael A. Neblo, Scott Y. H. Kim, et al., "What Is Good Public Deliberation?" *The Hastings Center Report*, Vol. 42, No. 2, 2012.

② David Miller, "Democracy and Social Justice." *British Journal of Political Science*, Vol. 8, No. 1, 1978.

协商内容,主要包括:城乡经济社会发展中涉及当地居民切身利益的公共事务、公益事业;当地居民反映强烈、迫切要求解决的实际困难问题和矛盾纠纷;党和政府的方针政策、重点工作部署在城乡社区的落实;法律法规和政策明确要求协商的事项;以及各类协商主体提出协商需求的事项"。

近年来,由于顶层设计较为坚决地推进多元协商战略,基层社会开始不断进行协商实验,其中笔者于2015年至2018年在南京鼓楼区主持的以"基层协商"为主题的民政部第三批国家实验区即为一例。

据不完全统计,南京市鼓楼区自2015年开展社区协商实验,至2018年累计开展社区协商活动5460余场,举行圆桌会议3372余场,202 105人次参与协商,实施了一大批居民广泛欢迎的服务项目,化解了一批复杂疑难的矛盾问题,如老旧小区物业管理、加装电梯、停车等难题。与此相对应的是,2018年,"12345"投诉量同比下降85.7%,居民获得感和满意度持续提升。同时,这里涌现出一批有特色、有亮点的协商组织,如工人新村社区建立"社区理事制",聘请居民代表、驻区单位代表为社区理事,定期提出提案,组织协商;云谷山庄社区引入"互联网+协商",利用微信朋友圈,打造"云协商"平台;三步两桥社区实行"协商邀约制",根据协商主题,选择性邀请人大代表、公安干警、居民代表、物业代表、高校专家等多方主体到场议事;小桃园社区设立"有一说一"轮值工作室,并确立每月11日为"说事协商日",形成长效机制。在此基础上,我们也培养了一批以社区主任、社区书记为代表的社区协商骨干,这些协商精英是社区协商高效运行的重要支撑。

南京鼓楼的社区协商创新实践多次斩获不同级别的治理创新奖项,获评民政部"2015年度中国社会治理十大创新案例"提名奖、"2016年江苏省基层社会化治理十大创新成果奖"和"2017年南京市社会治理创新十佳案例",在2018年8月的创建国家级实验区结项评审中,鼓楼实验区位列全国第三批40多个实验区之首。但从鼓楼协商三年的创新实践放眼全社区的多元协商,仍存在许多问题。首先是时间问题。对底蕴丰厚、承载"平等参与""理性对话""协商共识"等价值理念的协商民主而言,三年的实验时间太短,无论是常态化协商平台搭建,还是常规性协商技术习得,直至社区各主体协商习惯的养成、最终社区协商文化的建构,都需要长时段的培育、实践、提炼、反思,甚至是几代人的努力。特别是在公民文化和自治文化欠缺的背景下,平等协商、公平协商更不可能一蹴而就,其依赖于与社区各方长期、真诚的互动和磨合。其次是可持续性问题。基层协商实验不仅会遭遇沉默大多数、搭便车、合法性、代表性、团体极化等各类困境,还会面临基层领导频繁更换、施政纲领的个性化大于制度化的问题。因此,如何持续推进多元协商战略需要全社会的共同关注和跟进。最后,多元协商需要专业团队的介入。作为一场潜在的社会变革,协商式治理还未成熟,有关它的技术运用在世界范围内均处于探索阶段,缺少足够的经验支持,同时关于它的各种质疑也从未停止。对国内基层协商而言,什么是真正的社区协商,社区协商如何面对社区治理的困境,如何让基层治理积极高效运转起来等等,诸多问题的探讨才刚刚开始。对基层一线而言,相关理论和技术尚不成熟,实际情形千头万绪、复杂多变,需要由足够智力储备的专业团队或社会组织予以不断刺激、指导,共同探索中国本土化的协商民主之路。

三、公共空间战略

进入20世纪,一个影响公共生活及其研究的重要变量浮出水面,那就是公共空间的建构与发展。公共空间并不仅仅是物理意义上的空间意涵,它因自身的公共属性,成为连接社会与政府、社会与市场的一个特殊场域,并且在治理结构上扮演着不可或缺的角色。

与公共空间研究相关的学科,从建筑学、规划学,蔓延至环境学、社会学、心理学和政治学等,在全球形成三波浪潮:第一波起始于20世纪早期工业化兴起之初,1902年霍华德发表的《明日的田园城市》、1933年发布的《雅典宪章》从城市空间规划的功能性视角为人们展示了一幅城市空间与公共生活如何互动的画卷。与城邦社会的广场公共生活呼应的是,现代工业文明对城市化的推进触发了城市有关居住、工作、交通、商业、游憩和防御等多元化、功能化的全新布局,使得多维城市公共生活成为可能。与此同时,一度认为中国历来缺乏公共生活的精英群体也开始探讨中国的公民、公共性和公共生活等话题,从梁启超开始,中国精英群体的诸多思考、政治实践和制度构造皆由这一焦虑驱动,如20世纪初"一盘散沙"的普遍慨叹、"军国民教育"的出现、新文化运动的激发等[1],都试图探索基于公共生

---

[1] 姚中秋:《重新思考公民与公共生活基于儒家立场和中国历史经验》,《社会》2014年第3期。

活的国民性建构。也有中国学者发现 20 世纪早期开始兴建的公园、广州的茶楼①、成都茶馆扮演了欧洲咖啡馆或美国酒吧类似的角色②,在某种程度上承担了哈贝马斯笔下公共领域的职责。第二波浪潮得益于 20 世纪 60 年代至 80 年代中期一大批跨学科学者对公共生活的研究,如凯文·林奇的《城市意象》(1960 年)、简·雅各布斯的《美国大城市的死与生》(1961 年)、扬·盖尔的《交往与空间》(1971 年)、威廉·H. 怀特的《城市小空间中的公共生活》(1971 年)③等作品,一方面将现代都市文明下的公共生活呈现于世人面前,另一方面也开始反思城市公共空间的泛化和无序对公共生活的冲击。第三波浪潮随着以工业化、城市化为标志的现代化对社会的持续分化进程展开,公共生活赖以产生的前提和基础也在不断演化,使公共生活的形式和范围不断扩充的同时,也在内容和实质上不断淡化了公共生活,以至于公共生活的自主性内涵不断褪色④,继桑内特之后一批学者共同发出了"公共人衰落"的叹息⑤。虽然 20 世纪后期社群主义、新城市主义兴起,要赋予城市空间、社区、社群更多的权力⑥,但 20 世纪末以高度私有化为特征的西方社会和正忙于单位制解体和经济飞速发展的中国社会都不可避免地遭遇公共生活的衰微。

直至一系列与空间变迁相关的历史时点出现,例如 1988 年中国城市首批商品房上市、1998 年取消福利分房,以及 2011 年全国城市化率首次过半等,从拥有独立的私有空间,到参与公共空间的建构和重建,国人开始了公共空间的意识觉醒旅程,同时以"旧城改造""城市微更新""建设都市花园"之名的政府施策正在拉开帷幕,而社区营造理念也在此时被学者、建筑师和社会组织创始人等适时导入中国,开始引发一系列的共鸣共振。与此同时,城市人的生活正在从私域更多地

---

① 黄柏莉:《近代广州的公共空间与公共生活(1900—1938)——以公园、茶楼为中心的考察》,《开放时代》2014 年第 6 期。
② 王笛:《茶馆——成都的公共生活和微观世界(1900—1950)》,北京:社会科学文献出版社 2010 年版,第 4 页。
③ [丹麦]扬·盖尔、比吉特·斯娃若:《公共生活研究方法》,赵春丽、蒙小英译,北京:中国建筑工业出版社 2016 年版,第 59 页。
④ 沈亚平、刘志辉:《现代信息技术发展与公共生活变迁》,《南开学报》2014 年第 4 期。
⑤ [美]理查德·桑内特:《公共人的衰落》,李继宏译,上海:上海译文出版社 2008 年版,第 389 页。
⑥ Nancyc Jurik, "Imagining Justice: Challenging the Privatization of Public Life", *Social Problems*, Vol. 51, No. 1, 2004.

走向公域。对大部分城市人而言,单纯埋头经济生活、构筑私人物质世界的形态逐渐开放,公共生活及公域世界的价值追求逐渐侵入个体生活,这不仅源于城市人的生活多半步入小康,还在于近80%拥有物权的城市人下意识地需要捍卫公共生活,以保护物权的完整和神圣不可侵犯。而选择并有机会开启美好生活的一个重要前提是城市公共生活变得更美好,就像法国社会学家在19世纪就发出的追问"我们如何在这一世界共同生存"一样,在未来相当长的时间里,中国城市社会不能回避、必须直面。

随着城市化中后期城市更新的不断兴起,以社区营造为切入口的公共空间战略率先在北京、上海和成都等地亮相登场:如北京的"大栅栏社造实验基地"在社区社造化、组织社造化和行政社造化方面已形成规范的路径和流程[1];"上海的创智农园"由几位做景观设计的年轻人创办的"四叶草堂"发展而来[2],目前已协同市场和政府之力,以居民和专业团队自主空间实验为主体形成城市微空间更新的典范;而成都自2017年至2018年以来已投入15亿人民币支持以居民自治为引领的"可持续社区总体营造"[3]等。除此之外,大量一二线城市正利用不同的契机,从差异化的视角开启本土化社区营造的旅程,并大致呈现三类社造模式:第一类,政府主导型。在新型城市化进程中,地方政府虽未从GDP驱动、房地产驱动的城市建设中完全走出来,但旧城改造、社会主要矛盾转型,以及百姓对民生幸福和美好生活的向往等都促使地方政府深度思考城市的未来之路。除了人才战略、科技战略,地方政府也开始摸着石头启用社会战略、空间战略来引领新一轮城市发展。相比熟知的招商引资等经济驱动,这一种富有创意和设计感的社造路线,中国地方政府都走得颇为谨慎,常用的话语均与"微"有关,如微更新、微幸福等。大刀阔斧式的政策引领、资源下沉还不多见,以至于上层相对模糊的社造理念传导到区、街道和社区,经常会被"念歪了经"。第二类,设计师主导型。改革开放四十年以来各地的大开发、大建设,以及房地产经济的高歌猛进为中国的设计师们提供了

---

[1] 罗家德、梁肖月:《社区营造的理论、流程与案例》,北京:社会科学文献出版社2017年版,第42页。

[2] 邹华华:《城市更新:从空间生产到社区营造——以上海"创智农园"为例》,《新视野》2017年第6期。

[3] 严丹:《城乡社区发展治理:成都计划投入15亿支持社区营造》,《成都商报》2018年4月25日。

巨大的舞台,而近些年来房地产市场的降温以及公众对城市生活更高品质的诉求,让许多设计师开始回望社区建筑、社区设计。在与基层政府和社区居民的磨合中,有一批新锐社区设计师或社区营造师正在上海、南京和成都等地脱颖而出。他们不仅摒弃以往大开大合的高楼大厦设计理念,选择更接地气、更富人情、更讲文化的创意设计风,还选择走进社区、倾听民声,有些设计师甚至因此成为社造类社会组织的创始人。设计师主导的社区营造优劣势非常鲜明。优点是社区新一轮的空间布局、功能规划及园艺绿植等终于有了专业设计,普遍估计不足的是从设计到营造还有相当长的路要走,设计师本人及社区都还未准备好。第三类,专家主导型。长期专注社区研究的社科类学者正在成为中国社造进程中的新兴力量,他们通常怀揣理想社区的愿景,与基层政府、社会组织及设计师多方合作,并以撬动社区居民广泛参与、深挖社区文化见长。但是与以往推动社区治理创新不同,社区营造饱含专业性和技术成分,专家们不得不利用平台思维,并尽可能整合更多的专业力量和居民精英,才有可能让社造落地生根。上述三类中国式社造路线刚刚显现雏形,与欧美、日本社造的根本差异在于中国城市社区的行政性而非自治性特征,也因此中国社造肩负包含政府期待和居民期待在内的多方美好诉求,它要开启的是中国式公共美好生活。[①]

四、社区发展战略

社会治理的社区转向起源于欧美城市化完成之后的城市更新。与规模化的极速发展的城市化不同,城市更新通常从点状开启,围绕小范围内空间和生活质量的提升,与19世纪滕尼斯所描述的共同体,即社区的建构异曲同工,而在城市更新中被激活的社区不断从内容上和区域上向纵深发展,成为社会治理中不可忽略的基本载体。

20世纪30年代,费孝通先生在其论文《二十年来中国社区研究》中为了区分社会(Society),将Community译为"社区",自此"社区"一词进入中国。民政部于1986年首次在城市管理中引入"社区"概念,"社区"开始从后台走向前台,经历35年的发展历程后,逐渐走到基层治理的舞台中央。2000年以前,作为社区发展的

---

① 闵学勤:《社区营造:通往公共美好生活的可能及可为》,《江苏行政学院学报》2018年第6期。

主管部门——民政部每隔 3 至 5 年,最多时相隔 7 年才对社区工作通过发文进行顶层设计;而 2000 年后,随着社区进入高速发展期,几乎每年,最多相隔 1 年即对社区建设或社区服务发文进行周密部署和推进,而且大多数是通过两办下发红头文件。社区在基层治理中的重要性对中国社会整体发展的重要意义可见一斑,这也为社区的无限扩张埋下了伏笔。

许多学者对社区在中国的行政化发展路径进行过梳理,笔者认为社区从有限的建设和服务走向今天的超大体量,其中一个重要节点是 1998 年福利分房政策的终止。在此之前,民政部除了在 1987 年召开"全国城市社区服务工作座谈会"提出社区服务系统,并在街道进行试点实践,以及 1989 年由全国人大修订《中华人民共和国城市居民委员会组织法》,强调社区居委会便民利民的服务职能,最重要的顶层设计就是 1993 年 14 部委联合颁布的《关于加快发展社区服务业的意见》,认为"社区服务业作为一个重要行业,应由政府倡导并建成社会保障体系和社会化服务体系"①。也就是说,在 1998 年前,当大多数城市居民仍隶属、依附于单位,享受着单位大大小小的福利时,即使房地产市场化已开启,社区在掌管红白喜事、生老病死的单位面前,也仅仅是一种补充和保障,它更多地需要扮演拾遗补阙的角色,在单位无法覆盖之处行使一定的服务职能。

1998 年,福利分房大门的永久关闭,意味着中国城市房地产市场迎来高歌猛进的时代。无论是城市的原住民,还是受过高等教育的新移民,或是进城务工人员,几乎无一例外被卷入购房大潮,城市也像是吹响了冲锋号一般不断突破边界,向更宽广的疆域进军新品类、新命名的社区不断涌现,社区来不及多思量便成为城市扩张的行政印记,与城市化大踏步相配套的社区建设也被迅速提上议事日程。2000 年 11 月,中共中央办公厅转发《民政部关于在全国推进城市社区建设的意见》,明确界定了社区和社区建设的内涵,指出"社区是指聚居在一定地域范围内的人们所组成的社会生活共同体。目前城市社区的范围,一般是指经过社区体制改革后作了规模调整的居民委员会辖区";"社区建设是指在党和政府的领导下,依靠社区力量,利用社区资源,强化社区功能,解决社区问题,促进社区政治、

---

① 杨贵庆、房佳琳、何江夏:《改革开放 40 年社区规划的兴起和发展》,《城市规划学刊》2018 年第 6 期。

经济、文化、环境协调和健康发展,不断提高社区成员生活水平和生活质量的过程"。① 显然,在城市化大潮下,此时的社区不仅限于地理范围,社区建设更不单单是硬件的堆砌,中国城市社区开始超越幕后角色和辅助功能,社区以及相应的社区建设正朝着全方位托底后单位制下城市居住生活的方向演进。在基层和地方摸着石头过河,不易判断城市中国新常态的情形下,国家通过一系列的政策安排全面助力地方和基层推进社区发展战略:2001年民政部的《全国城市社区建设示范活动指导纲要》、2006年国务院的《关于加强和改进社区服务工作的意见》、2009年民政部的《关于进一步推进和谐社区建设工作的意见》、2010年国务院的《关于加强和改进城市社区居民委员会建设工作的意见》、2011年国务院的《社区服务体系建设规划(2011—2015年)》等,社区以越来越高频的亮相见诸日常生活、基层治理和新闻媒体中。经历新世纪之后十年的发展历程,一方面,社区已摆脱20世纪50年代居委会那种一呼百应的"大妈"管理模式,正在试图塑造专业化、年轻化和高效率的社区管理形象;另一方面,2007年《物权法》的出台和同年《物业管理条例》的颁布,宣告物业对社区的合法化嵌入②,使得以社区居委会为代表的社区行政主体不再独揽社区"大权",与物业共同管理成为现实。这个时点也来得正是时候。党的十八大后,社会治理开始进入国家话语。2013年党的十八届三中全会提出"推进国家治理体系和治理能力现代化"。自此,城市发展的社区战略开始踏入从社区管理向社区治理转型的征程,居民自治、基层协商、多元共治等目标和技术路径成为许多社区探索实验的选择。民政部也从2012年起适时推出国家实验区,以两至三年为一个周期,每批有30至40个城市社区经过多轮筛选成功入围。这些国家级实验区肩负基层创新重任③,"三社联动""六化融合""协商治理""掌上社区""智慧社区"等新型社区治理模式被多地、多个社区创新采用,其累积的成熟经验向全国推广,社区俨然成为基层创新的热土。党的十九大以后,国家进一步强化"党建引领",全国大部分社区服务中心也顺势更名为"社区党群服务中心",而2017年《中共中央国务院关于加强和完善城乡社区治理的意见》也作为社区治

---

① 龚维斌:《改革开放40年中国社区治理的回顾与反思》,《社会治理》2018年第8期。
② 闵学勤:《嵌入式治理:物业融入社区社会的可能及路径选择——以中国十大城市调研为例》,《江苏行政学院学报》2019年第6期。
③ 详见民政部官网,http://www.mca.gov.cn/。

理的纲领性文件将社区发展推向共治共管、共建共享的新高潮。① 社区从 20 世纪 80 年代顺应城市化和改革开放大潮一路走来,直至新世纪 20 年代成为基层治理的压舱石,社区已成为百姓日常不可忽略的治理主体之一,也成为国家施政最后的落地执行者。

五、数字社会战略

从千年农业社会向工业社会、城市社会过渡,中国花了四十年,接下来将向现代社会和数字社会冲刺。如果说现代社会除了经济目标,还有更多人文和社会的目标需要相对漫长的时间来建构,那么由技术支撑的数字社会则是互联网经济相对发达的中国可以弯道超车的机会,同样也是中国社会治理中一个超大且不确定的因素。

如何建构数字社会?何以建构数字社会?"要抓住产业数字化、数字产业化赋予的机遇,加快 5G 网络、数据中心等新型基础设施建设,抓紧布局数字经济、生命健康、新材料等战略性新兴产业、未来产业,大力推进科技创新,着力壮大新增长点、形成发展新动能。"习近平总书记 2020 年 3 月在浙江考察时的讲话指明数字经济是引领未来的新经济形态,发展数字经济是构建新发展格局的战略抉择,由数字经济向数字社会过渡成为必然。

在全球经济下行的大变局下,来自智库对近百家覆盖金融、通讯、制造、文化传媒、医疗卫生、农林牧副渔、娱乐服务、电子商务等行业的企业调查报告显示,2020 年下半年起中小企业数字化转型的需求正呈阶梯式增长:57.1% 的大企业"已经构建全面的数字化规划并正在逐步实施",中小企业在这一指标上的比例也已达到 54.1%,而且在"已经制定了部门级/业务线级的数字化规划、正在落地的过程中""在数字化转型方面保持对最新动态的跟踪"等方面,中小企业甚至领先大企业 5 至 10 个百分点,分别达到 22.4% 和 13.3%②。除了中小企业"船小好掉头",这也与中小企业中服务业占比超过制造业、近年来创立的大量中小企业属于电子信息和生物医药等新兴行业有关。

企业的数字化转型刚刚起步,在输出实践的顶层策略、落地的方法论体系、具

---

① 闵学勤:《从无限到有限:社区平台型治理的可能路径》,《江苏社会科学》2020 年第 6 期。
② 数据来源于 T 研究 2020 年 9 月的报告《2020 中国数字化后浪:中小企业数字化实践与创新实录》。

体的服务和解决方案等方面鲜见有价值的可参考方略,涉及大数据分析、移动技术和物联网、社交媒体与合作技术、云计算服务、人工智能、区块链等高新技术的全社会赋能还面临极大的挑战。各级政府在消化数字化理念、引进数字化模块和导入数字化治理方面也都处于渐行渐学的状态。

在这场数字经济大变革以及推动数字社会的大战略中,政府的角色扮演尤为重要。江苏省政府于2020年颁布的《关于深入推进数字经济发展的意见》提出在"数字设施升级、数字创新引领、数字产业融合、数字社会共享、数字监管治理和数字开放合作"六大工程方面推出相关地方实施条例,并提出相应资金激励和人才激励举措,吸引有条件、有能力的企业在各区域、各产业经济的数字化进程中先行先试,同时对走在前列的企业及时给予进一步的孵化、引导、人才培育和资金奖励,在各地形成以点带面、互助共进的数字化氛围。与以往工业化、信息化大潮不同,数字化大潮来势迅猛。数字化时代呼唤政府的平台思维和平台执行力,这一平台是基于数字技术、从云端到地面、从上游到下游、从行政到市场、从企业到社会、从动态到平衡的完整链式平台。通过平台,企业可以获取关于数字化的人才咨询、政策咨询、技术共享、模块共享和渠道共享;通过平台,政府可以定期发布企业数字化指数和社会数字化指数,引导企业和社会的数字化转型。

在数字化演进中,政府和企业已经先行。与数字化相关的各类技术应用一旦从消费、娱乐、社交向公共参与、公共协商和社会运动蔓延,数字社会的雏形也就形成,而这样的蔓延速度几乎不以个体的意志为转移。所谓数字社会战略,其实也就是指社会各类主体应主动意识到数字社会来临,并且对数字社会的发展速度、发展方向以及可能遭遇的挑战和应对策略做好充足的准备。

第三节　市场战略

在政府、市场和社会的黄金三角关系处理中,东西方文化习惯起了关键性作用。西方讲究以市场规律、契约精神来引领,政府通过服务、社会通过支持来维系三者的平衡。而在东方,习惯于统合管理模式的中国政府,通过四十年前的改革开放尝到了市场经济的甜头,市场意识才浸润一两代人,总体上仍处于政府统领、市场先行、社会跟上的节奏。特别是在重大事件、突发事件之下，无论事件的源头来自自然灾害、公共卫生、金融贸易，还是国际关系，中国政府都会在第一时间勇挑责任、重拾局面。

一、嵌入战略

嵌入战略即意味着市场选择嵌入社会总体结构中，顺应政治、社会、文化等诸多要素而前行，这一战略选择的理论基础源于波兰尼。波兰尼将"嵌入"这个概念作为他批判市场自由主义的逻辑起点。"嵌入"这个词表示的是这样一种内涵，即经济并不是单独存在的，它需要依赖于政治、文化、宗教等其他的因素，社会是一个复杂的综合体，经济只是其中的一部分，社会功能的完善需要各个因素协同发展①。波兰尼的经济思想与斯密、李嘉图、马尔萨斯等古典经济学家的思想发生了根本的决裂。按照古典经济学家的逻辑，自发调节的市场要求社会从属于市场，应该是市场的附庸，经济体系只要抓住"价格"这个概念便可自行调节。但波兰尼认为这种理念是荒谬的，它与有史以来人类社会的现实存在巨大的差距：市场应该作为社会的一部分嵌入于社会之中，市场是社会的附属，不应该本末倒置；经济矛盾还应该受到宗教、政治、文化等因素的制约，脱离社会的市场从根本上来讲完全不存在，社会是解释经济矛盾的总体概念。而美国新经济社会学的重要代表人物马克·格兰诺维特在继承波兰尼"经济是社会的一部分"和"经济行为是嵌入社会行为中的"等的基础上，在其1992年出版的《经济生活的社会学》一书中，与斯威德伯格一同为新经济社会学提出了三个命题：第一，经济行动是社会行动的一种形式；第二，经济生活依赖于社会网络而运行；第三，经济制度是一种社会建构。格兰诺维特认为，新经济社会学不仅要研究不同于纯粹利益动机的信任、权力、规范、身份认同等个人行动的激励要素，还要考察界定人们行动的社会空间、制度或各种制度要素，并解释这些空间是如何出现、如何结合和如何分离的，以及资源在它们之间是如何流动的等。② 在波兰尼和格兰诺维特的嵌入论下，市场不是独立

---

① [英]卡尔·波兰尼：《大转型：我们时代的政治与经济起源》，冯钢、刘阳译，杭州：浙江人民出版社2007年版，第3页。

② 臧得顺：《格兰诺维特的"嵌入理论"与新经济社会学的最新进展》，《中国社会科学院研究生院学报》2010年第1期。

的市场,经济不再是内循环的经济,那么当市场作为社会治理的主体之一,如何选择嵌入战略?

就市场主体嵌入的主体性、能动性而言,其至少可以分成被动式嵌入、主动嵌入及合作式嵌入。企业在运行过程中遭遇不信任、不合作,或单凭市场规律难以厘清的逻辑时,才考虑到是否在政府环节、社会环节或文化环节没有处理到位,进而再被动地选择嵌入模式,往往已形成不可挽回的局面;主动嵌入看似走了一条"不完全"的市场之路,或者加大了一些非经济成本,但企业提前预估了市场非独联体的综合格局,以顺应社会整体的硬件和软件环境,从战略上反而掌握了市场主动。正如埃文斯提出的"嵌入自主性"概念,即"光有自主性而缺乏嵌入,或者光有嵌入而没有自主性,不足以形成强大的国家能力"①,保持主动并同时选择嵌入才有可能迎来更多的市场机遇。相比前两者,合作式嵌入从一开始便不完全追求市场的赢利目标,若提升社会福祉等也裹挟在企业选择的战略考量中,那么其与多方合作、嵌入社会结构的选择即会更坚实、更富成效。

二、共同体战略

市场以其相对自由、高度随机的流动性区别于政府和社会的治理逻辑。市场选择何种嵌入及合作模式,是否需要与政府、社会形成共同体来参与治理,是人们需要直面的问题。

关于共同体的提出,从古希腊、古罗马直至中世纪,来自哲学、政治学和社会学的视角均有不同的贡献:古希腊的柏拉图、亚里士多德提出了基于"善"的"公民共同体",古罗马的马库斯·图留斯·西塞罗提出了基于"自然法"的"法的共同体",中世纪的圣·奥勒留·奥古斯丁提出了基于"神性"的"上帝共同体"。文艺复兴之后,让-雅克·卢梭、约翰·洛克(John Locke)等人基于社会契约论提出的"政治共同体"的主张;其后,约翰·戈特利布·费希特基于"自由"之价值提出了"最高的共同体"的观点;而格奥尔格·威廉·弗里德里希·黑格尔则基于"绝对精神"提出了"伦理共同体"的理想,将共同体思想发展至新的境界。到了现当代,共同体思想在个人主义的侵蚀下曾经一度式微,后又受社群主义、共和主义的带

---

① Peter Evans, *Embedded Autonomy: States and Industrial Transformation*. Princeton: Princeton University Press, 1995, p. 310.

动,共同体思想才重新恢复了生机。① 1887 年,斐迪南·滕尼斯出版的《共同体与社会》提出了"共同体是建立在有关人员的本能的中意或者习惯制约的适应或者与思想有关的共同的记忆之上的。血缘共同体、地缘共同体和宗教共同体作为共同体的基本形式,它们不仅仅是它们的各个组成部分加起来的总和"②。这与涂尔干在其 1893 年出版的《社会分工论》里认为现代社会是基于劳动分工的"有机的团结"有异曲同工之处。但共同体与个体自主性之间的天然矛盾还是成为自由主义与社群主义的分野。自由主义者约翰·博德利·罗尔斯依据威廉·冯·洪堡的"社会联合"概念,以"诸种社会联合的社会联合"来表达"政治共同体",强调个人优先于共同体,正义必须优先于善。而社群主义者迈克尔·桑德尔则提出"构成性共同体",以实现对"工具型共同体"以及"情感型共同体"的超越,主张共同体优先于个人,善优先于正义。③ 共同体理念的发展随着传统社会向现代社会过渡,进而走向信息社会和数字社会。在移动互联技术和智能技术的迅速迭代下,何为共同体?共同体如何携手推进治理?

首先,在中国市场通常很难主动组局建构共同体。政府搭建平台,市场才有机会参与共同体的建构,但市场主动推动共同体建构,那么政府正面出击、社会积极配合的可能性就比较大。其次,市场的充分竞争性会让共同体模糊的边界更具不确定性,如何确立进入和退出、共同体成员的身份如何动态确认又是一个新的话题。国家治理的公正裁决为共同体治理的权利纠纷提供最后一道公正保障,国家治理既代表了垄断暴力的公共权力运用的合理性,又代表了自然形成的家权威引导的合法性。④ 最后,在数字时代,任何主体想要独立于他者之外来主导治理几乎都是不可能的。而在三边关系中,市场更具灵动性,也就是说企业其实没有退路,也没有太多的选择,持续合作、开放,并且朝向多元共同体目标才是唯一的出路。

---

① 范逢春、张天:《国家治理场域中的社会治理共同体:理论谱系、建构逻辑与实现机制》,《上海行政学院学报》2020 年第 6 期。
② [德]斐迪南·滕尼斯:《共同体与社会:纯粹社会学的基本概念》,林荣远译,北京:商务印书馆 1999 年版,第 2—3 页。
③ 范逢春、张天:《国家治理场域中的社会治理共同体:理论谱系、建构逻辑与实现机制》,《上海行政学院学报》2020 年第 6 期。
④ 陈毅:《共同体治理:超越市场治理和国家治理模式》,《云南行政学院学报》2008 年第 4 期。

第三章

从大政府到强政府

就国家这样的政治共同体而言,实现治理目标的关键,在于处理国家与社会之间的关系。从逻辑上分析,国家与社会的关系存在以下四种理想类型:强国家—强社会、强国家—弱社会、弱国家—强社会以及弱国家—弱社会。对于不同发展时点、不同发展体制的国家,国家与社会有着不同的"强弱"互动关系,在不同关系下,治理效能也不尽相同。因此,学界对于国家与社会的"大小""强弱"关系的讨论一直在进行。

中国的社会力量素来有些薄弱,多依附于国家而存在。但社会作为治理中重要的一环,已不能被忽视。因此,在推进治理现代化的阶段,在培育社会组织、推进社会建设、做大做强社会,最终形成共治共享的治理局面。这一观点正成为普遍共识。

政府[①]是治理主体中的另一环,但学界、政界对政府的"大小""强弱"并非没有出现过分歧,分歧的焦点在于应该增强政府在治理中的作用,还是应削弱政府的干预。基于长久以来的历史传统,中国政府被认为是无所不包的大政府,这种情况一直持续到改革开放前。改革开放后,政府释放了一定的空间和权力给社会,在20世纪八九十年代,有学者基于西方"国家与社会二元对立"理论,主张中国极

---

① 本章中的政府是广义政府的概念,这一政府概念更接 state 的概念而非 government。government 一般指狭义政府,用来指三权分立后只涉及行政权力的部分。本章中所指的是广义层面上的政府,包含了所有党政军以及公检法监(即公安、检察院、法院、监察委)等政权组织,因此在文中表述时会在某些时候与国家的概念重合。

大地改革政府体制及缩小政府职能,将权力下放给社会,推动社会全面自治,"小政府、大社会"模式是当时一种主流观点①。不过"小政府、大社会"模式的实践即便是在倡导新自由主义的西欧国家中也备受诟病,加之同期新自由主义理论在拉美等发展中国家的惨败,学者开始反思"国家与社会二元对立"的研究视角。由此出现另外一个研究视角——"国家与社会互动关系",即认为国家与社会不再是二元对立的零和博弈关系,而存在良性互动或相互塑造的可能性,这意味着国家与社会关系开始跳出"大小""强弱"的固有思维,有了"强强联合"的可能性。具体到中国的治理现实,受到两千年来大政府的传统影响,加之治理来到中国仅有十多年的历史,"小政府"模式逐渐被学者摒弃,取而代之的是探讨从大政府走向强政府的可能性,从而在"强政府—强社会"这种双强模式下寻求治理的现代化。

本章将从国家—社会关系理论变迁、中国治理现实需要"强政府"及中国"强政府"实现路径三个方面进行阐述。

第一节 国家与社会的关系

本节在治理实践上探讨政府与社会的强弱关系时,在理论上是对国家与社会关系的关照。国外学术界在该领域累积了大量理论总结与经验研究,大致可将其分为"国家与社会二分对立"和"国家与社会互动共强"两个研究阶段。

一、国家与社会的二分对立

当国家与社会分离后,摆在学者面前的一个重要问题是:国家与社会究竟是何种关系? 在 20 世纪 90 年代以前,国家与社会关系研究中市民社会(Civil Society,也称大众社会)的研究框架最先流行起来,并在很长时间内占据着主导地位。对于国家与社会的关系,市民社会解释框架给出的答案是:二分对立。该理论关注的重点是"那些不能与国家混淆或者不能被国家覆盖的社会生活领域"②,

---

① 曾志敏:《强政府、强社会:社会治理现代化的新加坡与美国经验》,《社会治理》2016 年第 6 期。
② 查尔斯·泰勒:《市民社会的模式》,邓正来、亚历山大编《国家与市民社会——一种社会理论研究路径》,北京:中央编译出版社 1999 年版,第 3 页。

也就是市民社会。该解释模式渊源为西方自由多元主义理论,认为市民社会是相对于政治国家的、以个人自由为基础的社会自治场域,其显性的功能就是,"形成对国家的常态化、制度化制衡,使社会主体免受国家的干预和限制。……是保障个体自由与维护社会权利,并防止专制和极权主义的有效屏障"[1]。因此,市民社会的解释模式建立在国家与社会分离和对抗的基础之上,即国家和市民社会处于零和博弈的状态,或是此消彼长的天然对立关系,一方强大必然会抢占另一方的生存空间,造就了"市民社会与国家对立"甚至"市民社会反抗国家"的意象。

与此同时,法团主义(Corporatism,也称合作主义、统合主义等)提供了另一种解释维度。法团主义思想是20世纪70年代末经由学者斯密特系统概括出来的。他认为法团主义代表一个利益系统,指向特定的理念、组织和制度类型,其效用是将市民社会中共同的利益诉求导入到国家的决策机制中。……这一利益代表系统由相对组织化的单位建构而成,而这些功能单位作为一种结构性安排,具有责任义务明确、数量有限、非竞争关系,以及等级排序和功能分化的特点。它得到国家的合法化认同,并在一定领域范围内被赋予代表权。作为交换,它们在组织领导人的确认、需求的公开表达,以及对组织的资金和技术支持等方面受到国家相应的控制。[2] 法团主义观点认为,国家应该是一个积极主动的行动主体,将社会中多元利益团体的决策整合进国家决策结构中,让每个法团组织都有公开公正的利益诉求表达及实现机会,同时也服从国家整体利益的安排。其渊源则主要是欧洲的天主教义和民族主义以及社会有机体论[3]。从表面上看,法团主义似乎更强调国家力量与市民社会的合作,事实上该解释视角仍局限于"国家与社会二分对立"的关系中,即必须首先认同有一个相对独立于国家权力的社会领域存在,才能继续探讨国家与市民社会中组织化利益合作的可能性。

在西方"国家—社会二分对立"理论下产生的市民社会论和法团主义两种解释在中国也都有其相应的研究成果。20世纪80年代国家本位和全能政府带来的反思推动改革开放后市民社会研究的兴起。此时,全能政府逐步放权给社会,各

---

[1] 伍俊斌:《国家与社会关系视野中的中国市民社会建构》,《福建论坛》2006年第1期。

[2] Philippe C. Schimitter, Gerhard Lehmbruch, *Trends Toward Corporatist Intermediation*, Beverly Hills: Sage Publications, 1979, pp. 9-13.

[3] 吴建平:《理解法团主义——兼论其在中国国家与社会关系研究中的适用性》,《社会学研究》2012年第1期。

种类型的民间组织逐渐兴起,此前完全依附于国家的社会组织包括工会、妇联等也开始有一些独立空间,民间意见的表达相对活跃,激发学者们开始用市民社会理论来解释中国现象。秉持市民社会论的学者认为,在中国改革开放后,市场经济蓬勃兴起,也带来社会力量的部分释放。他们似乎看到西方工业革命之后的类似场景,即社会从全能政府的转型中逐渐苏醒,并在一定程度、一定范围内获得国家赋权,因此也试图用西方市民社会的理念来解释中国国家与社会的关系①。国外学者在进行中国研究时发现了这种分化现象,开始引入市民社会论。美国学者高登·怀特(Gordon White)通过在浙江萧山考察民间社团,发现在当时的中国活跃着一种非正式的、非官方的民间经济组织,它们与国家力量保持着某种界限,由此得出"有迹象表明中国正在出现类似市民社会的组织,或许是一种新的国家与社会的关系"之结论②。随后一些国内学者也认同这一表述,如最开始在国内研究市民社会的邓正来等学者认为,在现代化这一发展性问题上须采纳"国家与社会的二元论",而不是"权威本位论",只有在逐渐确立二元论的前提下,才能形成国家与社会的良性互动关系"③。以此为基础,他认为改革开放后国家逐渐让渡部分社会生活领域,市场经济体制也逐步确立,在市场领域形成的契约关系也蔓延至社会领域,这股力量在获得国家的默认后正逐步壮大且有合法化趋势。邓正来等学者还主张建构中国特色的社会形态,并通过社会的不断成熟,形成对政治权力的一种制约,并进而完善民众的积极参与,建构更理想的国家社会互动关系④。由于市民社会是直接从西方照搬和借鉴而来的,该理论核心是强调有一个独立于国家之外的社会领域,但传统上中国社会领域或是不存在,或是和国家融为一体,中国的市民社会是否存在或者能否形成就成了争议。对此,有学者在区别于西方市民社会概念的基础上进行了微调,提出所谓"准市民社会""半市民社会"⑤,或"国

---

① Richard Madson, "The Public Sphere, Civil Society and Moral Community: A Research Agenda for Contemporary China Studies", *Modern China*, Vol. 19, 1993.
② Gordon White, "Prospects for Civil Society in China: A Case Study of Xiaoshan City", *The Australian Journal Chinese Affairs*, Vol. 29, 1993.
③ 邓正来:《国家与社会:中国市民社会研究》,北京:北京大学出版社2008年版,第33页。
④ 邓正来、景跃进:《建构中国市民社会》,《中国社会科学季刊》1992年创刊号。
⑤ He Baogang, Dual roles of semi-civil society in Chinese democratization, *Australian Journal of Political Science*, Vol. 29, No. 1, 1994.

家领导的市民社会"①等概念,以此扩大市民社会理论在中国的解释力度。

由于市民社会的解释框架存在争议,其形态多样、特征各异,于是有学者试图用法团主义的观点来进行解释,并认为其或许比市民社会论更富解释力。安戈和陈佩华在研究了中国的工会和商业协会后指出,目前中国的国家与社会关系是"法团主义模式"②。戴慕珍在研究中国地方经济与地方行政互动博弈的关系后发现,改革开放以来的中国地方政府不仅为地方经济发展提供各种便利和行政服务,而且参与投资决策,甚至还和企业一起共同承担投资风险,同时也分享企业的收益。她用地方法团主义(Local Corporatism)来解释此现象③。有些学者也认为法团主义是中国国家和社会关系较好的发展方向④,但由于法团主义在中国也有许多不适用的场景,有学者开始采用较为折中的办法,创造出社会主义法团主义这样的概念⑤,或者认为中国的法团主义有其自身的独特性⑥。

市民社会和法团主义理论均从西方国家移植至中国,其基础是西方社会发达的民主政治、成熟的市民社会和完善的市场经济。有学者指出,国家与社会之间的互动由来已久,谈不上国家与社会的分离,社会也不存在西方意义上的自主性,这种在地性传统并不符合西方市民社会的本质意涵⑦。因此法团主义似乎比市民社会更适合解释中国国家与社会没有完全分离,甚至还有合作与共建共享的情况。当然,与市民社会理论相似的是,法团主义也建立在国家与社会二分对立的基础之上,它强调先有独立自由的社会意志,再有国家社会的合谋共处,也即"先分化后整合"。观察改革开放后中国快速变迁的社会现实,国家与社会之分隔并

---

① B. Michael Frolic, *State-Led Civil Society*, in *Civil Society in China*, edited by Timothy Brook and B. Michael Frolic, Armonk and London: M. E. Sharpe, 1997.

② Jonathan Unger, and Anita Chan, "China, Corporatism, and the East Asian Model", *The Australian Journal of Chinese Affairs*, Vol. 33, No. 1, 1995.

③ Jean C. Oi, "Fiscal Reform and the Economic Foundations of Local State Corporatism in China", *World Politics*, Vol. 45, No. 1, 1992.

④ 陈家建:《法团主义与当代中国社会》,《社会学研究》2010年第2期。

⑤ Margaret M. Pearson, "The Janus Face of Business Associations in China: Socialist Corporatism in Foreign Enterprises", *The Australian Journal of Chinese Affairs*. Vol. 31, No. 1, 1994.

⑥ 马秋莎:《比较视角下中国合作主义的发展:以经济社团为例》,《清华大学学报(哲学社会科学版)》2007年第2期。

⑦ 纪莺莺:《当代中国的社会组织:理论视角与经验研究》,《社会学研究》2013年第5期。

不清晰。相反,国家的主导作用依然呈显性,事实上从未有过国家与社会的分化。没有分化,二者之间的整合又从何谈起？正如长期研究法团主义的学者张静指出,尽管法团主义的最终落脚点与中国传统文化的理念相似,都强调"合作","但前者首先源于权利分隔,通过权利的交换或赋予,在各自相对独立的社群间建立合作,而中国则是从总体性出发,缺少合作之前的权利分隔"①。

从实际研究成效来看,从"国家—社会二分对立"视角出发的这种宏观制度结构分析路径,难以解释中国复杂的国家与社会关系的问题,需要更为有力的解释框架出现。

二、超越"国家—社会二分对立"

"国家—社会二分对立"研究视角强调国家力量与社会力量处于非大即小、非强即弱的对立关系中,在某种程度上也限制了国家与社会关系的更多可能性。20世纪90年代以来,为超越"国家—社会二分对立"视角,西方学术界开始强调国家与社会互动的关系,逐渐突破二者二分对立的认知。如米格代尔、埃文斯等人在考察发展中国家的国家与社会互动关系后,逐渐形成了一种有别于市民社会和法团主义的新的视角,即国家与社会相协同的研究视角。在他们看来,其实国家与社会之间是可以相互赋权的。

埃文斯(Peter Evans)将格兰诺维特(Mark Granovetter)的"嵌入"概念加以拓展,用"嵌入自主性"来描述一种特定的国家与社会的关系,即国家在保持自主性的同时,又通过由制度化渠道和社会网络共同构建的中介途径而与社会群体相关联,从而"嵌入"于社会之中②。这种"嵌入的自主性"构成了日本等东亚发展型国家取得经济发展的基础。在埃文斯主编的《国家与社会协同》书中,不少研究者通过对一些国家公共服务和社区建设项目的研究,发现国家与社会的协同合作使得项目运行良好,从而得出国家与社会协同治理的结论。③ 当然,"嵌入自主性"的理论也并不是认为国家或政府对社会的介入越多越好,因为仅仅靠干预社会来获得

---

① 张静:《法团主义》,中国社会科学出版社 2015 年版,第 163—164 页。
② Peter Evans, "Predatory, Developmental, and Other Apparatuses: A Comparative Political Economy Perspective on the Third World State", *Sociological Forum*, Vol. 4, No. 4, 1998.
③ Peter Evans, *State-Society Synergy: Government and Social Capital in Development*, University of California, 1997.

政府的自主性也是不够的，政府也不能获得真正的自主性，政府自主性与社会嵌入性相连接，国家才能获得真正的发展。此外，埃文斯还进一步分析，认为国家与社区之间的关系存在两种模式：一是互补性，国家为社区居民提供有形或无形的公共物品，以此来增强双方合作与互补的关系；二是嵌入性，政府官员为社区提供良好的公共服务，进而形塑自己作为社区成员的身份，在社区居民中获得较高的认同和肯定。①

英国社会学家安东尼·吉登斯在《第三条道路：社会民主主义的复兴》一书引出了"第三条道路"的概念，以此强调国家与社会的良性互动，既承认市民社会有其自身发展的规律，也强调国家对社会的积极指导。正如吉登斯所言，"在政府和社会之间并不存在永久的界限。根据情况的不同，政府有时候需要比较深入地干预社会的事务，有时候又必须从社会中退出来"②。在吉登斯看来，国家与社会并不是完全分离的关系。根据市民社会中存在的具体情况，国家可以或深或浅地干预市民社会以引导市民社会的发展，要鼓励公民积极参与政治生活，激发市民社会内在的活力；政府也要推进民主化进程，成为公民可以信赖的政府，构建国家与社会的双向互动。吉登斯还特别强调国家的介入可以帮助恢复边缘化群体中的公共秩序。吉登斯所提出来的国家与市民社会良性互动关系也是为了在实践上缓和国家与社会的二元对立。

三、国家—社会的互动增权

在国家—社会关系超越了二元对立而转向互动增权研究同时，西方社会兴起的治理理论也强调国家与社会的合作以及合作中的利益与纠纷。治理并不是在否定国家的语境下削弱国家的治理能力，而是强调要在国家与市场、社会合作治理中增强国家治理能力，这使得国家与社会互动增权的研究视角与治理理论在某种程度上不谋而合。

在传统的统治观念中，国家或政府占据权威地位，其权力运行方向自上而下。

---

① 李姿姿：《中国农民专业合作组织研究——基于国家与社会关系的视角》，北京：中央编译出版社2011年版，第37—38页。
② 安东尼·吉登斯：《第三条道路：社会民主主义的复兴》，郑戈译，北京大学出版社2000年版，第83页。

但治理要求通过协商、伙伴关系、确立认同和共同的目标等方式实施对公共事务的管理,其实质是建立在市场原则、公共利益和认同之上的合作。因此,治理主要不依靠政府的权威,而是多元合作主体的权威。多元合作主体包括政府、社会组织、居民、企业等,其权力向度是多元的、相互的,而不是单一的、自上而下的。

由于治理的目标是国家与社会良性互动、协同治理,国家既能推动社会发展,又能接受社会的约束与促进,在合作共治中合力推进国家治理能力的提高,治理理论也成为研究转型期的国家与社会关系的新工具。在世界范围内,国家与社会之间零和博弈的传统观念不断式微,国家与社会互动共生的时期已经悄然到来。

在"国家—社会二元对立"有关表述中,我们经常见到"大政府、小社会"或"小政府、大社会"的提法,一方空间的权力增加必将压缩另一方的生存空间,一方能力的增强也必定会压制另一方的能力。然而"大小"之争,已不能在实质上概括国家与社会的关系。我们只有在理论上超越了"国家—社会的二分对立",承认国家与社会的关系是在分离基础上逐步达成合作与共强,才能使"强国家(政府)—强社会"的双强模式有发展的可能。这种模式更多强调国家与社会需要彼此依赖、相互合作。用帕特南的话来说,可以形成"强社会,强经济;强社会,强国家"①。因此,一个规模适度、制度合理、能力充分、治理有效的强国家与一个理性自律、自主自立、自助自治的强社会的良性互动才是构建现代国家的最佳选择。

那什么是"强政府"? 这里提到的强政府、强社会都是从政府和社会的能力的角度而言。也就是说,强政府是政府能力强的政府,强社会是社会能力强的社会。②

一方面,大政府并不一定是强政府,即"它们不需要什么都管,但它们确实需要在有限范围之内具有必要功能、强有力且有效"③。福山曾指出,在将国家和政府等同的情况下,"有必要把国家活动的范围和国家的权力强度区别开来,前者主要指政府所承担的各种职能和追求的目标,后者指国家制定并实施政策和执法的

---

① [美]罗伯特·D. 帕特南:《使民主运转起来:现代意大利的公民传统》,王列、赖海榕译,北京:中国人民大学出版社 2015 年版,第 207 页。
② 杨立华:《建设强政府与强社会组成的强国家国家治理现代化的必然目标》,《国家行政学院学报》2018 年第 6 期。
③ Werner Bonefeld, "Big society and political state", *British Politics*, Vol. 10, 2015.

能力特别是干净的、透明的执法能力——现在通常指国家能力或制度能力"①。也正是在这个意义上,他说"它们不需要什么都管的国家,但它们确实需要在有限范围之内具有必要功能的、强有力并且有效的国家"②。布莱尔指出,大政府意味着更好的政府时代已经过去,重要的是政府的影响力而不是它的规模,政府在现代社会发挥作用的关键是它做了什么,而不是它做了多少③。

另一方面,强政府的"强"也不在于政府在权力垄断上的强制,有时集权国家的政府也不一定是强政府。弱国却常试图以专断的方式拥有对社会的绝对控制权,这种专断其实无法得到社会真正的支持和认可。因此,真正的"强国"必须要善于协调,能和民间社会力量建立合作互惠的关系,得到社会和民众真正认可,从而开拓其"基层行政能力",并依托此种能力来促进经济和社会的良性发展。④ 专制国家看上去有绝对的强制力,但因无法得到社会力量的支持,实质上仍是弱国,其表现就是政策难以有效执行,项目难以推进,国家意志无法贯彻。

第二节 大政府治理的中国现实

我们从对国家与社会关系的理论辨析中可以看到建立"强政府—强社会"有其理论上的可能性。从中国的现实情况来看,在计划经济体制下形成的大政府在集中力量办大事的同时也存在很多弊端。改革开放以来,政府精简机构、转变政府职能、承认市场经济、培育社会组织,将部分权力下放给社会。本节将从历史和现实两个角度阐述中国从大政府向强政府的演进过程。

一、超负荷下的大政府

在中国两千多年的国家治理传统中,国家一直处于绝对的统治地位,以宗法

---

① 陈那波、黄冬娅:《社会转型与国家建设:已有文献及新的研究方向》,《北京社会科学》2013年第4期。
② 同上。
③ 陈林、林德山主编《第三条道路:世纪之交的西方政治变革》,北京:当代世界出版社2000年版,第23页。
④ 吴旭:《对中央—地方力量格局的再探讨——基于权力手段与权力类型的分析》,《甘肃行政学院学报》2013第5期。

为纽带,人与人之间依赖血缘和地缘连接,个人被看作家族的一分子,家庭行为准则和国家规范准则高度一致,道德和政治互相渗透,国家与社会高度粘连。1949年,中华人民共和国成立,国家在社会资源极度匮乏的环境下选择了一套高度集中的计划经济体制和社会管理体制,政府主要通过依附或附属于各种单位化组织对广大社会成员实行管理,对社会组织和资源进行整合,具体表现是农村物业俱全、政经社合一的"人民公社"和城市的"单位制"。

从中华人民共和国成立后到改革开放的这段历史时期中,中国的国家与社会关系被学者们称为"全能主义",也有学者将其称为"总体性社会"[①],即在这种社会结构中,各种经济组织(如国有企业)和社会组织(如社会团体)基本上都是国家计划和任务的执行者,并且依赖国家计划配置的各种资源而存在和运行,因而本质上也是国家组织功能的承担者,是国家组织的不同表现形式。

在计划经济时代的单位体系下,层层叠加起来的单位组织体系是城市社会中的重要组成部分,整个城市也成为更高层面的国家宏大战略的基础单元。至于本应该由社会来承担的关乎百姓居民生活的各个方面的大量职能,如社会福利、社会服务、社会管理和社会控制等,均由企事业单位来承担,单位为所属成员及其家庭提供所有的生活必需品和服务,保障他们的基本生活。当时,一个单位可以设立学校、食堂、医院、商店等,个人所需要的所有物品和服务均由单位提供,每一个单位就是一个小社会,这种现象也被称作"单位办社会"。当时所有的社会成员都高度依附于单位,单位制又直接将国家和个人(包括他们的家庭)连接在一起,对单位的高度依赖也可以说是高度依赖于国家。

虽然有学者将这种把社会空间压缩至极小的政府称为强政府[②],但从国家的能力和最终管理成效来看,政府的活动范围和职能十分广泛并不意味着真正意义上的强大。大政府在特殊的历史时期有其优势,即通过整治动员和高度一体化的行政权力体系来进行计划性的资源配置,以有限的资源完成特定的任务,但其弊端也显而易见。由于大政府是以牺牲市场要素和社会空间的发展为代价的,故在经济与社会的发展进程中只有政府单体的积极性,经济与社会发展不可能获得持

[①] 孙立平:《总体性社会研究——对改革前中国社会结构的概要分析》,《中国社会科学季刊》1993年第2期。

[②] 李友梅:《中国社会治理的新内涵与新作为》,《社会学研究》2017年第6期。

续的增长和动力源泉。管理需要付出极大的成本,没有市场和社会为分担管理任务,政府的负荷也变得越来越重,最终超过了其所能承受的范围。大政府体制的弊端或矛盾尖锐化之后,改革行政全能主义的旧体制,改变国家—社会关系的旧模式成为必然选择。①

1978年,中共十一届三中全会做出"实行改革开放"的战略决策以后,中国从"有计划的商品经济"到"社会主义商品经济",再到"社会主义市场经济",经历了一个从计划经济到市场经济的质的跨越。为适应经济体制的全面转轨,保障现代社会的有效增长,政府的部分职能必须向社会让渡,下放部分权力给社会,让构成社会的诸要素都有自主发挥能量的机会和平台,多方力量共同促进经济社会的繁荣与发展。到了1983年,农村解散人民公社,建立村民委员会,标志着新的农村基层社会管理体制——村民自治体制诞生。在城市社会中,企业经过市场导向的多轮改革,逐步变成了自主经营、自负盈亏的经济实体。国家通过单位分配和控制资源的能力逐步减弱,单位体制外的资源总量不断增加。国家统一集中占有、分配资源的体制格局不断被打破,市场机制在资源配置中的作用不断增强,"单位制"逐渐弱化乃至解体,与人们现实利益密切相关的私人生活领域逐步从集体生活中独立出来,曾经的"单位人"转变成"社会人"或"社区人"。与此同步,户籍制度的松动、工业化的开展、大规模的城市化进程同步拉开序幕,大批农村人口从土地上解放出来,进入城市成为打工者和"自由经济人",进一步打破了城市固化的"单位制"。在很长一段时间内存在并发挥重要作用的单位制开始逐渐让位于社区制。

作为社会力量的重要组成部分,社会组织的壮大和发展也是在改革开放后发生的。意识到社会组织可以弥补政府的部分职能,政府开始鼓励社会组织的发展。1989年我国首次颁布实施《社会团体登记管理条例》后,行业组织、各类协会、学会等社会组织得到迅速发展。不过,早期社会组织发展得不规范。1998年修订的《社会团体登记管理条例》确立了对社团组织实行登记管理机关和业务主管单位双重负责的管理体制,全面加强了政府在登记和管理方面对社会组织的监督和管理。在"双重管理"体制下,社会组织的成立仍非易事,即便是政府购买社会组

---

① 徐永祥:《社区发展论》,上海:华东理工大学出版社2006年版,第155页。

织的服务,也存在"内部购买"的特征。这使得社会组织发展的增速不快,且真正参与社会治理的机会不多,参与治理的能力不强。进入21世纪后,政府意识到必须更好地利用社会组织的功能,开始在特定领域与社会组织开展合作,借助社会组织专业化和贴近基层的优势,帮助政府提供专业服务、解决社会问题甚至化解社会矛盾,于是社会组织发展呈加快的趋势。根据中国社会组织公共平台网实时数据显示,2020年8月,中国社会组织总数达884 635个,与十年前相比,全国社会组织的数量增长了近一倍。①

1978年的改革开放既是市场经济萌发的起始,也是改变政府与社会关系的历史转折点。此后,中国对国家治理结构不断进行大胆探索,政府将部分权力下放给市场和社会,越来越重视市场和社会力量。市场、社会与政府有机会协同治理,国家与社会一体化趋势走强。不过由于中国行政管理、市场管理和社会管理职能的边界不够清晰,社会力量相对薄弱,社会自治未现雏形。可以说,政府"大而不强"及社会"小而不强"的局面是我国从行政管理、社会管理向社会治理转型最大的瓶颈。

二、政府治理的规模匹配

倡导经济自由主义的亚当·斯密曾在其著作《国民财富的性质和原因的研究》一书中曾提出:最小的政府就是最好的政府,应尽量缩小公共事务范围,以限制政府权限与职能的扩张,即政府职能仅为维持公共秩序、处理外交、国防安全等,其余职能均可以交由市场这只"看不见的手"来调节。19世纪,受自由主义影响的国家均以建立最低消耗的小政府为目标,极度压缩政府职能范围,扮演"守夜人"的消极角色。历经了20世纪30年代的"市场失灵"后,倡导国家干预经济社会生活的凯恩斯主义成为主流思想,也推动了欧美政府走有别于小政府的大政府道路。不过此后这些国家又历经政府扩张带来的财政困难、发展停滞不前、民众生活水平下降等严重问题。20世纪七八十年代发展起来的新自由主义虽然承认政府的存在是必要的,但又认为如果政府对经济生活过多干预,必然会带来经济社会的崩溃——政府应重回小政府模式,即政府的规模越小越好,政府的功能必须

---

① 中国社会组织公共平台网为民政部国家社会组织管理局主办,为登记管理机关、社会组织以及向社会公众提供信息服务和开展工作交流的政务网站,http://data.chinanpo.gov.cn/。

是有限的。在这种观点影响下,众多欧美政府再次走上小政府的道路。

新自由主义所强调的小政府观点是:一个政府如果想什么都管,那往往什么都管不好。因为政府的职责范围是有限的,许多事情由政府管理反而不如交给市场调节或社会力量。为了充分发挥市场机制在资源配置中的基础作用,充分发挥社会力量的自治作用,在政府职责和社会自治边界的划分上,应坚持社会自治范围最大化,把政府职责局限于弥补社会不足和市场失灵。① 与该理念相应的是,"小政府、大社会"改革措施是减少政府对经济社会生活的干预,将权力归还给市场、社会组织及公民个人;精简政府机构,减少公务人员,转变政府职能;建立和完善市场机制;促进社会组织发展,推动社会自治。

不过从全世界范围来看,"小政府、大社会"模式并没有取得预期的成效。20世纪在新自由主义理念影响下的拉美国家改革失败可以成为例证。这些发展中国家在工业化过程中内乱不断、市场畸形、劳动者普遍缺乏社会保障,重要原因就在于这些国家的小政府无法在社会领域和市场领域进行有效资源配置,无法对社会力量做出有效的引导。大多数小政府所倡导的政府放任的行为方式难以满足治理的需求,最终小政府沦为弱政府。一个国家选择大政府模式还是小政府模式,与其历史文化传统、经济社会发展水平以及治理规模大小都有联系,从中国的情况来看,小政府模式不匹配主要有以下三个方面原因。

(一) 强社会建构需强政府的推动

中国历来有国家与政府主导的传统,社会领域的变革从一开始就是由政府推动的,政府也在进行自我改革。可以说这场改革所有的政策、措施都源于政府。

改革开放初期,中国的民间组织、社会力量几乎是空白,在一个没有市民社会传承的环境中,市场经济体系以及与市场经济相适应的社会体系或第二部门是无法自动构筑的。此时政府若是往后退为"小政府",可能导致"权力真空地带"的出现。即便在目前现代化的治理体系构建中,社区、社会组织、个体等社会力量的薄弱仍是制约中国治理现代化的重要问题。社会力量仍需进一步壮大,但这并不等于政府力量的弱化就会带来社会力量的壮大,政府和社会的空间并不一定是此消彼长的关系。相反,在中国培育社会组织、实现社会体系的转型仍需强政府的政

---

① 徐邦友:《社会变迁与政府行政模式转变》,《浙江学刊》1999年第5期。

治动员、政策引导和行政力量。

简言之,在中国历史和现实语境中,社会的强大并非自然发生,而要靠政府力量推动来实现,而小政府没有足够的能力推动社会力量的壮大。

(二) 治理规模庞大为小政府无法承受

谈到国家治理的有效性,离不开另外一个变量——治理规模。与新加坡、日本等这些治理规模较小的国家不同的是,中国幅员辽阔、民族多样、各地区发展存在巨大不平衡、周边形势复杂多变,因此治理规模极其庞大①。用阿尔蒙德的话说:"为了进行有效的治理,所建立的政府必须足够强大。"②

治理空间大决定了治理的"工作量"要数倍于世界绝大多数国家,这是中国乃至所有大国都不得不面临的共同背景。庞大的人口数量意味着民众诉求多元、难以调和,治理中的决策成本、协调成本和行动成本较高,这成为制约中国国家治理效率的结构因素。各地区发展不均衡、区域差异显著,意味着同时为各地区提供一种都适用治理方案有极大难度。作为世界上最大的发展中国家,中国正在同时实践着西方几百年的历史任务:工业化、城镇化、市场化、全球化乃至反全球化,这是中国今后很长时间要面对的时代背景。基于以上的治理难度,小政府很难适应大范围、大规模的治理任务,中国更需要积极有力的强政府来承担治理重任。

(三) 治理任重需强政府挑大梁

改革开放四十年里,中国创造了经济飞速发展的奇迹,其成绩令世界瞩目。然而这其中并非没有危机。伴随着改革的不断深入,政策环境变化、任务持续增加、群众需求分化、人户分离严重等一系列结构性因素突显,各方利益群体博弈、各种社会矛盾叠加、各类风险隐患集聚,社会整体发展不平衡、不协调的问题也日渐突出,社会矛盾与冲突逐渐多样化。互联网科技、大数据、人工职能、区块链等新技术快速升级迭代,不断冲击和改变社会认知、认同及管理的组织方式;社会生活的不确定性日益增强,群体、组织、空间等有形的边界日益模糊,组织和整合社会生活及社会秩序的主导权力来源和机制将持续发生改变。从现实角度看,未来

---

① 周雪光:《中国国家治理的制度逻辑——一个组织学的视角》,北京:生活·读书·新知三联书店 2017 年版,第 14—16 页。

② Dan Bulley, Bal Sokhi-Bulley, "Big Society as Big Government: Cameron's Governmentality Agenda", *British Journal of Politics & International Relations*, Vol. 16, 2014.

中国所面临的巨大挑战对经济社会发展模式、治理模式提出新的要求,也需要强有力的政府来挑大梁。

三、政府治理的精细化趋势

除了政府治理的规模迫切需要强政府的支持,政府自身治理的精细化趋势也成为推动强政府建构的一股重要力量。

政府治理的精细化趋势首先来自改革开放带来的经济持续增长。企业率先表现出对科层制、精细化和高效率的追求,由此形成的往返于"精细—增长"之间的良性循环对政府治理也有促动。政府同样需要绩效评估、服务高效,如果长期粗放式管理,很难提质增效。于是,政府通过"仿企业化管理"(除了末位淘汰制很难效仿企业,其他如分层分级、定期考核、奖勤罚懒、评等升职、效率导向等措施都尝试学习运用)来探索政府治理的精细化战略。西方在20世纪中后期也曾经历过这一过程。受新自由主义思潮的影响,人们厌倦了国家管理模式中管理者的随意性和组织方式的低效率,开始兴起新公共管理运动,即强调政府管理的精细化,体现在部门设置、绩效评估、管理目标等政府管理的方方面面[①]。政府也开始意识到大国治理应对顶层设计进行精细化布局。2013年党的十八届三中全会对全面深化改革做出了新的部署,提出了"推进国家治理体系和治理能力现代化"的新目标;2015年党的十八届五中全会提出要"推进社会治理精细化,构建全民共建共享的社会治理格局"[②]。这两大战略部署一方面向各级政府指明了国家治理的现代化目标:它不是通过简单粗放的模式可以达成,而要在体系和能力两方面精工细作,即要夯实政府的体系建设,做强政府的能力建设,才有可能实现治理的现代化目标。另一方面,若没有社会治理精细化的支撑,仅靠政府治理单体的精细化,那么政府治理精细化只能建立在单纯扩大规模、增加人力和财力的基础上,这将造成政府治理成本的大幅上升和治理结果的失准,也有可能落入政府治理"过制度化"的陷阱中。在市域治理层面,发达地区率先开始探索精细化治理的落地实施。2014—2015年,上海市启动"创新社会治理、加强基层建设"课题,并形成《关于进

---

① 王阳:《从"精细化管理"到"精准化治理"——以上海市社会治理改革方案为例》,《新视野》2016年第1期。

② 《中国共产党第十八届中央委员会第五次全体会议公报》,《求是》2015年第21期。

一步创新社会治理加强基层建设的意见》《关于深化本市街道体制改革的实施意见》等六个配套文件。上海市的治理改革措施具体包括"强化政治引导,鼓励多元参与""转变政府职能,强调服务群众""精简机构设置,破除条块分割""坚持重心下移,增能基层组织"和"加强居民自治,解决社会矛盾"等,开始从"精细化管理"向"精准化治理"转变,对推进国家治理体系和治理能力现代化具有重要启示意义。最后,随着改革的步步推进,我国的社会治理体系已开始从总体支配型的社会管理模式向多中心合作的社会治理模式转变①,而支撑这一转变的还包括"放管服"等简政放权系列政策的实施,即通过梳理行政权力清单、解决部门权力交叉、赋权基层执法等,应对政府治理中的越位和缺位共存等问题,同时通过"督办分离""政企分离"等一系列细化举措,将政府职能清晰化、有限化,并形成政府与市场、政府与社会的协同效应。

第三节　从大政府到强政府的实现路径

改革开放以来,中国政府的职能范围、规模机构已不断缩小,可以说"全能型政府"已成过去。但从实际治理成效来看,政府在经济发展、社会管理、公共服务等方面的能力并未减弱,反而有加强的趋势。这促使我们要从政府和社会的实际架构去分析,探讨政府与社会共生增权、建立"强政府—强社会"模式的可能性,这对政府角色及能力也提出新要求。就目前仍处于大政府建制的中国政府来说,可从以下六个方面赋权增能,实现从大政府到强政府的跨越。

一、法治与制度先行

在走向治理现代化的过程中,政府与社会的角色缺一不可,最理想的状态是政府与社会互构共赢,且这种关系不应只是暂时状态,更应成为一种常态,即政府与社会的强强合作不再局限于个别事务性领域,应成为长期的、稳定的制度性安排,这有助于减少政府、社会双方行为的不确定性,进而促进秩序形成。在制度建

---

① 黄毅、文军:《从"总体—支配型"到"技术—治理型":地方政府社会治理创新的逻辑》,《新疆师范大学学报(哲学社会科学版)》2014年第2期。

设、顶层设计上,掌握着更多资源、有着全局观念的政府比社会更具优势和能力。因此,在治理现代化的过程中,政府需站在高位进行全局思考,研判社会发展趋势、编制社会发展专项规划、制定社会政策法规,发挥统筹社会治理方面的制度性设计、全局性事项管理等职能,提升制度建设、顶层设计和社会发展战略构架的能力。

(一) 制度建设和顶层设计

越是面对复杂的问题,越需要顶层设计和总体目标的指引。现代治理体系及治理内容的复杂性也需要顶层的战略部署。2013年,中共十八届三中全会通过《中共中央关于全面深化改革若干重大问题的决定》,首次提到"社会治理"一词,专门强调"创新社会治理体制"。此后,中国已在多个层面逐步完善国家治理体系的制度建设和顶层设计,针对不同发展阶段的治理内涵和治理任务进行战略规划。

2015年,中共十八届五中全会提出"社会治理精细化"要求,这是对此前"创新社会治理体制"的进一步拓展和延伸。2016年3月,全国人大第四次全体会议通过《国民经济和社会发展第十三个五年规划纲要》,再次具体强调加强和创新社会治理的要求。随着我国改革进入深水区,经济结构变革、利益格局调整、思想观念变化、社会结构变动,社会治理面临的形势和环境更为复杂,社会矛盾风险增多,对社会治理提出新挑战。2017年,中共十九大报告提出要通过"加强社会治理制度建设,完善党委领导、政府负责、社会协同、公众参与、法治保障的社会治理体制,提高社会治理社会化、法治化、智能化、专业化水平",打造共建共治共享的社会治理格局。2019年召开的中共十九届四中全会再次明确了国家治理体系和治理能力现代化的总体要求、总体目标和重点任务,提出坚持和完善共建共治共享的社会治理制度,保持社会稳定、维护国家安全,必须加强和创新社会治理,完善党委领导、政府负责、民主协商、社会协同、公众参与、法治保障、科技支撑的社会治理体系。

经过对制度和战略的不断总结和提炼,现代意义上的治理逐渐成为近年来中国治理的基本范式,这些顶层设计引导着治理各项具体任务的实施。

(二) 立法完善法治保障机制

"社会具有相对的独立性,各种非国家的社会组织在法律范围内享有较为广阔的自主活动领域,国家作为社会总体利益的代表在尊重社会及其各种组织法律上的独立性的前提下积极介入社会生活过程,对后者的活动进行多种形式的协调与引导,或者为它们创造出适宜的活动环境与条件。"①一个国家要实现良好的治理,就要逐步形成一套符合规律、有效管用的法律体系,并予以执行。可以说现代国家治理的基本特征之一就是法治化。法治是实现国家与社会有效互动的保障。国家依法治理,为社会自治提供法律规则、公共政策和物质资源;社会依法自治,并通过社会介入机制为国家供给秩序力量、公共服务、协商民主和合法性资源。

治理体系的顶层设计也强调法治的重要性。中共十八大指出,依法治国是党领导人民治理国家的基本方略,法治是治国理政的基本方式,要注重发挥法治在国家治理和社会管理中的重要作用。十八届四中全会提出了"全面推进依法治国",明确了以法治手段来推进社会治理领域的相关制度建设。这一改革实践意味着国家开始意识到,必须在法治框架下使多方治理主体之间的关系得到更为清晰的梳理,使治理机制得到进一步的巩固与保障。作为全面推进依法治国战略的重大组成部分,通过规模性、系统性的立法为社会治理现代化提供充分的法律体系和法治机制保障十分必要。

二、共治与政社互动

社会组织独立于政府和企业,承担政府转移的职能,分担政府压力,使政府在降低成本、提高效率的基础上变得更有效、更有作为。通过引入社会组织力量以寻求外力补充、借助专业能力、提供灵活服务成为化解行政工作困境的必然选择。近年来,我国社会组织蓬勃发展,为健全治理体系、提升治理能力带来了积极作用,但这并不意味着社会组织会自发成长,政府不用参与社会组织壮大的过程。相反,在缺乏大众社会传统的中国,政府在社会组织的成长过程中需要承担培育、孵化等功能,这也是一个强政府所必须具备的能力。

(一)改变传统管控思维

在很长一段时间内,我国对社会组织的管理较为严格,社会组织的成立和壮

---

① 唐士其:《"市民社会"、现代国家以及中国的国家与社会的关系》,《北京大学学报(哲学社会科学版)》1996年第6期。

大并非易事。这种观念及治理方式不仅无法应对社会转型带来的大量社会矛盾和问题，反而可能制造新的社会矛盾和问题。为了培育和发展社会主体并发挥其在社会治理中的作用，政府需要转变传统的一元主体的社会管理理念，树立多元治理、共建共享的治理理念，综合运用行政管理、法治手段、道德约束、市场机制以及社会政策等多种管理方式和手段来治理国家，这其中社会组织作为社会力量的重要一环，需要得到政府的肯定及支持。

（二）降低社会组织准入门槛

过去，中国社会组织发展面临准入门槛高、缺乏资源支持等问题。党的十八大在提出"加快形成政府主导、覆盖城乡、可持续的基本公共服务体系"之后，紧接着又提出了"加快形成政社分开、权责明确、依法自治的现代社会组织体制"。党的十八届三中全会后，一方面，国家在宏观政策层面提倡"激发社会组织活力"，并明确提出"重点培育和优先发展行业协会商会类、科技类、公益慈善类、城乡社区服务类社会组织，成立时直接依法申请登记"，推动了社会组织登记和管理体制的重大变革；另一方面，多部委联合推动政府向社会组织购买服务的制度快速发展。顶层设计和战略安排积极鼓励社会组织的发展和壮大，各级政府也持续改革社会组织的登记制度，降低准入门槛，从程序及操作层面鼓励社会组织发展。

（三）厘清政府与社会组织的边界

政府与社会组织的相互独立，并不等于各自为政，而是需要合理确定政府与社会组织的权力边界，实现协同共治。政府需要把那些管不了、管不好、管不到、不该管的事情剥离出来，通过培育发展、孵化支持、购买服务等多种机制，鼓励公共服务供给方式创新，推动社会组织积极参与到公共服务和社会治理中来。政府在能管理好的事务上进一步加强管理成效，从而建构政府与社会组织合作共治的社会治理体系。

合理界定政府和社会组织的边界，需要政府建立起全责清单制度。根据制度化清单，凡是适合由社会组织和居民自治提供的公共服务和社会事务，政府应交由社会力量承担，尽可能培育和增强社会的自主性和自治能力。政府应尽力完善公共服务制度，提供良好的法治环境，抛弃凡事亲力亲为的一线管理者的角色，更好地承担起协调者和引导者的角色。

三、互嵌与资源整合

治理理论的诞生与现代社会的复杂性有关,现代社会由多元主体因素构成,社会中的每个参与主体的基本诉求和目标取向都不可能完全一致。特别是在中国这个开放、流动的转型社会中,社会问题日益复杂、社会诉求日渐多样、社会价值日趋多元,社会治理的复杂性、艰巨性和挑战性与日俱增。在公共事件面前,任何人或组织都不可能独善其身,也不可能单枪匹马地行动,必须通过协同合作的方式来实现力量的均衡互补,进而寻找解决问题的方式。因此,治理的主体必须是多元的。

社会治理创新的重要内容,就是通过创新社会治理方式,健全社会组织、公众、市场主体参与社会治理的机制,把各种新生的体制外资源纳入政府主导的社会治理体系,将体制内资源与体制外资源、传统治理机制与现代治理技术统一起来,提高社会治理的实效性。只有实现资源整合,才能将公众、政府和社会组织等相关主体的能动性集约化地开发和运用起来,才能集中更多的财力、物力和人力等资源,优化资源配置,获得整体的最优。因此,政府的资源整合与组织能力也是强政府能力的重要组成部分。

中国两千多年的政治传统决定了中国发展的价值内核为"中心驱动"模式,即政府是"主导型政府"或"强势政府",其具有资源集中和决策高效的优势。① 这在改革开放前的全能型大政府中已得到充分体现。随着改革的不断深入,中国的社会组织、企业组织乃至居民个人等各个行动主体也获取了更多的资源。尤其是移动互联网、大数据等新的信息技术不断突破,产生了大量分散的信息和数据资源,无法形成合力。这些都促使中国政府建构或整合各方治理资源,形成平台,实现社会治理创新从单纯依靠政府到寻求多元主体的互动合作。不过在资源开发和整合这个层面,政府要改变过去自上而下的单向配置,转向政府和社会共同拓展及整合共享。

---

① 田小红:《一个管事的"强政府"比民主更重要——读福山〈政治秩序与政治衰败〉》,《国外社会科学》2015 年第 1 期。

四、创新与技术支撑

技术是推动社会进步与发展的重要动力。随着现代信息技术的发展,人类社会全面进入以数据、信息为核心资源的新技术时代。颠覆性的新技术给传统社会治理带来颠覆性变革,对政府社会治理理念、组织形式、治理方式、政策决策等带来前所未有的影响。一方面,互联网的迅猛发展,使得我国社会治理环境复杂多变,传统治理方式受到挑战,需要政府站在全球视角,对技术的迅猛变迁进行快速反应,并不断创新;另一方面,以大数据、云计算、物联网和人工智能等为代表的新一代信息技术创新又为治理能力提升及治理模式优化提供了强大驱动力。此外,中国互联网企业逐步跻身全球互联网行业第一方阵,在信息技术、数字技术等方面从跟跑实现并跑,甚至领跑,运用新一代信息技术赋能治理创新并助推社会经济发展成为未来趋势。在这个技术不断变革创新的时代,政府要具备积极拥抱新技术手段的能力。

(一)互联网+治理

2020年,中国网民数量已经突破9亿[①]。网民高度依赖移动互联网,对便捷化和个性化服务的要求不断提高。利用互联网技术加快数字化转型,为民众提供符合其体验需求的服务,是政府必须具备且需不断提升的能力。

2015年政府工作报告首次提出"互联网+"行动计划,提出开发利用网络化、数字化、智能化等技术,要着力在一些关键领域抢占先机、取得突破。随后国务院颁布的《国务院关于积极推进"互联网+"行动的指导意见》从不同角度明确了要顺应"互联网+"发展趋势,创新政府服务模式,激发社会活力,提升公共服务水平,将互联网提升到了"政府治理能力的重要手段"的高度。从基层政府的实践上来看,从服务性政府建设到"放管服"改革,从"互联网+政务服务"到"最多跑一次"和"一网通办",一系列数字政府建设的举措和理念,体现着数字政府建设进程的加快。各地政府也因地制宜,积极探索新模式,整合资本、技术、人才等社会资

---

① 中国互联网络发展调查统计第45次调查报告显示,截至2020年3月,我国网民规模达9.04亿,较2018年底增长7508万,互联网普及率达64.5%,较2018年底提升4.9个百分点。截至2020年3月,我国手机网民规模达8.97亿,较2018年底增长7992万,我国网民使用手机上网的比例达99.3%,较2018年底提升0.7个百分点。

源参与数字政府建设,有些地方还开始尝试政企合作、社会化运营等新模式。

(二)大数据+治理

大数据所带来的信息风暴开启了一次重大时代转型,对各个领域都产生了影响。这其中也包括治理领域,信息风暴引发世界各国政府及产业界高度关注,也成为推动治理创新不可忽视的一种新技术和新力量。从全球范围来看,以美国、英国、澳大利亚、爱尔兰、丹麦为代表的国家数字政府建设发展较早,"数据权"运动、"大数据"战略、"数据脉动"计划、"公共服务大数据战略"等诸多国家级战略性部署相继涌现。2012年,美国政府颁布《大数据研究与发展》倡议,联邦政府投入2亿美元用于大数据发展,被认为是继克林顿政府提出"信息高速公路计划"后,美国政府再次通过国家战略占领科技发展的制高点;同年5月,美国联邦政府发布《数字政府战略》,致力于提供更好的"数字化"服务①。澳大利亚政府于2012年发布《澳大利亚公共服务信息与通信技术战略2012—2015》,强调公共机构应增强数据分析能力,以便提供更好的服务和进行科学决策;2013年政府信息管理办事处成立"大数据工作组",并启动《公共服务大数据战略》制定工作②。英国政府于2013年发布《把握数据带来的机遇:英国数据能力战略》,设立首席数据官,共享开放政府数据,改进数据挖掘工具,建立数据安全体系。其中,伦敦市政府推出了政府数据开放门户网站,并开放提供超过4万个政府数据库,目的在于争取英国在数据挖掘和价值萃取中的世界领先地位,为英国公民、企业、学校和公共部门在信息经济中创造更多收益③。

在这场大数据驱动社会治理创新的浪潮中,中国与欧美技术先驱国家以近乎同步的速度启动和推广社会治理创新,近些年甚至有赶超之势,从中央到地方纷纷出台大数据发展战略和行动计划,使大数据治理成为提升政府治理能力的新途径。大数据作为我国国家战略提出始于2013年,当年《政府工作报告》首次提出要在大数据发展方面赶超先进,引领未来产业发展。2015年,国务院正式印发《促进

---

① 谭海波、张楠:《政府数据开放:历史、价值与路径》,《学术论坛》2016年第6期。
② 张勇进、王璟璇:《主要发达国家大数据政策比较研究》,国家信息中心国家电子政务外网管理中心2018年,http://www.sic.gov.cn/News/574/9188.htm。
③ Seizing the data opportunity:A strategy for UK data capability [EB/OL]. [2013-11-1]. https://www.gov.uk/government/uploads/system/uploads/attachment_data/file/254136/bis-13-1250-strategy-for-uk-data-capability-v4.pdf.

大数据发展行动纲要》,强调"启动大数据发展和应用,打造精准治理、多方协作的社会治理新模式"。紧接着,2016年的"十三五"规划纲要中指出要全面实施促进大数据发展行动,加快推动数据资源共享开放和开发应用,助力产业转型升级和社会治理创新。2017年,十九大报告再次强调要"推动互联网、大数据、人工智能和实体经济深度融合"①。在2017年12月8日中共中央政治局有关实施国家大数据战略进行第二次集体学习时,习近平总书记特别强调"要运用大数据提升国家治理现代化水平。要建立健全大数据辅助科学决策和社会治理的机制,推进政府管理和社会治理模式创新,实现政府决策科学化、社会治理精准化、公共服务高效化"。

大数据参与政府基层治理的实践也在不断突破。走在全国信息经济前列的杭州于2016年4月以改善交通拥堵为突破口,依托大数据、云计算、物联网、人工智能等前沿技术,给整座城市安装上了强劲有力、聪明睿智的"大脑",目前已延伸至城管、安全、旅游、环保等领域。贵州省注重利用大数据对经济运行和各项重要指标进行监测、预测、调节和管理。治理"用数据说话",利用大数据及云计算技术帮助政府做出决策,开展事件处置、城市监管,实现了各职能部门的联动机制。笔者参与的南京栖霞区掌上云社区的治理模式也引入了云计算、大数据等技术,用以回应基层社区的日常诉求。定期完成的大数据报告中呈现的焦点问题、常态问题、突发问题等,每月由部门联动逐一应对、各个击破,并及时向百姓回应反馈,完成了基层大数据治理的闭环。

在已有的互联网发展、信息技术、大数据基础建设的基础之上,中国顶层设计的互联网+行动计划、大数据发展战略为新型信息技术参与治理提供了强有力的政策支撑。中国政府在基层实践上也不断突破,拥抱互联网、大数据等新技术手段,在治理创新领域获得了新的成果。未来技术的革新是必然趋势,如何持续保持开放心态,站在高点和全局,在全球化的格局中不断拥抱新技术,并将其运用于治理的创新中,这也是对政府的极大考验。

---

① 习近平:《决胜全面建成小康社会 夺取新时代中国特色社会主义伟大胜利——在中国共产党第十九次全国代表大会上的报告》,《人民日报》2017年10月28日。

五、回应与风险防控

治理现代化的一个重要特征是回应,即改变过去政府单一从上而下的命令下达的管理方式,转变为政民互动的治理方式。政府需要对社会的声音和诉求及时反馈和应对。自1978年后开展新公共管理运动以来,西方国家在改革政府运作机制、建设回应型政府方面进展显著。我国近些年来也在努力建设服务型政府和回应型政府,及时对社会、民众诉求及突发事件做出回应,避免因信息不畅酿成不良后果。这是强政府应该具备的能力之一。具体来说,这种应对民众诉求的情况包括常态化和突发性两种状态。

(一)加强全面的常态治理能力

仍处于转型时期的中国社会,社会结构分化,个体诉求差异显著,社会矛盾突出,需要政府加强常态化的治理能力,主要包括:保护公众权利的能力,通过促进企业发展、增加就业机会、提升个人收入等社会保障措施提升整体社会福祉;维持社会秩序的能力,维护社会长期稳定,保持社会秩序的和谐;解决社会矛盾的能力,压制矛盾并不是明智的选择,政府要增强制度化的解决社会矛盾的能力。

(二)加强系统的应急管理能力

除了常态化的治理,政府还要加强系统的应急管理能力。这是国家治理体系和治理能力现代化的重要组成部分。这些能力包括政府应急法律能力、社会风险预警能力、公共危机应对能力等。政府必须在突发的危机中当机立断,以国家能力为依托,承担起市场和社会无法承担的重任。例如大规模的公共卫生医疗体系的完善、社会保障和对失业人口的救济等。

六、监督与治理优化

在治理现代化过程中,社会力量需有序、合法成长,最终形成社会主体自治的能力。对于政府而言,既要依法保障社会组织充分的自由活动空间,赋予并尊重基层自治组织以及各类社会组织的相应权力,推动社会主体实行自主治理,也要履行自身职责,依法加强对社会组织的监督,对社会组织宗旨的实现程度、活动合法与否、资金使用等承担监督责任,引导其良性运行和健康发展,不能对社会主体放任自流,也不能低估其可能产生的破坏能力。为了保证社会组织发挥效用,一个强有力的政府需在以下几个方面提升对社会组织的监督能力:第一,监管社会组织日常行为。监管社会组织的信息公开、财务运营、项目实施等日常行为,针对其中问题进行问责。第二,评估社会组织效益。聘请专业评估机构对社会组织进行分类评估,将社会组织评估等级作为其参与承接政府职能转移和政府购买服务的资质条件,提升社会组织能力建设,构建社会组织公信力。第三,淘汰不合格的社会组织。没有在法律制度空间内成长的、没有长期发展目标的、未能积极参与社会治理的社会组织,将会被取缔或淘汰。有活力、有目标、健康的社会组织最终会在治理的多元主体中形成自治的力量,与政府力量形成良性互动,共同推动治理现代化。

总体而言,政府与社会的关系是现代社会治理的关键变量。如果从传统的国家与社会二元对立的关系出发,我们只能在"大政府、小社会"或"小政府、大社会"的零和博弈中选择一条道路。但理论界不断拓展了对国家与社会关系的认知,二者可以不再是二元对立,反而可以互构互强,这使"强政府、强社会"模式在理论上成为可能,我们接下来需要探讨的就是如何在治理实践中寻求国家(政府)与社会的共生、共荣、共强。

"强政府、强社会"成为一条理想的道路。未来,中国治理仍将面对众多挑战。政府需不断发力,从顶层设计到资源整合,从培育社会组织到监督其成长,从运用新技术创新到回应民众诉求,要在多个层面提升自身能力,实现政府从大到强,引导社会不断发展,最终在现代化的治理体系中,让政府、社会组织、公众、非营利机构、企业等多个主体参与其中,多方群策群力,汇集群体智慧,最终形成共治、共荣和共享的局面。

第四章

从小社会到强社会

治理的理念核心是国家与社会关系的调整。追本溯源,社会领域经历了从区分于"自然社会"到从"政治社会"抽离的过程,在与政治国家从一体到分野的过程中又经历了从洛克式"社会外在于国家",到黑格尔式"国家高于社会",再到马克思式"社会高于国家",逐步发育为具有实体性、集体性的社会关系和结构领域。在治理的关系网络中,政府与社会的协同是满足人们美好生活需要的重要推力。因此,围绕"国家—社会"关系范式,从中国历史上"大政府"路径依赖中艰难生发的社会实验起,本章将更多关注在政府治理术之外不断成长的多元社会力量,在粗放式社会管理向精细化社会治理转型中厘清其理论定位与建设方向,探索中国从小社会到强社会何以可能。

第一节 小社会的源起与进路

如何创新社会治理是政治学、社会学长期关注的议题。从社会学的视角理解,社会治理意指治理社会。作为治理对象的"社会",是政府、市场、社会三角框架中的一维,而非广义的社会概念。[1] 社会力量的大还是小、强或是弱、能动抑或被动,决定了不同的治理结构。置于中国治道的语境中,面临的首要困境就是社

---

[1] 李强、卢尧选:《社会治理创新与"新清河实验"》,《河北学刊》2020年第1期。

会力量过于脆弱。由此,通达社会善治主要有两条路径:其一,政府主导的集中式、齐一化社会管理,有效防备社会失范;其二,社会的培育及自我组织,达到与政府的平衡互促。那么,何种道路更为有效,我们需要结合社会变迁历程加以探讨。20世纪初期,国民大革命后内忧外患的社会总体性危机引发了一场大规模乡村建设运动,求索自下而上、由小而大、由农业及工业、由乡村及都市逐层逐级的社会组织化模式。

一、治理初探下的社会实验

20世纪初,从辛亥革命到国民大革命的革命风暴使封建专制主义、帝国主义制度被推翻,但是与之相应的社会治理道路选择的转换并未发生,国家仍然奉行政府本位的行政范式。作为一场"运动"的社会实验,晏阳初、梁漱溟等人提出的社会补救方案及其引领的乡村建设实践在一定程度上可以说是社会治理从制度导向转向行动导向的隐喻①,也就意味着国家不再追求以正式制度规范压制社会活力的方式来实现社会的稳定、有序。面对大革命后的历史时局,基于对社会复杂性、流动性的认识展开行动的社会治理,其逻辑与传统管理模式截然不同。

基于社会学的视角,作为基层社会空间单元且具有士绅自治传统的乡村,是社会治理天然的实践场域。自秦以降,中国社会长期笼罩在中央集权的行政制度框架下,权力自上而下单向运行,其强大的渗透力导致社会的国家化。同时,中国传统政治的另一面特性在于中央权威自上而下的单轨只修筑到县衙门就止步了,从县衙门到各家各户大门口的这段路则交付给地方社会成员或团体自理。② 费孝通先生指出了皇权不下县的政治传统,士绅、宗族长老负责维护地方社会秩序,乡村自治依赖长老权威、宗法关系等非正式规则。但是,在农业社会向工业社会、传统社会向现代社会的转型中,这股自发的社会力量被结构化于国家控制之下,整合进统治秩序之中。中央政府出于行政效率的考量而延长了自上而下的政治轨道,破坏了社会自治单位,从而把基层社会逼入政治死角。③ 面对被托克维尔称为

---

① 张康之:《论社会治理模式的转变:从制度到行动》,《探索》2019年第3期。
② 费孝通:《乡土重建》,载《费孝通文集(第4卷)》,北京:群言出版社1999年版,第337—338页。
③ 同上,第342页。

"社会安宁的那种昏昏欲睡的循规蹈矩"①之社会状态,晏阳初、梁漱溟等早期中国社会学者们延续齐美尔对"社会如何可能"的追问,试图在缺乏创新、因循守旧的威权式管理框架中重建自下而上的轨道。

翻开中国社会近现代的历史画卷,身处乱世中的社会学先辈们以中国乡土社会的重建和复兴为目标,开启了中国社会治理的探索与实践。一是,1926 年起,晏阳初、李景汉等学者领导中华平民教育促进会在河北定县发起了以"平民教育"为旗帜的乡村建设实验,在扎根十年的摸索中力图以文艺、生计、卫生、公民四大教育来解决中国农民愚、穷、弱、私的四大病症②。二是,1928 年起,许仕廉、杨开道等学者开展清河实验,受吴文藻先生影响,"燕京学派"的方法论从描述记录事实的"社会调查"向解释事实意义的"社区研究"③转型,正是在这一学术环境下清河实验意在打通农村社会与技术、市场、城市、政府等外部世界的关联④。正如张鸿钧所述,"我们的工作,总不离以现代科学生活的技术,介绍到农村社会里去,同时把固有的社会团体和政治机关,组织起来,令其在同一个目标和工作系统之下,成为一个互相调和协力的系统"⑤。三是,1931 年起,梁漱溟在山东邹平县推行乡村建设,指出村治或乡村建设探寻的目的是"始终以中国社会求新组织为言"⑥。邹平实验的主要设想是希冀村民通过农业合作化的方式来实现团体自治乃至地方自治,通过经济社会化、教育社会化等改良方案建构一个"大社会",富有早期民主政治及社会治理的意蕴。比较定县、清河与邹平实验,我们可以洞悉社会治理探索中的共性。其一,大规模的乡治改革离不开政府的推动,体现在政府资金支持和财政监督等方面。即便梁漱溟对待政府权威的态度是"接近政府而使用它",但

---

① [法]托克维尔:《论美国的民主(上卷)》,董果良译,北京:商务印书馆 1988 年版,第 101 页。
② 晏阳初:《中华平民教育促进会定县工作大概》,载章元善、许仕廉编《乡村建设实验(第一集)》,北京:中华书局 1934 年版,第 58—61 页。
③ 吴文藻:《吴文藻人类学社会学研究文集》,北京:民族出版社 1990 年版,第 147 页。
④ 侯俊丹:《市场、乡镇与区域:早期燕京学派的现代中国想象——反思清河调查与清河试验(1928—1937)》,《社会学研究》2018 年第 3 期。
⑤ 张鸿钧:《燕京大学社会学系清河镇社会试验区工作报告》,载章元善、许仕廉编《乡村建设实验(第一集)》,北京:中华书局 1934 年版,第 92 页。
⑥ 梁漱溟:《山东乡村建设研究院工作报告》,载章元善、许仕廉编《乡村建设实验(第一集)》,北京:中华书局 1934 年版,第 33 页。

事实上邹平实验得以推行有赖于时任山东省政府主席韩复榘的全力支持①。其二,治理主体的精英化,德治与乡绅自治的政治文化赋予乡村精英较高的自主性和道德声望,呈现出一种"能人治村"②的模式。其三,治理机制以政治动员、教育引导等为主,相对柔性,梁漱溟等人推行的社会实验更多地站在社会立场,尽可能弱化自上而下的行政命令,更多地重视熟人社会中的社会资本,吸纳乡贤合作,发挥意见领袖的说服力量。虽然抗日战争爆发等历史原因使得社会实验未能取得预期效果,但不论成败,这三大社会实验均是基层社会改革的经典范本,为社会治理留下了宝贵的遗产。

二、改革开放以来社会政治空间的重组

改革开放以来,中国社会经历了从传统社会到现代社会、从农业社会到工业社会、从封闭型社会到开放型社会的历史性转变③,社会转型过程中政治空间和社会治理结构也发生了整体性转换。以往国家建设的逻辑线路是国家政权自上而下不断向基层社会渗透,通过社会动员和引导,慎重培植群团组织来建构政府权力管控的支撑网络。相较之下,改革开放以来的现代化国家建设则更加注重社会和市场力量的支持以及多方的协作互动,通过放权、分权来取代市场的威权式控制并重构社会经济结构。

基于"西方冲击—中国回应"的历史解释范式④,现代国家观念强烈冲击中国传统家国一体的社会结构,因而引起社会治理改革及政治社会空间的重组以回应这一挑战。其中,改革数十载曲折前行历程中的一个重大变化就是不再沿袭总体性支配方式,或是群众性的规训、动员和运动来调和政治和社会领域的多元力量,而是赋予社会一定的自主权,使政治与社会领域互相激发、促生。⑤ 所有制结构的

---

① 俞可平、徐秀丽:《中国农村治理的历史与现状——以定县、邹平和江宁为例的比较分析》,《经济社会体制比较》2004年第2期。
② 贺雪峰:《能人治村与基层治理现代化的方向——以苏州望亭镇调研为讨论起点》,《长白学刊》2018年第3期。
③ 陆学艺、景天魁主编《转型中的中国社会》,哈尔滨:黑龙江人民出版社1994年版,第1页。
④ 邓正来:《国家与市民社会——一种社会理论的研究路径》,载邓正来、亚历山大主编《国家与市民社会:一种社会理论的研究路径(增订版)》,上海:上海人民出版社2006年版,第8页。
⑤ 渠敬东、周飞舟、应星:《从总体支配到技术治理——基于中国30年改革经验的社会学分析》,《中国社会科学》2009年第6期。

颠覆使新的职业群体、社会阶层出现,商会、行业协会等非政府机构和组织展露,"国家—单位—个体"这一维系总体性社会的关系链条随着单位制的瓦解而发生断裂①,并且由"市场"等体制外的力量填补"单位"的缺位。由此,社会整体一改全能主义时代高度同质化、均质化的旧貌,社会的图像正在被重新勾画。恰如鲍曼所述,关于社会实体的观点,已经从"持续的规范性压力""对反复无常的个体命运的抵抗""集体严格控制秩序的长期性"这三种基于政府国家行政权及其强制力的想象转变成一个"'独立存在、相互重叠而没有缝隙的制度之网'的世界"。② 这意味着,社会不再因约束个体的外在强制力形成认同。回看中国治道变革,虽然政府、市场、社会之间的治理三角还不够稳定,政府对协商、参与等柔性的治理机制还处在探索阶段,社会自组织能力较弱、行政色彩较为浓厚,国家—社会关系结构向强国家一端倾斜,但政府也日渐认识到解除单中心式行政管理的束缚、激发多元主体参与共治的重要性,逐渐从威权式强制管控的路径依赖中走出来,反思政府本位主义及国家中心主义,破除行政傲慢,并让出一定的社会"自由活动空间"③,适度地"回归社会"。社会的成长正在路上,为国家与社会的平衡、互动提供了一定支撑,家国同构的布局开始松动。

社会转型也引起不可治理性之幽灵的萦绕。中国作为现代化的后发型国家,处于从传统到现代转型的同时又面临后现代冲击的特殊"时空压缩"状态中,社会的剧烈变迁使治理主体及其利益诉求呈现多元化、异质性的发展趋势。社会流动、社会极化、社会公正、城乡融合、生态环境等社会问题随着工业化、现代化的发展变得错综相连,呈现出矛盾叠加的复杂现代性,给社会治理带来严峻挑战。面对结构性的社会风险,公共权力、公共理性、公共利益、公共参与等有关治理理论的话语,无不显现出对共治、善治的探求。但是,强势民主也可能引发治理结构的失衡,一旦公权发生异化,公共领域成为利益博弈的场域则会滋生"公民唯私主义综合症",社会个体化、微粒化的发展趋势以及达成共识的需求使社会治理的成本、难度显著增加,如何确保公共性的达成是一个十分棘手的问题。从宏观战略

---

① 何艳玲:《"回归社会":中国社会建设与国家治理结构调适》,《开放时代》2013 年第 3 期。
② [英]齐格蒙特·鲍曼:《被围困的社会》,郇建立译,南京:江苏人民出版社 2005 年版,第 26 页。
③ 孙立平:《"自由流动资源"与"自由活动空间"——论改革过程中中国社会结构的变迁》,《探索》1993 年第 1 期。

规划到微观基层治理,中央政府在集权和放权的抉择中举棋不定、自上而下的运动型治理收效甚微、科层制度的发展进退两难、基层政策执行中责任主体缺位等痼疾难除。① 所以,社会治理结构和运行机制亟须根据社会变迁加以动态调适或重构。为防范国家权力在形而下的操作层面滑向私人,我们需要将社会治理的公共性作为治道中轴,从而提高中国社会的可治理性。

三、大众社会的来临

改革开放四十余年,政府单中心主导的社会管理时代已逐渐远去,我们正在迈向国家与社会共存、互动的合作治理新纪元。经济体制改革使总体性分配体制逐渐解体,个体实现从单位人向社会人的身份转换,社会日常生活呈现出高度异质性、复杂性、流动性的特征。由此,建立在不流动、固定化逻辑上的社会管理,即政府单线的威权式管控模式失去了存在的合理性基础,政府逐渐吸纳市场、社会等多方力量共同参与社会公共事务的管理,治理主体由一元转变为多元,政府与社会的边界模糊,掌舵者与船客、牧羊人与羊群的治理主客体之间的单向线性关系转变成主体间交互的网络关系,在扁平化方向推动了权力结构的完善。

政府权力的分散、下放使社会获得孕育、成长。随着改革的深入推进,经济理性、公平意识、契约精神等在某种程度上促进了公共意识的觉醒、拓展了公众权利的外延,自下而上的公众参与推动政府逐渐倾向多元柔性的社会治理。多元社会力量日渐发育已有明显迹象可循。改革开放四十年来非政府组织的发展走上了从无到有、从混沌到有序的轨道。根据民政部的统计数据,截至2021年底,全国登记注册的社会团体、民办非企业单位、基金会等社会组织共有90.2万个,基层群众性自治组织共计60.6万个。② 一个在国家和市场系统之间相对独立的公共领域正在发育,社会的体量和包容性已远远超出了改革初期,逐渐构成具有自主、自为特性的社会生活共同体,治理的社会基础日渐稳固。

但是,宏观层面的社会增量并不能归因于大众力量的支撑,并且社会的成长速度相对滞后于经济的增长。正是在这个意义上,俞可平论断中国公民社会的制

---

① 周雪光:《权威体制与有效治理:当代中国国家治理的制度逻辑》,《开放时代》2011年第10期。
② 中华人民共和国民政部:《2021年民政事业发展统计公报》,2022年8月26日(http://www.mca.gov.cn/article/sj/tjgb/)。

度环境呈现出典型的宏观鼓励与微观约束、制度剩余与制度匮乏、现实空间与制度空间共存的这种看似悖论的特性。① 实际上,大量非政府组织在短时期内大范围成立和兴起,与真正源自个体的公民性没有太大关联,更多是由于政治社会空间的放松及宏观制度环境的引领。公民参与往往只是一种从众式集体行动而非出自公共理性及民主素养,因而以公民身份而非以人民或臣民身份的社会力量的聚集也难以预见。② 社会生活在一定程度上仍被政治裹挟,与以往"大政府、小社会"的治理模式相差无几。③ 对此,我们不免产生疑问:强化政府中心的管理范式是否能够解决治理有限性的问题? 李强、葛天任指出,广为推行的"网格化"管理思路,即在社区居委会下设"格长",通过"两级政府、三级机构、四级网络"的模式强化政府对基层社区的管控,本质上是向传统总体性社会管理模式的复归,但是看似职责明确、功能强大的管理结构隐藏着治理碎片化的问题。④ 我们不得不承认,社会治理最大的短板就是主体失落,虽然社会发育尚处于初级阶段,还不够成熟,但拥有一定自主性空间的大众社会已经来临,政治系统与社会治理都亟待因时而变、应势而谋。

概言之,多中心、多元化的治理深扎于社会的基础,仅仅求稳已不再适应现代社会动态性、复杂性、多样性的特点,如何再造政府的问题已转化为国家治理体系中的社会建构,意味着国家与社会的关系是现代社会公共治理的关键。长期单中心政治秩序的历史遗迹,使治理依然面临国家与社会、政府和非政府组织力量对比悬殊、失衡的结构性问题,社会自组织能力在一定程度上依然依托于国家治理能力,社会基础相对薄弱的小社会格局仍未能转向"强政府、强社会"的理想模式。从社会管理、社会建设到社会治理,相关探索和实验或多或少需要依靠自上而下的动员。当前社会学界因袭民国时期三大著名社会实验的研究传统,正在进行的尝试诸如"新清河实验"、北京大栅栏街道社区营造、上海殷行街道"礼治社区建设"、广东云浮市"乡贤理事会"研究、南京鼓楼区"社区协商"实验等等,寻找社会

---

① 参见俞可平:《中国公民社会:概念、分类与制度环境》,《中国社会科学》2006年第1期。
② 闵学勤:《公民性的建构与反思——以江苏为例》,《江苏社会科学》2010年第1期。
③ 闵学勤:《社区的社会如何可能——基于中国五城市社区的再研究》,《江苏社会科学》2014年第6期。
④ 李强、葛天任:《社区的碎片化——Y市社区建设与城市社会治理的实证研究》,《学术界》2013年第12期。

治理创新的理路。① 中国治道要走出社会自主性、自治性阙如的困境还有很长一段路。

四、社会治理的精细化趋势

2021年颁布的《中华人民共和国国民经济和社会发展第十四个五年规划和2035年远景目标纲要》提出要"不断提升城市治理科学化精细化智能化水平,推进市域社会治理现代化;推动社会治理和服务重心下移、资源下沉,提高城乡社区精准化精细化服务管理能力",这也是国家首次在五年规划中对社会治理精细化提出具体部署,非常清晰地表明了推行精细化社会治理的决心,不仅指明了改革方向,更是成为开展精细化社会治理实践的基础②。

相比政府治理的精细化更多聚焦于政府体制内部,社会治理的精细化更面向社会整体和社会主体的能动性,针对以往社会治理中的粗放型、模糊式、经验式、运动式和人治式的管理模式进行精细化改良。并且,社会治理精细化的需求触及面更宽:第一,改革开放带来的流动性和开放性,打开了国人的视线和交互频度,同时提升了他们对社会参与及社会发展的认知,每个个体在其中提出多样化需求,也是参与精细化治理的主力军。第二,社会分层的不断演化、阶层差异的不断扩展事实上对社会分层治理提出了要求。对不同阶层群体而言,我们为其提供的社会服务、社会保障有差异,且同样的社会治理模式作用于不同的社会阶层仍然会产生差异化的社会效能,社会治理的精细化也就呼之欲出。第三,数字技术的快速发展为治理精细化提供了可能。包括移动互联网、大数据、人工智能、区块链等数字技术不断被运用于社会治理中,这在以往粗放式治理情形下几乎不可想象。

由此,社会治理的精细化内涵至少包括四个方面:一是社会治理主体的复杂多元。除了各级政府,参与社会治理的各组织、各阶层正在越来越多地被赋权,并代表不同利益群体表达诉求、共同寻找治理路径。这些不同的治理主体既是发出多元需求的一方,也可能是以不同方式参与治理去应对需求的一方,治理主体的

---

① 闵学勤:《社会实验:嵌入协商治理的可能及可为——以南京市鼓楼区社区协商实验为例》,《人文杂志》2017年第3期。
② 雷晓康、张田:《数字化治理:公众参与社会治理精细化的政策路径研究》,《理论月刊》2021年第3期。

结构更显复杂多元。二是社会治理流程的开放性和精细化。程序正义始终是社会治理的价值要义之一,当面对多元主体的复杂需求时,我们首先要确保流程的公开透明,其次要通过精细的流程满足不同诉求。例如协商式治理、嵌入式治理均是流程优化的代表。协商式治理主张多元主体互相面对、充分协商来寻求解决方案,嵌入式治理主张在治理中考虑其核心要素背后宏大的结构动因,也即在治理路径中需透过表象找到真正的症结所在。三是治理手段和技术的专业化。社会治理精细化的浪潮与数字时代的到来几乎重合,数字技术的全方位支撑为社会治理精细化提供了可能。无论是治理结构与治理方法的精细化,还是治理结果与反馈的精细化,均有相应的专业技术提供服务。四是社会治理效果的理性化。如果说管理追求的是效率,那么治理追求的是效度或效果,而精细化治理追求在较低成本之下的最优结果,也即效果的理性化。治理面向多元主体,倾听多方声音,很难在短时间内获得各方认可的最优结果。精细化治理尤为如此,必然要经历更复杂的过程和更多维的目标,在同步追求过程与目标的进程中加入理性元素,寻求成本与效果的最佳匹配。

显然,社会治理的精细化内涵决定了它不可能一蹴而就,"过制度化""众口难调""程序复杂""效率低下"等问题也会随之而来,它需要经过充分的实践或实验,其中最佳的实践场域即是"微治理"。所谓"微治理",既可以理解为基层较小的治理空间或治理单位,也可理解为一个小型项目治理的体量。"微治理"最重要的是切口小、主体相对集中、流程清晰可见、结构相对紧密。例如小区的业主自治、社区社会组织的项目治理、某微信社群的阶段治理等。任何有关治理的宏大叙事,落实到现实世界中,都需要在底层微观社会得以证实与实践[1]。通过明确的赋权赋能,激活有效的在地参与,公开治理的流程体系,形成灵活的应变机制,追求可见的实际效果,形成良性的持续互动,从这个意义上说,"微治理"相对比较容易实现社会治理的精细化探索,也为小社会真正走向强社会提供了微观范本。

---

[1] 李璐:《城市社区"微治理":社会治理精细化的实现路径——以成都市成华区为例》,《福建论坛·人文社会科学版》2018年第9期。

第二节　国家治理体系中的社会建构

多中心治理结构中,布局由谁主导、责任由谁担负、多元主体及利益如何平衡、政府管控与社会自治之间的紧张关系如何调和,是我们回答"强社会如何可能"需先行厘清的问题。基于国家—社会关系范式,国家与社会的力量纠缠将决定治道变革何去何从。现代化对应于传统而言,包罗全社会范围,意味着社会的整体变革,传统的社会关系、生产和生活方式、意识形态和思维方式等要素都因现代知识、科技、信息的穿透而更加现代。① 改革开放以来,从以经济建设为中心到"五位一体"的现代化建设总体布局,"社会"的纳入与重新定位是中国国家治理体系现代化建构的重要突破。国家治理是现代化发展的核心路径,社会治理则是国家治理现代化的关键。由是观之,将社会带回国家治理体系中,重新调整国家与社会的关系、营造开放性的现代社会,以"强政府、强社会"格局为建构目标,是国家治理体系和治理能力现代化探索的重点。

一、国家—社会关系范式:经典命题的重申

国家与社会的关系是社会政治思想史上一个常议常新的经典论题。社会与国家的学术分野呈现出国家中心论、社会中心论、国家与社会互动论三方阵营。国家与社会的关系深刻影响了治理的内在理路与模式,将社会治理置于国家—社会关系的理论坐标与意义域之中,"治理"作为一种对话"统治"的范式变革,多中心、公众参与、互动网络等话语都体现出向社会倾斜的特点,意味着需要重新布局国家与社会的关系。

现代性的主要成就体现在社会从与"自然社会"区别转向与"政治社会"分野的更高文明阶段。洛克划分"政治的社会"与"公民的社会",率先引出与国家相分离并且先于国家而存在的"社会"②的出场。"国家具有权力对社会成员之间所犯

---

① 胡鞍钢:《中国国家治理现代化的特征与方向》,《国家行政学院学报》2014 年第 3 期。
② 文中"社会"指涉政府、市场、社会三角框架中的狭义社会概念,即洛克"公民的社会"一词的意义。

的不同罪行规定其应得的惩罚(这就是制定法律的权力),也有权处罚不属于这个社会的任何人对于这个社会的任何成员所造成的损害(这就是关于战争与和平的权力);凡此都是为了尽可能地保护这个社会的所有成员的财产。"①我们从这段论述中可看出,洛克认为国家来源于社会成员以契约方式的让渡,作为手段的国家只是发挥保护社会成员的工具性功能。启蒙时代的思想家们,包括霍布斯、卢梭,他们关于天赋人权、分权制衡、社会契约等理念,都潜在表达了社会是具有内在发展规律、自我化育、自组织的独立领域,这种分野成为后世重要的分析范式。自此,西方社会哲学沿着国家与社会二分的逻辑,围绕国家与社会孰先孰后、孰重孰轻的问题,产生了不同的思考框架。

一是,黑格尔式"国家高于社会"的国家决定论。基于正、反、合的辩证逻辑,黑格尔构建了一个"家庭—市民社会—国家"的现代世界架构,其中国家是居于最高位置的伦理实体,市民社会则是一个在家庭与国家之间独立,但不自足的领域。黑格尔对此表态,"市民社会是个人私利的战场,是一切人反对一切人的战场,同样,市民社会也是私人利益跟特殊公共事务冲突的舞台"②,只有代表普遍利益的国家才能消弭市民社会中出于私利的非正义冲突。国家决定论崇尚国家的魅力,国家被神秘化为具有普遍性的政治共同体,可以整合社会中的私利分化、管理社会中种种非正义乱象。基于国家决定论及其对整体凝聚力的偏好来解释治理,国家的优先决定地位突出体现为政府单线化地向社会释放自由活动空间,即"行政吸纳社会"路径③,强调国家自上而下的治理能力、国家权力对社会的延伸与渗透,力求通过中央的制度设计和创新、营造良好的政治空间和制度环境,从而引导公众及社会组织的参与、培育社会的成长。但是,将国家视为超越社会的国家至上原则,往往在行政中出现公权力异化的问题。

二是,马克思式"社会高于国家"的社会决定论。社会决定论演绎了另一种迥然相异的关系理路,马克思认为黑格尔将市民社会与国家的现实关系"头足倒置"④,并对这一逻辑倒置进行主谓语的重新归置,基于人的现实性提出了"社会决

---

① [英]洛克:《政府论(下篇)》,叶启芳、瞿菊农译,北京:商务印书馆1996年版,第54页。
② [德]黑格尔:《法哲学原理》,范扬、张企泰译,北京:商务印书馆1961年版,第309页。
③ 康晓光、韩恒:《行政吸纳社会——当前中国大陆国家与社会关系再研究》,*Social Sciences in China*《中国社会科学(英文版)》,2007年第2期。
④ 《马克思恩格斯文集(第一卷)》,北京:人民出版社2009年版,第357页。

定国家"的命题。这种略带"英雄气概"的决裂和反叛,重新界定了社会的存在论基础。涂尔干深刻论证了社会的实在性,"把社会事实作为物来考察"①是其方法论,并且社会事实的"物"是"与物质之物具有同等地位但表现形式不同的物"②。也就是说,社会是由社会事实构成的有机体,是自成一类、集体性的存在,作为社会事实的集体意识是超越政治国家层面、一般化的公民道德。基于社会实在性的论断,波兰尼在此基础上进一步指出,相对于古典经济学家对市场的热情赞扬,社会体系面对市场混乱和入侵会衍生出一种具有反思性甚至是反抗性的反向运动,并且这种社会的自我保护早在初民状态就已形成。西美拉尼西亚的库拉圈活动刻画出了"对称""辐辏""自给自足"的社会行动之自在轨迹③,"自我保护的社会"有其内生的行为模式及运行机制。经典理论家们的社会观揭示了社会之客观性、自主性的特殊品格,基于这一理论基础主张以社会自下而上的自发力量来建构治理结构与权力秩序,积极寻求政府与社会组织等非政府力量的伙伴关系,推动治理的社会化。

从国家决定论转向社会决定论,在一定程度上表明西方社会不再像黑格尔那般对"理性国家"寄予厚望,国家或政府因其对民主、自由的威胁而被笔诛墨伐,如同康德笔下的"女王","这位受到驱赶和遗弃的老妇"④在面临政治合法性危机时惊慌失色、跌下神坛。但同时社会决定论在寻找自由社会、自由政治之根基的理论追求中,引起一种过分追求个人权利的自由主义论调而滑向另一个极端,企图瓦解政治联盟以实现无政府状态,导致"民主的危机"。可见,在社会与国家分野的理路中,无论是强调国家权力退出的"社会高于国家"的观点,抑或重视国家权力延伸的"国家高于社会"的观点,都面临陷入无政府主义或集权主义等误解的阐释窘境。由此,引出了"第三条道路",重在强调国家与社会的良性互动。恰如吉登斯所言,"在政府和公民社会之间并不存在永久的界限。根据情况的不同,政府

---

① [法]E.迪尔凯姆:《社会学方法的准则》,狄玉明译,北京:商务印书馆1995年,第35页。
② 同上,第7页。
③ [英]卡尔·波兰尼:《大转型:我们时代的政治与经济起源》,冯钢、刘阳译,杭州:浙江人民出版社2007年版,第47页。
④ [德]康德:《纯粹理性批判》,邓晓芒译,杨祖陶校,北京:人民出版社2017年版,第一版序第1页。

有时候需要比较深入地干预公民社会的事务,有时候又必须从公民社会中退出来"①。国家与社会呈现出一种相互交织、依存之势,"社会中的国家""第三领域"等理论均从这一视野出发,注重"国家和社会彼此之间分组整合及其合纵连横等互动过程"②,意在打破国家与社会二元分立的模式,探寻如何在治理体系中建构社会与国家共在、共生、共融的关系。

二、国家—社会的权力互动困境

国家治理体系从传统到现代,首先要厘清国家与社会的关系,依据政府治理能力和社会发育程度两个维度可以划分出强政府与强社会、强政府与弱社会、弱政府与强社会、弱政府与弱社会四种理想类型。中国的治道变革结合具体国情、社情,形成了与西方国家不同的治道逻辑,即国家主导社会治理。我们应当在治理理论的中国化及应用中对西方片面追求小政府改革的取向保持警惕,反思自由主义和全能主义政治哲学的困境,注重最大限度地发挥政府、社会等多元主体的优势,力求实现强强联合。"强政府、强社会"的治理改革理念在现实操作中依赖于政府的积极有为,主动转变自身角色定位并推动社会治理改革。但是,这一以制度性供给为引擎的治道模式为国家与社会互动陷入困境埋下了隐患。

关于"权力"的现代性叙事往往停留在对权力主、客体层面的分析。正如福柯所言,"我们对权力在社会里的功能和运作方式依然所知甚少"③,实际情况要远比一般性的假设和命题纷繁复杂。因此,"权力不应被看作一种所有权……它的支配效应不应被归因于'占有',而应归因于调度、计谋、策略、技术、动作;人们应该从中破译出一个永远处于紧张状态和活动之中的关系网络"④。也就是说,作为一种"治理术"或"社会管理艺术",权力分析的关键在于现实情境中的发生、运作机制。基于权力如何发生的微观运作机制,我们才能清晰地看到"强政府、强社会"

---

① [英]安东尼·吉登斯:《第三条道路:社会民主主义的复兴》,郑戈译,北京:北京大学出版社 2000 年版,第 83 页。
② [美]乔尔·S. 米格代尔:《社会中的国家:国家与社会如何相互改变与相互构成》,李杨、郭一聪译,张长东校,南京:江苏人民出版社 2013 年版,第 24 页。
③ 包亚明主编《权力的眼睛——福柯访谈录》,严锋译,上海:上海人民出版社 1997 年版,第 28 页。
④ [法]米歇尔·福柯:《规训与惩罚:监狱的诞生》,刘北成、杨远婴译,北京:生活·读书·新知三联书店 1999 年版,第 28 页。

模式的撬动必须以国家与社会共同权益的契合点、政治权力和人民权利的互惠点为前提。"强政府、强社会"的治理模式主张政府和社会共同作为权力实施的主体,并且预设了国家与社会上下互通、双轨并行的理想路径。伴随公共意识的觉醒,人民权利及社会力量与国家政治权力并行不悖,在这一理想社会治理模式中,国家与社会之间相互形塑。但是,从政府行动策略及其运作的社会领域来看,社会治理在实然状态层面上呈现出"国家—社会"关系不对称、不平衡的发展态势,即强政府、弱社会,这是中国国家治理现代化建设中的结构性症候。政府在基层社会治理的场域中扮演重要角色,与传统治理模式相区别的只是政府权力行使的轨迹从"看得见"逐渐变得"看不见",直接性、命令性的管理手段转变为间接性、柔性化的引导和说服,行动策略从计划时代的命令管控转向"择机而入"。面对上述结构性问题,社会学、政治学界提出"守住社会底线""回归社会""发现真实的社会""让社会运转起来"等建构社会基础的倡议①。

后工业社会的高度复杂性、动态性和多样性,使庞大、僵化的官僚科层体系在社会治理中面临有效性的问题,制度的自反性危机要求建构积极的社会治理模式。一方面,从国家的角度而言,传统的管理者与被管理者的政治划分不再具有合理性,借用阿伦特的言说,社会治理意味着"进入一个既没有统治也没有被统治的空间"②。吸纳社会力量参与是国家治理能力与绩效的主要衡量标准。与此同时,社会治理被纳入国家治理体系的顶层设计中绝不等同于政府自上而下的单线化管理。鉴于国家控制的诸多弊端,积极的社会基础对政府角色转变、行为策略以及制度安排提出了新的要求。政府角色不再是社会管理的控制者,而是制度提供者,意在为社会力量的成长提供自由政治空间与制度支持,并且在培育和发展社会之时必须警觉过度行政干预对社会自治空间与公众权利的影响。但从社会的维度来看,社会治理面临公共性凋敝的危机。公共性是社会治理的理性基础,指向古希腊政治生活中"与他人共在"的"公共善"。走向主体间交往的公共性表

---

① 参见孙立平:《社会建设的目标是促进社会进步》,《北京工业大学学报(社会科学版)》2009年第2期;何艳玲:《回归社会:中国社会建设与国家治理结构调适》,《开放时代》2013年第3期;郁建兴、任杰:《中国基层社会治理中的自治、法治与德治》,《学术月刊》2018年第12期;杨光斌:《发现真实的"社会"——反思西方治理理论的本体论假设》,《中国社会科学评价》2019年第3期;牛长璐、刘建军:《让社会运转起来:国家与社会关系的公共生活建构》,《学术月刊》2020年第3期。

② [美]汉娜·阿伦特:《人的境况》,王寅丽译,上海:上海人民出版社2009年版,第20页。

明与共同在世存在的他者相互依存,根本上意味着一个事物世界处于共同拥有它的人群之中①。社会治理作为公共性的活动,本应是基于主体间自由交往、平等互动的多元领域。但是,社会治理实践中公共基础的溃散,令"公民在一种客观的政治社会中享有的是消极公民的地位,只有不予喝彩的权利"②,使多数民主走向反面。当前公众及社会组织参与公共事务管理的广度和深度都不尽如人意,社会治理更需要以一种主动、前瞻的方式去回应公共需求。

"强社会"是破解治理模式有效性、有限性问题的可行路径。不可否认的是,不论政府命令式管控抑或多元协作的治理,都无法褫夺政府的作用,但二者的重要区别在于政府权力行使的导向是社会的需求还是国家或政府的要求。基于此,"从现代政治逻辑来看,治理的轴心完全可以是社会"③。社会治理在现实运行中已具有实实在在的意义,关键是重新定位政府和公众、社会组织的角色及行动导向,公众定位从社会治理结构的边缘转变为中心。作为政治权力运作的外部环境,社会的壮大在很大程度上制约着政府行政的边界并且推动竞争性的行政权设计,意味着社会治理要以人民权利和公意为价值导向。权力的公共性是建构共享共治型社会的基础,人民权利及公共利益自然也就成为"强社会"模式改革的中轴。因此,超越国家与社会的二元对立,反思机械的以"没有政府"的社会治理为替代性选择,在国家治理体系中重新筹划"强政府、强社会"的治理实践逻辑,以取其中道、权衡两端的互动论和公共性为导向来重建社会治理的多元协作模式是可行的。

三、国家—社会的行为衔接

将中国现代化发展及治道变革的图谱中嵌入"国家—社会"关系范式的分析架构中,显示出中国社会相较西方现代化框架而言的异质性,即中国家国同构的政治文化传统将国家与社会视为相互交织、融合的统一整体。知识普遍性与地方性的张力要求透过理论释义来思考区别于西方社会的中国基层社会建构的道路

---

① [美]汉娜·阿伦特:《人的境况》,王寅丽译,上海:上海人民出版社 2009 年版,第 34 页。
② [德]尤尔根·哈贝马斯:《合法化危机》,刘北成、曹卫东译,上海:上海人民出版社 2000 年版,第 51 页。
③ 林尚立:《社会协商与社会建设:以区分社会管理与社会治理为分析视角》,《中国高校社会科学》2013 年第 7 期。

"何所向",因此结合中西方政治文明提出"强政府、强社会"的理想模式,重点不在于讨论如何建构独立于国家的社会,而是在国家自上而下引导、社会自下而上成长两方面力量的互嵌基础上探究如何实现二者平衡。

"嵌入"概念出自波兰尼对 20 世纪以来经济社会变迁的反思,他反思古典经济学家的宏大叙事,从微观层面解读市场嵌入社会,即"人类的经济是浸没在他的社会关系之中"①,行为动机链合于社会权利、权威规制、习俗法律乃至宗教巫术等社会事实。格兰诺维特进一步从策略层面分析行为和制度之于社会关系的"镶嵌问题"②。继而,嵌入论与"国家—社会"关系范式的理论相遇,使社会治理中的"嵌入性平衡"浮出水面。埃文斯提出"嵌入式自治",将"嵌入"理念引入国家与社会关系,认为国家与社会不仅相互关联,更相互促进、相互支持③,互嵌式结构能够赋予公共参与更多的可能性。可见,嵌入与治理理论具有内在亲和性,"嵌入"强调事物建构的有效方式是嵌入于社会关系之中且行动无法脱嵌于社会结构,"社会治理"侧重解构统治权威、关怀国家与社会框架中的多元社会力量,二者相交汇而派生出嵌入式治理的研究框架。④ 嵌入性平衡的内核是找寻治理"三角"关系的平衡点。随着低级"环节社会"的退场、"组织社会"的生成以及由之而来的社会团结的转型,不平等关系之波涛会冲垮社会的堤岸,即有机团结的社会基础,使社会出现种种险情。因此,"最发达的社会的根本任务就是去完成建立公正的使命……最高理想则在于建立一种更加平等的社会关系"⑤,正如涂尔干所言,社会持存以及有机团结的维系需要消除不平等状态,从而使社会力量得到自由发挥、社会反常与失范状态得到矫正。

那么,问题进而延伸为如何架构政府与公民社会的津梁、如何实现国家与社

---

① [英]卡尔·波兰尼:《大转型:我们时代的政治与经济起源》,冯钢、刘阳译,杭州:浙江人民出版社 2007 年版,第 39—40 页。
② [美]马克·格兰诺维特:《镶嵌:社会网与经济行动》,罗家德译,北京:社会科学文献出版社 2007 年版,第 1 页。
③ Peter Evans, *Embedded Autonomy*: *States and Industrial Transformation*, Princeton: Princeton University Press, 1995, p. 228.
④ 闵学勤:《嵌入式治理:物业融入社区社会的可能及路径——以中国十城市调研为例》,《江苏行政学院学报》2019 年第 6 期。
⑤ [法]埃米尔·涂尔干:《社会分工论》,渠东译,北京:生活·读书·新知三联书店 2000 年版,第 345 页。

会的行为衔接。相较于社会决定论对权力的怀疑、国家决定论对权力的青睐这两种态度，互动论视角更加重视人民权利和政治权力的兼容性，是社会治理改革的重要路径。一方面，政府之于社会，行政方式要从统治式干预转变成分权式的培育。其要通过购买服务等方式提供政策和资金扶持，为发挥社会力量释放一定的自由空间，将自主权、自治权还于社会。依据亨廷顿关于强政府的观点，政治参与和政治制度化是建立政治共同体的两方面要素，现代化的国家治理体系必须在维持政治制度稳定的同时"有能力吸收现代化造成的新兴社会力量和日趋高涨的参与水平"①，适度调频政府与公民社会的相互共振，保持二者平衡。另一方面，保持社会的开放性以克服科层式治理的固化与内卷化困境，社会自觉自发生长也需要积极寻求与国家政府的契合点，与外部制度系统积极互动并通过"内参""上书""借力""外压"②等模式影响公共政策的议程设置，填补政府的缺位或空场，确保社会自治的底线不被政府公权侵犯。所以，国家与社会的嵌入性平衡，建构的是一种包容型社会治理，本质在于通过政府"吸纳"社会力量与社会"激活"制度空间的双向互动③，实现多主体的共治、善治。从单一主体被动式嵌入走向多元主体自主性互嵌，呈现出多元参与、协作的共治优势。国家与社会不再处于断裂、二元的关系，而是相互嵌入、粘连的状态，突破了政府与社会的强—弱关系结构，消解了中心—边缘的治理格局。

嵌入性平衡刻画了国家与社会的一种新关系，甚至可以说是二者关系的完满状态，指明了社会治理发展进程的"第三条道路"。因此，中国语境中国家与社会的关系架构"绝非只有非洛即黑的选择，毋宁是二者间的平衡"④。就西方主流的国家与社会二分框架而言，势同水火的紧张关系在一定程度上削弱了社会治理理念的解释力。相较之下，国家与社会良性互动的替代性选择，与中国传统"中庸之

---

① ［美］塞缪尔·P.亨廷顿：《变化社会中的政治秩序》，王冠华、刘为等译，北京：生活·读书·新知三联书店 1989 年版，第 367 页。
② 王绍光：《中国公共政策议程设置的模式》，《中国社会科学》2006 年第 5 期。
③ 姚远、任羽中：《"激活"与"吸纳"的互动——走向协商民主的中国社会治理模式》，《北京大学学报（哲学社会科学版）》2013 年第 2 期。
④ 邓正来：《市民社会与国家——学理上的分野与两种架构》，载邓正来、亚历山大主编《国家与市民社会：一种社会理论的研究路径（增订版）》，上海：上海人民出版社 2006 年版，第 104 页。

道"所指向的不偏不倚、"恰到好处"①的合理状态与整体观念如出一辙,打破了"非洛即黑"的理论路径。回顾中国社会史,士、农、工、商之"四民社会"结构,对中国的国家与社会互动关系给予了经验例证。中国社会知识分子,即"士",既是社会的中坚力量,同时也是政府的组成分子,也正因此,钱穆指出,"就中国历史大传统言,政治与社会常是融合为一的……士之一流品,乃是结合政治社会使之成为上下一体之核心"②。中国"国家—社会"关系的独特构成由是观之。改革开放以来,中国社会的内涵与外延更加复杂、多元。中国社会治理的实践与探索是由党和政府领导,多元主体共同参与,在流动、开放的现代性社会空间中形塑了涵括"党委领导、政府负责、社会协同、公众参与、法治保障"五个环节的治理场域,并以"打造全民共建共治共享的社会治理格局"为顶层设计理念。③ 这一治理方略体现了政府与社会的"权宜共生"④,党和政府在社会治理中扮演积极的组织者、护航者角色,发挥强大的资源整合和社会动员能力,创建能够激发公众参与、社会组织活力的政治社会空间,并且与社会其他成员共同形塑一个结构清晰、互动有序的治理主体系统。中国社会治理体制的设计,旨在通过多元主体之间的有序互动来达到政府公共权力和公民社会权利的平衡,在参与协作的民主政治中回应现代化进程中的不可治理性,通往善治。

概言之,"国家—社会"关系是社会学、政治学的一个经典理论框架,将治理定位于这一理论分析坐标之中,侧重国家与社会的良性互动,判定单凭二者中任何一方力量都不足以推动社会治理发展,因此研究路径转向了治理过程中国家与社会关系的动态平衡。以国家与社会的关系作为理解当代中国社会治理改革及变迁的中轴,标划出治道变革的两方面力量,即国家自上而下的主导力量以及社会自下而上的自发力量,蕴含着"强政府、强社会"的发展趋势。基于"全民共建共治共享"社会治理格局的定位,党的十九届四中全会进一步提出社会治理的新目标,

---

① 张德胜、金耀基、陈海文等:《论中庸理性:工具理性、价值理性和沟通理性之外》,《社会学研究》2001年第2期。

② 钱穆:《中国历史研究法》,北京:生活·读书·新知三联书店2001年版,第44页。

③ 习近平:《决胜全面建成小康社会 夺取新时代中国特色社会主义伟大胜利》,《人民日报》2017年10月28日。

④ Anthony J. Spires, "Contingent Symbiosis and Civil Society in an Authoritarian State: Understanding the Survival of China's Grassroots NGOs", *American Journal of Sociology*, Vol. 117, No. 1, 2011.

即"要完善基层群众自治机制,调动城乡群众、企事业单位、社会组织自主自治的积极性,打造人人有责、人人尽责的社会治理共同体"①,再次表明社会治理是政府、社会组织、公众等多方主体共建、共治、共享,力求激发公众、非政府组织等社会力量的参与,建构积极的"能动社会"。由此,问题就具体化为:如何建立国家与市民社会的良性互动关系,实现"私域与公域的衡平"②,构设从小社会走向强社会的可能和路径,推动社会治理精细化。

第三节 从小社会到强社会何以可能

21世纪以来,社会管理、社会建设、社会治理屡次被纳入国家发展规划中,成为国家治理体系设计的关键词。从"加强和创新社会治理"到"社会治理精细化"的提出,是国家对"强社会"建构的不断推进。十九大报告再次提出"推动社会治理重心向基层下移"③。从国家顶层设计对社会治理的重视,我们可看出政治改革的重点正随着大众社会的来临从加强政府中央控制转向"创建以公民为中心的治理结构的复兴实验过程"④,政府权力本位的管理思路向社会权利本位转换。社会作为生活世界体系持存与有序的重要依托,其权力来源和发生机制有别于官僚科层体系自上而下的命令与规训,而是派生于扁平化的公众参与和协商共识,以此与政府的权力对比达成嵌入性平衡。因此,我们从社会治理参与的自发性、自组织性、协商的有序性和大数据的有效性四个维度,探索"强社会"如何建构、如何可能。

一、参与机制:治理行动的自发性

建构"强社会"需要与之相当的社会力量参与治理,公众参与,或曰公民参与、

---

① 习近平:《全面深入做好新时代政法各项工作促进社会公平正义保障人民安居乐业》,《人民日报》2019年1月17日。
② 张凤阳:《现代性的谱系》,南京:南京大学出版社2004年版,第72页。
③ 习近平:《决胜全面建成小康社会 夺取新时代中国特色社会主义伟大胜利》,《人民日报》2017年10月28日。
④ [美]理查德·C.博克斯:《公民治理:引领21世纪的美国社区》,孙柏瑛等译,北京:中国人民大学出版社2005年版,第10页。

公共参与,衔接了个体和社会行为,是社会治理的重心。所以说,"参与是微型民主的本质,或者说,它为上层结构即民主政体,提供了关键的基础结构"[①]。中国语境中的参与概念往往纠缠于狭义上的认知分歧,如参与是否要排斥国家主导的动员参与、是否影响政府公共政策制定与行为的最终结果、是否囊括暴力等非合法化形式的参与、是否仅指涉客观的参与行动而不涉及主观态度。[②] 对此,我们需要以发展的眼光来理解参与在政治社会运行中的重要性。正如亨廷顿在《难以抉择》一书开篇即言"政治参与扩大是政治现代化的标志"[③]。就其衡量的尺度而言,民主政治的广度取决于社会成员是否普遍参与,其深度以参与者是否充分参与为标准。可见,公众参与是民主的应有之义。在国家与社会互动、互融的格局下,具有广泛性、包容性的参与指涉公众就社会公共事务的讨论、发声等所有介入行为,即宽泛的公众参与范畴。可以说,公众参与是社会力量发挥以及国家治理体系现代化的重要途径和路标。公众获得一定话语权、走向前台,从社区营造、公共交通、环境保护等日常生活世界的公共事务管理,到国家议题,如通过主动或动员、间接或直接、线上或线下的参与、谏言来影响政府的决策与执行、增强政策回应性、分担政府责任,形成责任共担、利益共享的社会治理机制,创造更多的社会福祉,推动社会良治与善治。

着眼于中国基层社会治理的版图,基层社区作为社会互动、社会关系的发生场域,是社会治理的基本空间单元和载体,因而也是公众参与等社会自治及共治运行机制得以绽放的场域。政府通过购买、孵化等方式实现行政干预,在这一过程中,市场虽接管了部分政府下放的权力,但未能赢得治理权威,在现实操作中选举难、自治难、维权难等重重障碍使公众在基层社会治理的格局中找不准定位。[④]从"结构二重性"的辩证法视角理解个体与政治权力之间的逻辑关联,社会成员作为具有能动作用的行动者,并不如客体主义和结构社会学所认为的"像机器人一

---

① [美]乔万尼·萨托利:《民主新论》,冯克利、阎克文译,上海:上海人民出版社2009年版,第128页。

② 闵学勤:《行动者的逻辑——公众参与的阶层化与结构化研究》,《江苏社会科学》2013年第4期。

③ [美]塞缪尔·亨廷顿、琼·纳尔逊:《难以抉择——发展中国家的政治参与》,汪晓寿、吴志华、项继权译,北京:华夏出版社1989年版,第1页。

④ 闵学勤:《社区的社会如何可能——基于中国五城市社区的再研究》,《江苏社会科学》2014年第6期。

般活动的'驯服的身体'"那样"别无选择",政治权力是以社会行动者个体或组织团体跨越时空的社会互动情境为前提,在例行化了的权力控制之依附关系另一面是自主关系。① 但是,工业化、现代化的发展使人的行为越来越"规范化"。当前中国社会正面临公众主体意识、责任意识、公共意识淡薄等问题,对社会公共事务管理及政治生活的参与较为漠然,有限的参与行为也多为被动式执行或非制度化的"假象参与"②,是流于表面而无任何实质性的民主力量。显然,"小社会"的变强、壮大亟须公众在场。公众具有吉登斯所说的"改变能力"或"转换能力",社会个体要培育公共精神,防止"各人自扫门前雪""独自去打保龄球"或盲目从众式参与的悲剧出现。换言之,政府角色由大政府转变为有限政府,为适度的社会自治提供契机和空间,当政府在基层社会治理舞台上以配角的身份提供资源和支撑,人民作为社会治理的主体角色就变得尤为重要,强调公众自发自为力量的参与式治理应时而生。

　　实现公众和政府双方常态化互动协作还是有路可探的。社会治理的公共性建设体现在两个方面:一是培育公共精神作为社会治理的文化底蕴和支撑。公共精神是社会治理体系的理性基础,其社会与政治意义正如帕特南对意大利地方民主化的实证考察,公共精神强的社区呈现出地方组织网络密集、公众积极参与共同体事务、政治模式平等、人们相互信任且遵纪守法等品格③,将公众带回政治和社会的公共领域与生活世界中。社区公共精神与社会治理质量的相关关系由此观之。可以说,公共精神及参与的兴起意味着"臣民政治"之终结。④ 公共精神的培育需要革除几千年来传统封建专制制度形成的顺从主义文化的影响,构建关怀民主、自由、公正、法治的公民文化,引导人们从私人领域走向公共领域,从局外人角色转变为参与者甚至决策者身份,从"私人"或被弭平了个体性的抽象"臣民""人民"转向积极参与的"公众"。公共性的复权,使社会成员得以在社会治理的过

---

① [英]安东尼·吉登斯:《社会的构成:结构化理论大纲》,李康、李猛译,王铭铭校,北京:生活·读书·新知三联书店1998年版,第77—78页。
② Sherry R. Arnstein, "A Ladder of Citizen Participation", *Journal of the American Institute of Planners*, Vol. 35, No. 4, July 1969.
③ [美]罗伯特 D. 帕特南:《使民主运转起来——现代意大利的公民传统》,王列、赖海榕译,南昌:江西人民出版社2001年版,第214页。
④ 项继权:《参与式治理:臣民政治的终结——〈参与式治理:中国社区建设的实践研究〉诞生背景》,《社区》2007年第9期。

程中基于公共理性参与、协商公共事务,达成公意和共识,寻求公共利益与价值诉求。二是塑造公民身份及其对共同体的权利担当。公民身份的确立是民主文化的前提和基础,既然民主政治的文化是由支持参与的信念、态度、规范等构成的公民独立型文化意识,那么在规范转变为行动之前需要确立公民身份,即对于参与政治系统"有自信的公民"①,是有权"参加司法事务和治权机构的人""参加议事和审判职能的人"。在亚里士多德看来,公民是拥有参与城邦公共事务管理权利的人。② 因此,公众参与意味着积极承诺,意味着责任,意味着在社区、社会和国家中具有影响力。③ 也就是说,以参与政治和社会公共事务管理作为信号,公众作为治理主体之一要能够承接政府溢出的公权力、承担监督政府的任务,在积极参与中实现自主、自强。从"解放政治"到"生活政治"的转向,人民权利也从政治权利、财产权扩展到20世纪的社会权利④。治理主体愈发多元化,面对公众参与意识、参与能力、政治角色等方面的短板,我们亟须打破臣民意识的惯性,在社会领域的民主训练场景中提升民主素养与政治参与能力。自主性的社区组织最大的贡献是建构了"一种新的有意义的公民身份的中心"⑤,如清华大学"新清河实验"探索"议事委员制度",由普通居民组成的"不坐班"议事委员与居民委员会专职工作人员共同参与民主议事、决策。⑥ 可见,通过公众参与激发社会活力,印证了推动"被动社会"转向"能动社会"的可能。

二、组织建构:治理过程的自组织性

推动公共意识、公共精神、公众参与意愿觉醒的下一步,我们需要考量社会组织建构提供的互动、结社渠道是否完备。借由社会组织的力量,分散的社会成员个体政治意愿得以整合为集体意见,从而增强基层社会的话语力量,群策群力向

---

① [美]加布里埃尔·A.阿尔蒙德、西德尼·维伯:《公民文化——五个国家的政治态度和民主制》,徐湘林等译,北京:华夏出版社1989年版,第282页。
② [古希腊]亚里士多德:《政治学》,吴寿彭译,北京:商务印书馆1965年版,第111—113页。
③ [美]彼得·德鲁克:《后资本主义社会》,张星岩译,上海:上海译文出版社1998年版,第172页。
④ [英]T.H.马歇尔、安东尼·吉登斯等:《公民身份与社会阶级》,郭忠华、刘训练编,南京:江苏人民出版社2008年版,第22页。
⑤ [美]彼得·德鲁克:《社会的管理》,徐大建译,上海:上海译文出版社1998年版,第109页。
⑥ 李强、卢尧选:《社会治理创新与"新清河实验"》,《河北学刊》2020年第1期。

政府传达公意并获得及时有效的回应。社会组织作为沟通个体微观日常生活与宏观社会政治制度之间的津梁,是治理的新兴主体力量,组织建构为人民表达利益诉求提供正式、合法的路径,使公众参与进入有序的组织化轨道。社会组织建构、政府职能转变是社会治理改革过程的一体两面,在政府的退让与社会组织进入之间,双方互动、协作为"强社会"的建构搭建了桥梁。培育和发展社会组织是中国社会治理改革与创新的一条重要线索。

改革开放以来中国社会政治空间的重构,为社会组织生长提供了公共领域的土壤。据民政部数据显示,截至 2021 年底,全国共有社会组织 90.2 万个,其中社会团体 37.1 万余个、基金会 8 千多个、民办非企业单位 52.1 万余个。① 社会组织的数量及其影响力不断增长既成事实,但是其活动长期处于一种不可预测的潮涨潮落中,还不具备依据组织目标进行日常活动的必要条件。② 社会组织发展面临专业化职能化程度低、政府依赖性强、登记注册门槛过高、人力资金缺口过大等诸多问题。具体而言,一是社会组织的行政化。社会组织的定位本应是非政府性的,但是计划经济时代体制的内生性导致社会组织在发生之初就带有不自主性的胎记。社会组织在很大程度上是国家大机器生产的"部件",只需运用政府分配的资源操作生产,再上交产品,完成政府分配、安排的任务即可。③ "部件"性质以及先天对政府的依赖性,使社会组织的发展带有相对浓厚的行政化色彩。改革开放以来社会组织的民间性日渐强化,但大多数社会组织的运营依靠承接政府购买服务,具有强烈的官方色彩,并且这类"政府的非政府组织"④在社会生活中扮演重要角色。二是社会组织的内卷化。受制于制度环境、权力等因素,社会组织的性质及其运作机制依然沿袭官僚体系的传统,尤其是许多由政府部门建立或转变而成的社会组织在结构、组织、观念等方面深受科层体制的影响。最典型的当属社区居委会,作为法律意义上的自治组织,运行中陷入组织结构科层化、组织功能行政

---

① 中华人民共和国民政部:《2021 年民政事业发展统计公报》,2022 年 8 月 26 日,(http://www.mca.gov.cn/article/sj/tjgb/)。

② [美]J.L.费尔南多,A.W.赫斯顿:《国家、市场和公民社会之间的非政府组织》,载何增科主编《公民社会与第三部门》,北京:社会科学文献出版社 2000 年版,第 271 页。

③ 参见孙立平、王汉生、王思斌等:《改革以来中国社会结构的变迁》,《中国社会科学》1994 年第 2 期。

④ 俞可平:《中国公民社会:概念、分类与制度环境》,《中国社会科学》2006 年第 1 期。

化、组织成员职业化这种"换汤不换药的内卷化情境"①,在社会治理实践中仍然是政府行政末梢的角色,是政府公共服务向基层社会的延伸。

　　针对社会组织发展的制度环境存在准入门槛过高等困境,2013 年第十二届全国人大一次会议提出改革社会组织管理制度,取消了备受诟病的"双重管理体制",言明"社会组织,直接向民政部门依法申请登记,不再需要业务主管单位审查同意"②。准入条件的放宽表明政府转变了行政改革观念,尊重社会组织的权利,并且重视为社会组织自主发展提供制度性保障、营造宽松的外部环境。党的十八大以来,国家在宏观政策设计层面大力推动社会组织登记和管理体制改革、政府向社会组织购买服务,尤其是近年来政府注重发挥社会组织在营造社区共同体、改进公共服务质量等方面的功能。政府这种"推位让治"③模式是对治理权力结构的调整,旨在通过公共服务外包等方式将社会组织推至多中心社会治理的主体位置。如社会组织通过竞争机制承接办理社区专项以推行社区总体营造的成都"武侯样本"④,又如江苏、上海等地基层政府开展社区公益服务项目招投标工作,支持社会组织承接部分政府下放的权力并参与安老、济困、助残、教育、文体等社区公共事务管理,培育社会自我化育、建设与治理的能力。政府转包、购买公共服务,无疑要求具备治理能力的社会组织来承接;推动社会组织自治能力与水平由弱到强,关键需要打破将社会组织定位为政府帮手或行政末梢的思维惯式。正如亨廷顿论述组织的必要性时所言,"组织是通向政治权力之路,也是政治稳定的基础,因而也就是政治自由的前提"⑤。独立自主的社会组织是推动民主政治建设与基层社会善治的关键动力因,为"强社会"建设提供组织结构支撑。

　　作为第三部门的社会组织具有结构性意义,是勾连治理三角的关键津梁。基于"国家—社会"关系范式,政府与社会组织的关系是国家与社会关系的投射。如萨拉蒙所说,"社团革命"以及社会组织兴起的结果是出现第三部门,即数量众多

---

　　① 何艳玲、蔡禾:《中国城市基层自治组织的"内卷化"及其成因》,《中山大学学报(社会科学版)》2005 年第 5 期。
　　② 《十八大以来重要文献选编(上)》,北京:中央文献出版社 2014 年版,第 231 页。
　　③ 王名、王春婷:《推位让治:社会组织参与社会治理路径》,《开放导报》2014 年第 5 期。
　　④ 吴晓林、谢伊云:《国家主导下的社会创制:城市基层治理转型的"凭借机制"——以成都市武侯区社区治理改革为例》,《中国行政管理》2020 年第 5 期。
　　⑤ [美]塞缪尔·P.亨廷顿:《变化社会中的政治秩序》,王冠华、刘为等译,北京:生活·读书·新知三联书店 1989 年版,第 427 页。

的自我管理的私人组织,在正式的国家机关之外追求公共目标。① 社会组织在政府与市场之外关怀社会边缘、弱势群体,发挥增进社会福祉、保障公平正义的作用,其力量的增长必然使国家与社会关系的天平向社会一端倾斜。围绕社会组织建构的"三社联动"模式,印证了基层社会治理实践中国家与社会关系从断裂、对立走向互嵌、共生的逻辑进路。一方面,社会组织作为将公众纳入治理网络的横向纽带,有效吸纳公众诉求,拓展社会自治空间;另一方面,社会组织也积极探求与政府合作的方式,从输入端向政府表达公意,填补政府权力释放留下的"治理鸿沟"②。因此,组织建构是实现国家与社会高效互动、通往政社合作的重要机制,社会组织及第三部门的壮大显示出建构"强社会"模式的可能与可及。

三、协商模式:治理程序的民主性

当组织机制从"联合性协调"转向"联合性整合",所需回应的问题就从"我们可以在一起做什么"转变为"我们如何在一起完成这个"③。如果说参与重在治理结构层面上的主体多元化,那么协商更加侧重治理程序的民主性、有效性,公众如何参与、参与的形式也就成为协商模式的焦点。由此,强调经由对话、磋商、沟通、讨论寻求公意及公共利益的协商治理,就成为应对公共价值的有效运行机制。真实的公众意见只有在公共领域中相互倾听、相互协商才得以形成。就此而言,协商是基层社会治理回应民生民情的最佳出口。

过程导向的协商治理追求真实的实质性民主、公共理性、决策合理性等非效率价值,相对于结果导向的以投票为中心的选举民主而言,是一场治理的民主范式变革。社会公共事务管理的协商模式最早可追溯至古希腊时期的公民大会、五百人议事会等城邦民主活动,但囿于成员资格限定严苛,广泛意义上的人民作为治理主体的民主意蕴尚未显现。随着现代意义的公民身份逐步确立,具有对话

---

① [美]莱斯特·萨拉蒙:《非营利部门的兴起》,载何增科主编《公民社会与第三部门》,北京:社会科学文献出版社 2000 年版,第 243 页。
② Robert J. Chaskin, David Micah Greenberg, "Between Public and Private Action: Neighborhood Organizations and Local Governance", *Nonprofit and Voluntary Sector Quarterly*, Vol. 44, No. 2, 2015.
③ Perri 6, "Joined-up Government in the Western World in Comparative Perspective: A Preliminary Literature Review and Exploration", *Journal of Public Administration Research and Theory*, Vol. 14, No. 1, 2004.

性、公共性的协商民主成为一种社会治理模式。"重叠共识"(罗尔斯语)、"沟通理性"(哈贝马斯语)、"话语意识"(吉登斯语)等范畴均将协商民主作为集体决策的"交互性的视角(interactive aspect)"①先行道说出来。也就是说,协商模式考虑到社会治理的复杂性、多样性,在制度设计、组织形式等方面寻求自由平等的个人意见基础上的公意与共识。具体而言,协商民主是在多元化社会背景下产生的更公正、民主的制度程序,为平等对话、自由讨论提供了公共空间,各阶层、群体在公共领域中基于不同利益、视角展开理性对话,能够自由平等地表达利益、参与决策。在理性对话过程中,民主协商重在衡量哪种选择最具合理性,而不是如同选举民主以最大票数为决策的尺度,在听取多数人意见的同时注重保障少数人权利,肯定多元化的"我"的尊严和价值,尊重他者作为"我"的权利的正当性,而非以道德律令、公共权力要求强制忘"我"。"一个存'我'的社会必然优越于一个忘'我'的社会"②,可见,对话性的协商民主通过展开充分且包容的理性对话、共商社会公共议题,最大限度地减少由政治、经济资本的不对称性所带来的不正义,将目标导向公共利益并积极回应"我们的意图(we intention)"③,是保存最大多数人的权利的有力武器。由此,建立差异基础上的"化异"与"求同",要使多元化、碎片化的认知相互联结,形成多元主体认可的不同而合之道,使政府和社会的力量相互融合,不断推进民主的深度。

中国在推进现代化进程期间,基层社会已在零星尝试议事、对话机制。早至1999年,浙江温岭市牧屿镇、泽国镇创设畅通民意表达、回应公共利益的"民主恳谈会",公众参与商讨征地拆迁、基础设施建设、公共服务供给等公共事务,提供了协商民主的实践经验。十年后,杭州市上城区建立了中国首个社区民主民生互动平台——"湖滨晴雨工作室",聘请"民情观察员",组织社区居民参与工作室活动,围绕民生问题建言献策。④ 但是,协商治理的操作实践仍面临诸多挑战和技术困境。一是规模化难题。"面对面社会"的小规模团体决策机制,难以应用于大规模

---

① [美]艾丽斯·M. 杨:《包容与民主》,彭斌、刘明译,南京:江苏人民出版社2013年版,第31页。
② 刘军宁:《共和·民主·宪政》,上海:上海三联书店1998年版,第18页。
③ [美]博曼:《公共协商:多元主义、复杂性与民主》,黄相怀译,北京:中央编译出版社2006年版,第49页。
④ 韩福国:《作为嵌入性治理资源的协商民主——现代城市治理中的政府与社会互动规则》,《复旦学报(社会科学版)》2013年第3期。

民族国家的"疆域社会"①。现代社会的规模化、流动性无疑加大了获得合法性认同的难度,倘若协商未能覆盖到所有利益相关者的诉求,则容易陷入大多数人保持沉默的困境,导致演讲代替对话、修辞技艺取代观点。二是团体极化难题。同样还是受制于规模化以及由此出现的个体理性和公共理性之两难,导致公共议题的商讨经常出现分歧甚至派别之争,也有研究表明协商参与者的个人特质与政治倾向会影响协商决策②。意见领袖及其话语霸权所指引的方向,可能使"自由"协商讨论的结果最终背离真正的民意和初衷,滑向更为极端的立场。三是成本和效率难题。即使协商是件好事情,但其成本是否过高?又有多少好处?协商的时间成本和经济成本都难以预计,这正是伊思·夏皮罗在《最理想的协商》一文中提出的问题,即多少协商才够用?③ 关于协商操作如何实现理想化状态、如何控制规模与成本等问题,还有待经验突破、加以实践确证,只有寻求全方位、立体式的联合协商以跨越常规协商在理念、技术、组织上的桎梏与障碍,才能让协商落地基层社会治理。

协商模式是一种强调人民真正参与公共决策的政治艺术,展开了社会治理的民主逻辑。如果说改革开放前三十年是器物的现代化建设时期,那么当前新时代及未来三十年将是人的现代化,必将迈入一个多元、协商的共治时代。④ 系统化、常态化的协商模式重拾多样性与人文关怀,不仅是政府与社会成员之间的互动协作,更是社会内部公众之间的倾听与对话,唯有汲取治理之多元、包容、合作的理念精华,孵化公众的民主参与和协商的意识、技巧,从机械的有事议事、一窝蜂地盲从参与、线下邻避式参与进一步发展为常态的无事协商、反思式协商、线上线下围炉协商,才能培育社会自治能力,建构大协商理念、平台和机制,形成市域范围的协商共治。

---

① [美]詹姆斯·菲什金、[英]彼得·拉斯莱特:《协商民主论争》,张晓敏译,北京:中央编译出版社2009年版,第1页。

② Tracy Sulkin, Adam F. Simon, "Habermas in the Lab: A Study of Deliberation in an Experimental Setting", *Political Psychology*, Vol. 22, No. 4, 2001.

③ [美]詹姆斯·菲什金、[英]彼得·拉斯莱特:《协商民主论争》,张晓敏译,北京:中央编译出版社2009年版,第3页。

④ 闵学勤:《联合协商:城市基层治理的范式变革》,《吉林大学社会科学学报》2015年第6期。

四、在线治理：技术治理的有效性

网络社会的崛起，为突围协商治理困境、破解操作性魔咒提供契机。"知识社会""后工业社会""信息化社会""数字时代""智能化时代"等流行术语无一不诠释出当前的社会大转型、时代大变迁。社会治理恰逢中国迎来信息化、智能化时代，再加之社会治理业已完成政府顶层设计的宏观布局、基层社会初步的经验探索，由此掀起了社会治理的在线化浪潮以及线上转移。随着移动互联网技术对日常生活世界的全面穿透，中国有超过 9.04 亿民众被裹挟进互联网之中①，在线治理成为一种新模式、新样态，为政府、市场、社会跨越时空的互动建构了新的流动空间和公共场域，极具参与度和粘合度的在线治理于这一特定时空之交汇点成为社会治理的突破口和"强社会"建设的发力点。

技术是治理变革最直接的动力因，移动互联网技术给社会治理带来空前的挑战和机遇。从文字印刷到广播电视，再到计算机和信息通信技术，每一次媒介的更替都突破了既有的文化模式，"数字时代治理"②的兴起使社会的组织和管理方式发生极大转变。正如卡斯特所言，"作为一种历史趋势，信息时代的支配性功能与过程日益以网络组织起来。网络建构了我们社会的新社会形态，而网络化逻辑的扩散实质地改变了生产、经验、权力与文化过程中的操作和结果"③。就宏观治理组织架构而言，大数据、云计算等放射状技术系统被引入治理过程，改变了政府官僚机构和企业组织的结构。巴利从吉登斯的结构化理论视角，将技术看作一种社会现象而非物理现象，并指出"技术作为触发器"通过改变制度化的角色和运作机制来"触发"组织的变迁④，驱使自上而下的垂直型组织结构与管理模式逐渐转向扁平化结构。但是，技术治理的逻辑也陷入悖论，即技术的客观化、量化表面之下是由权力逻辑支配。技术治理主义以新的技术范式取代了传统统治范式，产生

---

① 数据统计截至 2020 年 3 月，参见《第 45 次中国互联网络发展状况统计报告》，第 19 页。
② Patrick Dunleavy, Helen Margetts, Simon Bastow et al. , *Digital Era Governance: IT Corporations, the State, and E-Government*, New York: Oxford University Press, 2006, p. 3.
③ [美]曼纽尔·卡斯特：《网络社会的崛起》，夏铸九、王志宏等译，北京：社会科学文献出版社 2001 年版，第 569 页。
④ Stephen R. Barley, "Technology as an Occasion for Structuring: Evidence from Observations of CT Scanners and the Social Order of Radiology Departments", *Administrative Science Quarterly*, Vol. 31, No. 1, 1986.

一种新型普遍控制的机制,如同韦伯关于理性的"铁笼"概念中暗含的类似反乌托邦观点。① 因此,当政府透过"技术之眼"窥探社会图像之时,看到的莫不过是自己的影子。② 同时,就微观层面的公众线上参与言之,互联网的虚拟性、匿名性孵化了个体的公共意识,极大地改变了公众参与的互动方式,网络的低成本连接带来"人人拥有麦克风"的时代,信息化、电子化的大众更多地进入公共、互动的场景中,个体嵌入公共领域、公共生活的广度和深度前所未有。但是,公众参与渠道的拓宽也可能衍生出集体非理性的"网络扰政"甚至是"网络暴政"。此外,与传统管理模式阻力相伴的是强大推力,具有融合性、公开性的数字技术推动了社会治理的精细化、技术化、智能化。信息技术在数据的收集、储存、分析过程中能够快速、即时地穿透政府、市场和社会的各个领域,突破治理主体互动的时空边界,拉近政府、公众和社会组织的互通距离,从而有效推动多元主体的相互融合,建构紧密连接的治理网络,实现对传统管理格局中政府低回应、社会弱参与的突围。

在线治理的本质是通过数据、网络实现社会的自我赋权,展开与政府、企业等其他治理主体的良性互动。社会治理需要全方位引入技术治理,搭建以云端存储为载体的大数据平台、以云计算为基础的智慧化终端,已成为社会治理不可或缺的步骤。网络技术长期追踪收集的"用户"需求是技术治理的数据基础,通过社会大众网络行为的大数据生产、BAT(百度、阿里巴巴、腾讯)等互联网企业的大数据收集、政府建设的统一大数据中心这三维力量之分环连接,具有公共需求导向特征的数据成为政府、市场、社会三方的纽带。中国基层社会正不懈探寻"互联网+"的治理模式创新,如近年来全国各地方基层政府引入信息基础推行"最多跑一次"和"不见面审批"改革,体现了"以政府为中心"向"以民众为中心"的治理逻辑转变③。又如南京栖霞区、鼓楼区推行的"掌上社区"和"云协商"在线治理模式,以社区为单位建立微信群,打破了"单向对话"的结构,形成一种多层叠加的立体式、联合式"公共对话"。一旦社区居民在线提出诉求,社区居委会、业委会、物业公司、相关政府部门、社会组织和驻区企事业单位代表等就纷纷跟上来,展开基于地

---

① Andrew Feenberg, *Questioning Technology*, London: Routledge, 1999, pp. 2-3.
② 彭亚平:《技术治理的悖论:一项民意调查的政治过程及其结果》,《社会》2018年第3期。
③ 郁建兴、黄飚:《超越政府中心主义治理逻辑如何可能——基于"最多跑一次"改革的经验》,《政治学研究》2019年第2期。

缘关系的主体间公共对话,这种多中心主体聚集在一起形成的"共在效应"开辟了一个共同的参与入口,使回应更加快速、精准,形成在线政民共处、政社共融的场景,为社会治理留下更多的想象空间。① 依托移动互联网技术的在线治理,撬动了长期以来的"小社会"根基,政、企、社三方在创建、运用和分析数据与治理的过程中打破了条块分割的"数据孤岛"。由此,在互通有无、网络穿梭之间实现共建、共治、共享,形塑了具有价值认同、高度依赖的移动社群社会,推动向"强社会"治理共同体的演化。

五、合作共融:治理方式的多样性

治理从其理念建构之时起,即携带合作与共融的基因。多元参与、各方回应、互嵌共生等均是治理的关键词,这其中包含政府、市场与社会之间不断的交互往来。就中国本土而言,在市场和社会相对弱小的情形下,改革开放四十多年,政府持续赋权市场和社会,培植了能与政府资源整合、互补共洽的市场与社会,此时对社会治理整体而言,多样化的合作共融才成为可能。

如何合作?我们可以先从合作治理理论一路走过来的探索出发,寻求其可能的路径。合作治理一直试图区别于协同治理、协作治理、网络化治理和多中心治理,找寻自己独有的一套理论模式。学术界也因此展开了不同视角的探讨。从治理主体而言,合作治理强调主体的代表性和异质性,它是政府、社会、市场,甚至包括个人等主体间建立有效合作机制的过程;从治理目标而言,合作治理是为实现既多元又共同的目标,需要不断在政府和社会、营利和非营利部门之间进行自由裁量权的共享;从治理网络而言,移动互联网及相关数字技术在伙伴沟通、协调活动和建立持久关系这三个维度上推动了合作治理的网络集成,并大大提高了合作治理运行成功的概率;从合作治理的类型而言,可划分为"共生"与"依赖"两种类型,前者突出合作治理的双方资源对等、相互需要,双方通过相互嵌入其组织体系或行动路径以促进公共利益最大化,而后者由于资源或意愿不对等,合作过程中权力需要分配与调整,从而形成差异化的合作治理结构,例如政府的外包行为。②

---

① 闵学勤:《通往协商的基层在线治理及其演化》,《求索》2017 年第 11 期。
② 闵学勤:《互嵌共生:新场景下社区与物业的合作治理机制探究》,《同济大学学报(社会科学版)》2021 年第 1 期。

以城市社区小社会为例，伴随中国城市化率突破60%，以城市居住更美好为主题的新型城市化进程逐步取代大开发、大建设的粗放型城市发展模式，而其中百姓对居住品质、居住获得感的追求超过以往任何时代，单纯凭借基层政府的投入很难满足居民更高的品质追求。而来自市场的物业在1998年后开始被引入城区，其二十多年的发展历程远不足以成长为能够扛起基层治理重担的独立主体。同时，由居民自组织的业委会在缺乏法人主体地位的情况下，一直处于或难以成立，或难以良性运作的窘境。近年来，随着全国各地不断试水基层创新，基层社会如何做大做强成为社会整体精细化治理的突破口。步入"十四五"，无论政府抑或民间均将其视为中国基层社会治理的黄金五年，发改委、民政部、住建部、卫健委等部门多次联合发文指导基层社会的合作共融。就目前的战略部署看，"社区＋物业""社区＋养老""社区＋幼托""社区＋医疗""社区＋社造""社区＋团购"等以社区为领衔、以社区为载体、多方合作平互嵌共生的平台型、融合型治理模式即将呼之欲出，社区与物业合作共融的"物社联动"探索模式尤为瞩目。

近二十年来，在中国基层社会的治理结构中，社区与物业几乎各占治理权的"半壁江山"。起初是社区居委会依托五十多年的社区管理声望，在单位制式微、社区制兴起之初很快成为社区治理的主导，但随着物业按照市场法则通过对有物管小区的保安、保洁、维修等日常社区公共生活中刚需部分的有偿服务，物业在房地产市场突飞猛进之时曾经快速"蚕食"了相当部分的社会治理权。党的十八大以来，政府自上而下全方位推行党建引领，社区党委带领社区居委会很快再次赢得社会治理的主导权，笔者自2008至2019年在全国十大城市的持续调研印证了这点[①]。社区与物业经历这一轮治理权的波动，虽然已经意识到对方在基层社会治理中不可或缺的作用，但一个来自政府，一个来自市场，两者各有自主的治理逻辑，且由于基层负荷超大，双方都没有太多的余力考虑如何开展合作。2020年冬春之交开始的疫情打破了这一僵局。在"抗疫"面前，物业必须在社区和街道的统一安排下扛起安全重任，其间物业几乎无条件嵌入社会应急治理，与社区共同经历了三年多的"大考"。随着社区与物业的合作与共进退，他们在类似"七普"调查、文明城市检查等大型公共活动中也有高频度的合作，这为接下来社区与物业

[①] 闵学勤：《嵌入式治理：物业融入社区社会的可能及路径——以中国十城市调研为例》，《江苏行政学院学报》2019年第6期。

更广泛的互动合作打下了基础。

事实上,在基层社会,除了社区与物业外,社区与社会组织、社区与驻区单位、社区与业主、社区与技术公司等多主体、多形态的联合、联动、联盟时有发生,"三社联动""五社联动"等也正向政府、市场、社会和科技等多元共治、多元共融的方向发展。它是数字时代万物互联在基层社会治理中的一个微型缩影和实验载体,也是党的十九大提出的"人类命运共同体"在基层的可操作化落地实践。一方面,社会多元主体的培育已经历多轮公共事件的考验,各方的参与意识、合作意识都在同步提升;另一方面,在多方合作的背后有科技支撑,在数字技术的背后有八方联合、多元共治的机制创新,我们还需要在一定程度上打破条块分割,在一定区域内实现共治共享的真实场景。

综上,社会治理是一项极具动态性、复杂性、多样性的系统,社会治理创新也一直是学界、政界不懈探索的议题。改革开放前"小社会"的历史经验已表明全能主义政府的管控模式会陷入"一放就乱,一乱就统,一统就死,一死再放"①的恶性循环。对此,晏阳初、梁漱溟等早期社会学先驱们深刻认识到这一困境的突围需要另一股外在的自主性社会力量加以平衡,致力于乡村建设实验并提出社会补救方案,重建自下而上的社会治理轨道。单中心政治秩序的历史表明从"小社会"到"强社会"是治道的应有之义,中国治道要走出社会自主性、自治性阙如的困境。

国家与社会的关系是现代社会公共治理的关键,二者的力量纠缠将决定治道变革何去何从。将中国现代化发展及治道变革的图谱嵌入"国家—社会"关系范式的分析架构中,从国家中心论、社会中心论,到国家与社会互动论,显示出中国"强社会"建构道路的"何所向",即重点不在于讨论如何建构独立于国家的社会,而是意在打破国家与社会二元分立的模式,探寻如何在治理体系中建构社会与国家共在、共生、共融的关系。因此,围绕政社关系的重建,将社会带回国家治理体系中,营造开放性的现代社会,以"强政府、强社会"的嵌入性平衡为建构目标,是国家治理体系和治理能力现代化探索的重点。

"强社会"的治理建构是探索国家与社会互动关系的过程,亦是政府、公众及社会组织角色的重新定位,标划出社会发育、壮大以及政府适度收放、还权于民的

---

① 邓正来:《市民社会与国家——学理上的分野与两种架构》,载邓正来、亚历山大主编《国家与市民社会:一种社会理论的研究路径(增订版)》,上海:上海人民出版社2005年版,第477页。

双向互动轨迹,旨在建构政府、市场与社会良性互动的多中心社会治理格局。因此,社会治理精细化改革是政府治理能力提升和社会治理改革的统一过程。一方面,通过建构收放有度、有边界的强政府,将"有所不为"的领域放权给社会并寻求与公众、社会组织的协作联合;另一方面,各方社会力量积极承接社会公共服务并填充政府回退后的治理真空,以此推动政府、社会与市场等多元主体的领域边界和互动关系的转变,建立政府与公众、社会组织等多元治理主体共同参与、协商的伙伴关系。精细化理念强调以社会满意度为尺度,通过治理过程和流程的优化和机制创新对传统自上而下的全能主义管理模式加以修正[①]。具体而言,公众参与、社会组织建构、民主协商、在线治理等机制为社会治理自发、有序、有效地运转提供了动力与技术支撑。可以说,提高公众参与、培育社会组织是对治理主体社会化的关切,协商模式在治理程序中加入民主要素并搭建多方治理主体理性对话的公共空间,信息技术是对治理过程与运行轨迹智慧化的支撑。参与、组织、协商等治理机制有效地将多元化主体聚集在一起,建立政府、公众、社会组织之间跨层级、跨领域、跨时空的沟通互动网络,形成共在、共处、共商、共融的特殊场景,是实现"强政府、强社会"治理结构转型以及政社全方位互动的重要路径,为社会治理找寻突破口。

---

① 参见蒋源:《从粗放式管理到精细化治理:社会治理转型的机制性转换》,《云南社会科学》2015年第5期。

第五章
本土治理现状与经验研究

近年来,中国正致力于全方位推进治理现代化。在国家制度建设层面,从2013年中共十八届三中全会首次提出"国家治理"的概念、积极推进国家治理体系和治理能力现代化以来,治理的概念和内涵不断深化。2019年中共十九届四中全会强调坚持和完善共建共治共享的社会治理制度,建设人人有责、人人尽责、人人享有的社会治理共同体。这表明中国社会治理制度建设将更注重多元参与和人尽其责,并开始朝着实现治理模式的深度转变和系统优化而努力。这些顶层设计和制度安排强化了治理的重要性,也为基层推进社会治理指明了方向。

在地方治理实施层面,由于创新社会治理已经作为各个地方政府竞争的主要内容,不少基层在探索因地制宜的基层治理模式中,其治理能力也得到明显提升。特别是一些改革前沿地区,尝试将基层政府部分考核权、公共设施规划的征求意见权下放至城市社区,从而实现以社区建设为切入点、推动政府治理模式转型的改革目标,在推动基层政府运行模式的系统创新、构造社会组织发展新格局、激发基层自治共治内生动力方面产生了许多重要创新[1],同时普通民众在日常生活中也能感知基层治理创新的成果。

与此同步发生的还有信息技术革新带来的影响。近五年来,中国互联网以意想不到的速度狂飙突进,甚至有弯道超过欧美发达国家的迹象。技术变革对治理思维、治理方式、治理机制产生了巨大挑战,同时也为基层社会治理带来了新机

---

[1] 李友梅:《当代中国社会治理性的经验逻辑》,《中国社会科学》2018年第11期。

遇,推动基层政府利用互联网、大数据、云计算等信息技术找到治理创新的突破口。近两年在线治理领域比传统治理领域积累了更多的治理经验。

近些年来,由笔者带领的课题研究团队持续扎根基层治理领域的实证研究。2018年,在国家社科基金的支持下,课题组对全国10座城市(包含大、中、小三种规模)进行了有关中国治理现状的大规模抽样入户调查,最终获得5 000余份有效问卷。团队对收集到的数据运用SPSS分析软件进行分析,寄希望从民众日常对治理的感知中窥探目前中国治理的现状。除了在全国层面对治理现状进行问卷调查,近年来,笔者带领的课题研究团队也深入南京市鼓楼区、南京市栖霞区等基层社区的一线。在其中,笔者有双重身份:一方面以学者身份对这些社区的治理现状进行实证研究,另一方面秉持美国社会学家麦克·布洛维(Michael Burawoy)"公共社会学"的理念,强调社会学的公共关怀和道德担当①,以专家身份亲自参与基层社区治理的创新实践,作为多元主体中的一元推动基层治理真正走向协商对话和多元共治。在这一过程中,笔者尝试总结基层社会治理中可供借鉴和推广的经验。

第一节　基于中国十座城市调研的实证研究

中国十座城市的治理现状大型调研于2018年6月至9月开展。笔者带领的课题团队对北京、上海、深圳、南京、杭州、郑州、沈阳、西宁、无锡、扬州这十座城市进行PPS抽样的入户调查,意在探究目前中国社会治理的现状与问题。

课题组之所以选择这十座城市,是考虑到中国是一个疆域面积广、民族多样的大国,各区域经济社会发展差异显著,不同区域的治理水平参差不齐,在调研资源有限的现状下,课题组考虑尽可能覆盖城市规模、经济、社会和人文发展等各异的东、西、南、北区域,此外也关照这些城市差异化的发展路径及治理模式,从而能从对十座城市的调研中窥探全国的治理现状。

---

① [美]麦克·布洛维:《公共社会学》,沈原等译,北京:社会科学文献出版社2007年版。

一、中国十座城市调查样本结构分析

本次调查按照一、二、三线城市的抽样配比,通过 PPS 抽样方法,经培训后的研究生访员采取入户与被访对象进行面对面填写问卷的形式开展调查。课题组共计发放 5 440 份问卷,最终回收有效问卷 5 051 份,有效回收率达 92.7%。回收的有效问卷显示,其样本在性别、年龄、职业、文化程度及收入水平等结构上的分布具有较好的代表性。

从城市问卷数量分布来看,北京、上海、深圳、南京、杭州、郑州、沈阳、西宁、无锡和扬州的有效问卷数分别为 801 份、801 份、802 份、423 份、407 份、406 份、400 份、400 份、301 份和 310 份(见下图)。因考虑到北、上、深等一线城市的人口基数较大,其他二三线城市的人口基数较少,我们在抽样时进行了适当配比。

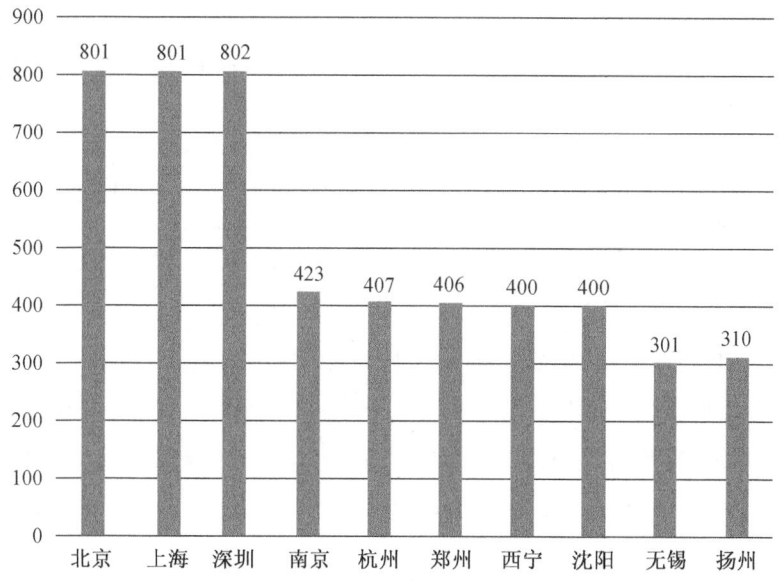

图 5-1 中国十座城市治理现状调研样本城市分布图

从性别分布来看,在有效问卷中,男性受访者为 2 876 人,占 56.9%,女性受访者为 2 175 人,占 43.1%。男女受访者基本呈现各占一半的趋势,基本符合人口统计学的数据特征。从受访者年龄分布来看,本次调查人群主要分布在 18~24 岁和 25~34 岁两个年龄段,占比分别为 30.3% 和 42.4%,35~44 岁的群体占

14.8%,调查群体中 18 岁以下、55~64 岁和 65 岁及以上的人群相对较少;从受教育程度来看,被调查对象中受教育程度为大专及本科的群体分别占 23.8%和 45.7%,是本次调查中最主要的群体,二者加起来的占比接近七成。其余受教育程度的被调查对象共占比 30.5%,其中受教育程度为小学及以下和博士的被调查对象最少,占比均未超过 1%,这与我国民众整体受教育程度的分布状况类似;从职业分布来看,在被调查对象中,企业普通职员所占比例最高,为 34.2%,事业单位普通职员占比为 13%,两者占被调查对象近一半的比例,政府官员、普通公务员、事业单位中高层领导、企业中高层管理者、私营业主、个体户、军人、学生、离退休人员、下岗失业人员、农民、自由职业者及其他等职业的被调查对象占比约 50%;从被访者收入来看,收入为 5 万~10 万、10 万~20 万的被访者分别占 28.9%、22.6%,为被访者中的主力群体,其他收入群体占比约为 50%,基本符合目前中国城市人群的收入特征,即中等收入群体较多,高收入群体和低收入群体相对较少。综合之前的受教育程度和职业来看,本次调查的中产阶层群体最多,占比 50%以上。

二、中国十座城市治理现状分析

在前文所述的"强政府—强社会"双强模式中,治理既离不开政府部门的引导,也离不开社会力量的参与,二者缺一不可。因此,在治理过程中,行动主体是多元的,既包括基层政府、地方政府、中央政府等国家机构,也包括作为个体的公众、社区、组织化的各类非营利机构、大小私营部门等社会力量。就政府角色而言,改革以来,政府一直在探索简政放权,将部分权力适度下放给社会。然而政府管理或治理方式也有路径依赖,全能政府仍在某些领域有所体现。在治理现代化的进程中,政府需要改变传统自上而下的"家长"角色,积极朝向推动者、协调者、监管者和仲裁者等角色转变。社会也需要改变以往依附于国家或政府的角色定位,以协商者、对话者的身份主动参与到治理中,如此才能形成强政府与强社会的强强联合,共同推动治理现代化。

(一) 治理体系中政府与社会角色期待

基于以上对"强政府—强社会"的分析,结合中国作为大国治理的历史文化基础、社会结构变迁、社会组织成长和社会阶层演进,本章设计了政府—社会的角色框架①。在此框架下，关于政府治理角色和能力的判断，笔者设计了6个变量，分别为"城市或周边区域有发展定位及规划"(Q1)、"政府有整合资源、搭建平台的能力"(Q2)、"政府鼓励并孵化社会组织成长"(Q3)、"经常有各类、各级社会创新在推动"(Q4)、"政府有应对各种公众诉求的能力"(Q5)、"政府有监督各类政策和各级主体运行的能力"(Q6)。在社会层面，笔者从参与模式、组织建构、阶层融合、参与文化等维度出发对6个变量进行了操作化，分别是"有便捷的建言或参与社会活动的平台"(Q7)、"周边时常能接受到社会组织的服务"(Q8)、"有机会参与公共事务的协商"(Q9)、"时常可在线了解或参与社会事务"(Q10)、"社会各阶层融洽相处，各得其所"(Q11)、"居民有参与社区自治的意愿和能力"(Q12)。

为了更深刻、系统地探究现代治理中政府—社会角色结构，笔者运用2018年十座城市社会治理调研数据库，将上述12个变量(Q1~Q12)纳入进行了验证性因子分析。因子分析结果显示，KMO统计值(0.952)超过0.9，Bartlett's球性假设检验(Sig.<0.001)通过，并生成了两个特征根大于1的主成分因子(详见表5-1)。分别对两个因子有着最大贡献的变量，其构成生成"社会治理"(F1)和"政府治理"(F2)两个治理因子，两个因子各自贡献了39.81%和36.16%的方差，合计对城市治理贡献了超过3/4(75.97%)的方差。

从分析结果来看，相比"政府治理"因子，"社会治理"因子贡献稍高，影响其生成的关键变量按因子载荷值大小排序依次是"协商参与"(Q9,0.846)、"阶层融合"(Q11,0.840)、"在线参与"(Q10,0.826)、"自治文化"(Q12,0.776)、"组织服务"(Q8,0.756)、"参与机制"(Q7,0.684)。即全国十座城市的5000多位被访者认为，社会层面从参与平台的搭建、参与路径的选择、参与技术的升级、参与文化的建构到参与阶层的共融等方面亟待全方位的形塑和评估。在"政府治理"因子构成中，因子载荷大小表明，政府的整合能力(Q2)是最凸显的要素，随后依次为鼓励并孵化社会组织成长、城市及社区定位及规划、推动社会创新、应对公众诉求及监督社会主体运行。这一因子载荷分布说明，被访者对中国治理的期待是政府在城市"去中心"结构中履行主导和协调职能，同时在多元主体参与的治理中，需要社

---

① 本章阐述的对2018年十座城市社会治理调研数据库进行的因子分析和综合指数分析的过程，参见闵学勤、陈丹引：《平台型治理：通往城市共融的路径选择——基于中国十城市调研的实证研究》，《同济大学学报(社会科学版)》2019年第5期。

会和政府多方共担责任,为避免多元主体参与治理时的分散性和碎片化,仍需拥有更多主导能力的政府在其中进行整合和调和。

表 5-1　社会治理和政府治理因子分析

关键贡献变量	社会治理(F1)	政府治理(F2)
Q9. 有机会参与公共事务的协商	0.846	
Q11. 社会各阶层融洽相处,各得其所	0.840	
Q10. 时常可在线了解或参与社会事务	0.826	
Q12. 居民有参与社区自治的意愿和能力	0.776	
Q8. 周边时常能接受到社会组织的服务	0.765	
Q7. 有便捷的建言或参与社会活动的平台	0.684	
Q2. 政府有整合资源、搭建平台的能力		0.858
Q3. 政府鼓励并孵化社会组织成长		0.825
Q1. 城市或周边区域有发展定位及规划		0.810
Q4. 经常有各类、各级社会创新在推动		0.777
Q5. 政府有应对各种公众诉求的能力		0.677
Q6. 政府有监督各类政策和各级主体运行的能力		0.645
方差贡献率	39.81%	36.16%

注:KMO=0.952,Bartlett's 球性假设检验 Sig.<0.001。

(二) 社会治理滞后于政府治理

近年来,粗放式的行政管理模式亟须变革,互联网技术、信息技术、大数据等技术的狂飙猛进为政府的治理带来了新的契机,国内城市政府的社会治理创新比以往任何时候都更活跃,中央顶层设计层面也对治理平台的搭建提出了要求,如《国务院关于印发促进大数据发展行动纲要的通知》明确提出,要依托现有平台资源,在地市级以上(含地市级)政府集中构建统一的互联网政务数据服务平台和信息惠民服务平台。地方政府也积极利用新技术,尝试在城市的竞争中抢占先机,诸如公共服务平台、"一网通办"和"城市大脑"的涌现,都加速了政府治理的创新。基于此价值动因和现实基础,在上文因子分析结果的基础上,笔者运用综合指数法,生成了"社会治理指数"和"政府治理指数",并分别计算各城市在两大指数上的得分,以此来观察十座城市在政府治理和社会治理上的各自表现。

从表5-2可见,在调查的十座城市中,"政府治理指数"得分均高于"社会治理指数"得分,十座城市的"政府治理指数"均分为7.43,而"社会治理指数"的均分仅为6.94。对于中国"政府治理指数"得分更高,我们可以理解为政府主导的治理创新、治理现代化进程中社会力量的参与仍处于弱势地位。总体而言,在过往的大政府路径依赖和体制惯性下,各城市的治理均显现出社会治理滞后于政府治理的现状。

表5-2 十座城市"社会治理指数"和"政府治理指数"得分比较

城 市	社会治理指数	政府治理指数
北 京	6.41	7.21
上 海	7.32	7.18
深 圳	7.17	7.78
南 京	7.28	7.65
杭 州	7.70	8.15
郑 州	6.24	6.75
西 宁	6.58	6.94
沈 阳	6.27	6.49
无 锡	7.34	7.74
扬 州	7.17	7.38
总 体	6.94	7.43

注:满分为10分制。

(三) 一线城市、长三角地区治理成绩显著

如果分城市来看,不同规模、不同区域的"政府治理指数"和"社会治理指数"也有差异化的表现,体现了不同的治理模式和治理水平。

在"政府治理指数"方面,得分最高的城市为杭州,得分为8.15(10分为满分),紧随其后的为深圳、无锡、南京、扬州、北京及上海,这些城市均为一线大城市或长三角地区的城市。"政府治理指数"排名位于最后的三座城市为西宁、郑州和沈阳等经济相对不发达的城市。

一线城市受区域面积大、居住人口多、人口结构复杂等因素的影响,治理规模大,需要较为强大的政府在治理中占据主导地位。加之雄厚的经济实力,政府也有实力和资源来提升其治理水平。近年来,一线城市均通过互联网、大数据等信息技术抢占先机,数字化为城市竞争开辟了新的赛道,加快了诸如电子政府、智慧城市的建设,使得一线城市的政府治理成绩能为普通民众所感知。长三角地区五个城市的政府治理方面表现优秀,与长三角地区整体的政府治理能力一直走在全国前列有关,政府改革带来的成效也有目共睹。如杭州是在电子政务的建设方面行动得最早的几个城市之一,近些年又联合诸如阿里巴巴等大型互联网企业,利用大数据、人工智能、云计算等信息技术,建设"城市大脑",实现交通、医疗、卫生、教育等各个领域的精细化治理。江苏的南京、无锡、扬州在政府治理方面的得分不俗,与江苏持续进行政府改革创新有关,不仅率先在全国实现"不见面审批(服务)",作为信息产业发展领先区域,江苏也在积极布局大数据产业,推进政府大数据治理。

在"社会治理指数"方面,得分最高的城市也是杭州,得分为7.70。"社会治理指数"得分位于第2～6位的城市是无锡、上海、南京、深圳、扬州,得分依次为7.34、7.32、7.28、7.17和7.17,均高于7分。在一线城市中,仅有北京的"社会治理指数"得分没有超过7分,得分为6.41,比西宁的6.58还要低;"政府治理指数"处于最后两位的沈阳和郑州,其"社会治理指数"也排在末尾,仅为6.27和6.24。

社会治理水平的高低与城市社会组织的培育、社会力量的参与以及民众的自治度等密切相关。其中社会组织数量的多少能直观显示该区域内社会力量的强弱大小。由民政部主办的中国社会组织公共平台网①上的大数据平台显示,长三角地区的社会组织数量远高于全国其他区域,其次为珠江三角地区、四川重庆地区,这也能用来解释为何长三角地区社会治理水平相对较高。具体到本次调研十座城市的社会组织数量,该网站2020年8月的实时数据显示,社会组织的数量从高到低依次是:上海为16 646个,南京为15 144个,杭州为11 242个,深圳为10 963个,沈阳为6 780个,扬州为6 550个,无锡为6 501个,郑州为5 565个,北京为4 548个,西宁为1 174个。北京的社会组织数量不仅远远低于长三角地区,甚至不

---

① 详见中国社会组织公共服务平台官网,http://chinanpo.gov.cn/index.html。

如沈阳和郑州这两个城市,而北京的"社会治理指数"得分仅为 6.41,排在十个城市的倒数第三位。处于珠江三角洲的超大城市深圳的社会组织数量为 10 963 个,和长三角的南京、杭州相比有一些差距。深圳社会治理指数得分为 7.71,紧随长三角的五个城市之后。

(四) 长三角五座城市政府与社会治理更均衡

在"强政府—强社会"模式中,政府与社会治理力量势均力敌才是最佳状态。本研究也对比了"政府治理指数"和"社会治理指数"得分的差异。总体来看,长三角内五座城市的政府与社会力量对比差异较小,在公共治理领域呈现均衡发展态势。

具体来看,杭州的政府治理和社会治理都处于高位,这与互联网、大数据等新型技术在杭州的市场和社会领域领先一步有相当关联。作为国际化大都会、长三角龙头城市的上海,在"政府治理指数"和"社会治理指数"表现方面相较其余两个超一线城市(北京和深圳)更加均衡。北京("社会治理指数"和"政府治理指数"分别是 6.41 和 7.21)和深圳("社会治理指数"和"政府治理指数"分别是 7.17 和 7.78)均呈现"政府治理"更"强"于"社会治理"之势,尤其是作为政治中心的北京。分析"社会治理因子"6 个变量的具体得分,在"有机会参与公共事务的协商"和"社会各阶层融洽相处,各得其所"上,北京均低于 6 分,深圳也均未超过 7 分。超大型城市的政府集聚了更多的资源,力量更强大,同时快节奏、高强度、多流动的城市生活也多少限制了公众的社会参与。为了建设更包容、平等、开放、可持续的城市,政府仍需构建并畅通参与路径,发掘和培育参与主体。

(五) 北部西部城市治理相对落后

从区域对比来看,政府治理和社会治理两大指数得分大致呈现从南到北、由东到西递减的趋势。经济相对不发达的郑州、沈阳和西宁的"社会治理指数"和"政府治理指数"得分落后,即便是国家政治中心的超级大城市北京,社会治理水平也与长三角区域的城市有较大差距。其中西宁的"社会治理指数"和"政府治理指数"分别为 6.58 和 6.94,沈阳为 6.27 和 6.49,两类指数的得分差异在 0.4 以内,政府治理和社会治理发展相对均衡,但都处于相对落后的状态。而北京的"社会治理指数"仅为 6.41,与"政治治理指数"的 7.21 有 0.8 的差距。作为中部中心城市的郑州,"社会治理指数"得分是 6.24,"政府治理指数"得分是 6.75,两大指数得分相差 0.5 以上。以上数据的对比说明,这些城市在加强政府治理的同时,更应注重孵化社会组织、鼓励社会参与的力量。

三、十座城市研究启迪:政府与社会的共融共治

在政府、市场和社会的三角关系中,如果说市场主要用以应对人们各类经济生活之刚需,那么其他有关人们对公共生活、美好生活的升级版需求则主要由政府和社会协同合力来完成。在"强国家—强社会"模式下的治理现代化,关键在于政府与社会的角色扮演及互动、互构方式,即政府有责任、有能力、有担当,社会层面可参与、可协商、可融入。

十座城市的实证研究表明,在 5 000 多位被访者心目中,一个城市的良好运营是由政府与社会几乎平等的输出和共同贡献来达成的(方差贡献仅相差 3.65%)。在所有 12 个关键变量中,一马当先的是"政府有整合资源、搭建平台的能力"(Q2,详见表 5-1),主成分系数达到最高值 0.858。也就是说,民众对政府的首要期待为政府有足够的资源整合能力,其次为政府要赋权社会组织、谋划平台发展、孵化创新力量、应对公众诉求和监督政策施行等。

虽然社会力量的薄弱、社会参与治理不足是目前的现实情况,但十座城市被访者对城市治理的另一端的支撑力量——社会的参与治理——已经有较为深入的理解,也有较高的期望,公众期待社会治理与政府治理能够无缝对接、互补互构、共治共融。

同时,信息技术的发展也为城市治理带来了新的契机,有望改变社会力量薄弱的现状。信息及其蕴藏的价值的分散化实现了对社会及公众的自动赋权,促使政府与多元社会治理力量分享社会治理的权力。信息资源在政府、市场、社会及个人之间进行了重新分配,赋予了企业及社会组织更多参与社会治理的机会,实现从单向度管理向协同化治理的逐步转型。普通民众、信息企业、社会组织机构以及专家学者都成为治理不可或缺的成员,当越来越多治理主体加入大社会治理创新中来,就形成"政府+市场+社会"的多元主体参与的协同治理模式,形成"一大众大"的现代治理格局。

第二节 基于南京基层社区治理的创新实践

一、南京鼓楼的协商治理

协商理论起源于西方民主国家,在20世纪后期与治理理论汇合,日渐成为一种新型公共治理范式。与此同时,中国也积极将民主协商的传统纳入现代国家治理体系中。2015年,中央两办连发《关于加强社会主义协商民主建设的意见》《关于加强城乡社区协商的意见》两份重磅文件,预示着中国从顶层开始重视并部署协商治理战略。2019年的中共十九届四中全会又在党的十九大以来我国社会发展新形势、新变化的基础上,从加强国家治理体系和治理能力现代化出发,对社会治理体系做出创新,正式将"民主协商"纳入社会治理体系中。

在众多顶层设计和相关制度出台之前,不少基层社区已经在尝试将协商和治理二者结合起来探索"协商治理"的实操路径。由于单位制的逐步解体,中国普通民众无法以"单位人"的身份共同生活在同一空间下,同时消亡的还有对这个聚集空间的归属感。如今拥有商品房的城市居民占到八成以上,民众希望在居住的社区寻求认同和归属感,但社区居委会的式微、物业公司服务的不尽如人意以及业主委员会力量薄弱等,都无法让民众直接获得归属感,也促使民众在社区生活中寻求新的途径来赢得参与社区治理的机会。集协商民主和社会治理理念于一体的协商治理,为社会治理的操作性带来机会。在回应如何在多主体并存下进行社会治理这一关键性问题时,多轮协商的模式成为首选,这使得有十多年议事经验的基层社会更愿尝试协商治理。在此背景下,包括北京市东城区、上海市静安区、江苏南京市鼓楼区、江苏苏州市姑苏区、吉林长春市朝阳区、山东潍坊市奎文区、贵州安顺市西秀区、河北廊坊市广阳区、江苏南昌市红河滩新区、四川成都市温江区和河南焦作市等均开展以社区协商为主题的社区协商实践①。

鼓楼区是江苏省南京市的中心城区,区域面积为 53 平方公里,常住人口约为 110 万,下辖 13 个街道 118 个社区。2015 年,鼓楼区被民政部认定为第三批"社区治理与服务创新"实验区。2015 年至 2018 年,鼓楼区以创建"全国社区治理和服务创新实验区"为契机,围绕"构建社区协商体系、深化社区居民自治"实验主题,在全区 13 个街道 118 个社区展开从议事会向社区协商转型的实验,为城市社区基层社会治理提供"鼓楼样本"。

(一) 协商治理:从理论到实践

1. 西方协商治理理论研究

协商治理虽然受到东西方理论和实务界的追捧,但一直以来,它的内涵并不十分清晰,边界也略有模糊。西方的协商治理理论起源于协商民主。所谓协商民主,是指公民经由一定的程序,通过自由而平等的公共讨论,对公共事务形成较为理性的认知,进而在公共决策中发挥基础性作用的一种民主形式。协商民主作为一种新的民主理论和实践,是对当时欧美主流的自由民主模式进行批判和反思的结果。理想状态下,代议制民主体现了民主的基本价值,即政治合法性来源于人民的授权和同意,通过选举代表人统一行使协商和决策的权利,并且这些代表人能够充分反映公众普遍的意愿。但现实往往出现偏差。许多学者指出,自由民主难以实现实质上的平等,在政治生活中被视为代表人民主权的国会却往往沦为执政党控制的工具,而政党又被少数领袖或精英政治家所操纵,民主成为少数精英的工具,公共利益常常被忽视,决策如何科学化、制度化的问题亟待解决,因此需要一种更广泛的民主参与机制。在这一背景下诞生的协商民主理论倡导更多公民参与,进行以公共利益为导向的对话协商,强调通过公民之间平等理性的公共讨论,在双方理解的基础上寻求合理、合法的民主决策,从而对民主政治的状况加以改进和完善。

协商民主不仅在理论上得到了发展,其本身也在西方国家的各领域被有效运

---

① 参阅民政部网站关于 2015 年 8 月 18 日"民政部确认 40 个全国社区治理和服务创新实验区",http://www.mea.gov.cn/article/zwgk/mzyw/201508/2015080865293.shtml)和 2016 年 6 月"关于'2015 年度中国社区治理十大创新成果'的公示"(htp://www.mca.gov.cn/article/zwgk/tzL/201606/2016060000 707.shtml)。

用。哈贝马斯更强调建构的理性与自治,认为沟通理性是一种对话式、反复辩证的理性,理想的沟通情境保证沟通是自由的,而自由讨论的关键是公开性,必须进行公开的沟通讨论,不断持续进行直到达成非强迫的一致认识①,并由此推演至以沟通理性为基础的协商式民主。

协商民主的理念包含协商目标的凝聚共识、协商主体的地位平等、协商过程的公开对话、协商方式的包容差异和协商原则的直接参与等特征,其关键词包括"对话、切磋、讨论、听证、交流、沟通、商议、辩论、争论"等。经联合国人居署在全球范围内选取若干城市进行实地调查后确定的治理五大核心原则为"有效、平等、参与、责任和安全"。俞可平针对中国的治理,将治理的特征总结为"合法性、透明性、责任性、法治、回应和有效性"等②。这使得治理与协商在从理论到实践的层面存在一致性。作为治理形式的协商民主理论的方式方法运用于社会治理实践的过程中便形成了协商治理。协商治理的核心思想是政策制定需要提供一个由不同的中介、团体、积极分子以及公民个人集中就紧迫的社会问题进行公共协商的平台③,是一种更具效率和精细化的制度形式。协商治理为西方国家公民在政治民主参与、社区公共决策等方面提供了有效途径;同时在具体实践上,协商治理十分注重协商程序的设计,如对参与者、主持人、协商模式、协商议题的搜集等都有明确规定,使得协商治理成为相对规范化的操作。在实践上,协商治理以巴西阿里格雷港市1989年的参与式预算改革为早期的典范,后来这种预算方式快速扩散到世界多地,并被誉为全球性的治理创新④。

2. 协商治理理论来到中国

中国具有典范性的协商治理实践可以上溯到外国协商民主理论的引进,中国的学者开始在该理论的视角下看待本土的协商治理实践。

2012年是中国协商研究的转折年。这一年,党的十八大报告指出,"社会主义

---

① J. Habermas, *The Theory of Communicative Action* (Vol. 1). Boston: Beacon Press, 1984, pp. 205 – 240.
② 俞可平:《治理与善治》,北京:社会科学文献出版社1999年版,第9—11页。
③ Maarten Hajer, "A frame in the fields: Policymaking and the reinvention of politics", In *Deliberative Policy Analysis: Understanding governance in the network society*, Edited by Maarten Hajer and Hendrik Wagenaar, Cambridge: Cambridge University Press, 2003, pp. 88 – 110.
④ 张敏:《协商治理:一个成长中的新公共治理范式》,《江海学刊》2012年第5期。

协商民主是我国人民民主的重要形式"。2013年,党的十八届三中全会提出,"推进协商民主广泛多层制度化发展,开展形式多样的基层民主协商,推进基层协商制度化"。2019年,党的十九届四中全会在我国社会发展新形势、新变化基础上,从加强国家治理体系和治理能力现代化出发,对社会治理体系做出创新,正式将"民主协商"纳入社会治理体系中。中国语境成为协商治理和协商民主研究的主导性语境。理论界,众多学者用协商治理的理论解释中国的现实情况,如用协商治理理论分析上访事件[1]、垃圾焚烧厂的城市邻避冲突[2],也有学者开始探讨将协商治理理论运用到社区日常事务中[3]。分析协商治理理论在国内受欢迎的原因,主要是"社区弱参与,社区冲突和社区自治等问题,协商式治理能够最大范围地激起公众参与,对社会治理的公开性和回应性特征也能做最大程度地响应"[4]。

此外,基层社区的协商治理实务操作层面,涌现了一大批案例。但协商治理在中国的实践缺乏程序界定及成效检验,与真正意义上的协商治理有一定距离。下文分享了笔者研究且亲身参与的鼓楼协商治理的案例,希望能在基层社区治理中实施较为规范化的协商治理,科学观察协商治理给社区带来的变化。

(二) 鼓楼协商治理的启动

鼓楼协商治理的起点是2015年3月。在拿到民政部关于申报第三批"社区治理和服务创新"通知后,鼓楼区从中选择了"完善基层协商、增强社区自治功能"这一主题,希望"通过在鼓楼区全面导入社区协商的理念和实践,提升社区居民的福祉并增强其自治能力"[5]。吸引基层领导和社区的,不仅是"协商"和"自治"这两个关键词,更重要的是鼓楼推行议事会近15年已走到了瓶颈期,急需新的理念来打破僵化;同时,鼓楼区内一些老小区为无物业小区,其管理出现的问题也需要一种有效的治理方式来解决,此时引入的协商理念则切合了基层政府和社区的多方需求。

---

[1] 何宝钢:《协商民户与协商治理:构建一个理性且成熟的公民社会》,《开放时代》2012年第4期。

[2] 刘超:《城市邻避冲突的协商自制力——基于湖南湘潭九华垃圾焚烧厂的实证研究》,《吉首大学学报(社会科学版)》2016年第5期。

[3] 闵学勤:《社区理事制:从社区管理到协商治理》,《江苏行政学院学报》2016年第3期。

[4] 闵学勤:《社区协商:让基层治理运转起来》,《南京社会科学》2015年第6期。

[5] 闵学勤:《社会实验:嵌入协商治理的可能及可为——以南京市鼓楼区社区协商实验为例》,《人文杂志》2016年第3期。

鼓楼区在 2015 年 5 月 15 日召开"13 个首批试点社区座谈会"、6 月 12 日召开"鼓楼区全国社区治理和服务创新实验区暨社区协商案例分享会"以及 7 月 11 日开展所有 13 个街道参与的"社区协商与社区治理"初次培训后,为尽可能快速地在全鼓楼区范围内推广社区协商,快速出炉 27 个试点社区名单。这些社区基本代表了鼓楼 118 个社区的大部分形态,有商品房社区、单位社区,也有保障房、小产权房和村改居社区。随着专家团和民政局工作人员开始下街道、下社区边调研、边培训,导入社区协商的理念和行动法则,原有的议事会机制就成了推行新型社区协商模式不大不小的梗阻。鼓楼区推行议事会较早,此次尝试协商治理,从街道领导到社区居民(以社区积极分子为主),即便懂得基层协商,但普遍对议事会建制下还要推行社区协商表示困惑,社区协商相比议事会能有多大差异呢?协商,顾名思义即协同商议,和以往社区推行的党员议事会相比,从理念、主体、内容、路径到决策、执行,都存在差异。

表 5-3　社区协商内容

社会协商内容	决策性协商	社区财务预决算
		社区居委会选举
		社区业委会选举
		……
	听证性协商	社区物业变更
		社区周边建设
		调用维修基金
		……
	协调性协商	社区邻里纠纷
		社区环境治理
		社区安保加强
		……
	咨询性协商	社区养老议题
		社区文化活动
		社区教育培训
		……

社区协商是指针对各类社区的公共事务，由社区居委会组织的协商，但提案或协商过程由社区居民把控，且协商内容及社区内所有公共事务，不单纯是自上而下的行政事务或重大冲突性事件。笔者将其总结为决策性协商、听证性协商、协调性协商和咨询性协商，涉及社区方方面面、大大小小的事务（见表5-3）。相比之下，议事则是有事则议，无事则停，参与议事的经常是社区党委加上几张"老面孔"。对于社区的日常工作来说，大型公共事件、冲突性事件毕竟很少，那么，如何在社区日常公共事务的解决过程中将更多社区居民汇集起来？

具体来看，社区协商的内容泛而广，诸如上表中涉及社区中短期规划、周期性民主选举的决策性协商，有利于培育社区居民的主体意识和民主意识；征求各方意见的咨询性协商，实则是激发居民的参与能力，同时也需调用居民的社区社会资本；听证性协商和协调性协商更易培育居民的维权意识和公共意识。事实上，如果社区协商能如表中所列举的那般展开，就意味着社区居民已被赋权，他们有权参与、有权决定社区内任何一项公共事务。凭这一点，社区行政力量强势介入的自上而下议事会与多元主体协商对话的协商理论就有本质上的差异。除去对基层协商的概念、如何开展协商本身持有困惑外，在接受协商理念导入、协商规则培训时，他们对居民参与协商的可能性、协商的合法性、协商是否一定会有决策等也充满困惑。

"我这个社区有13个院落，议事的前提是需要了解这件事，就事论事。社区的事情都是你家长我家短的小事，没有什么上纲上线的大事。如果有大事发生，根本也不需要议事了，没有涉及其利益，是不会有人出来的。目前没有涉及整个社区的事情，都是小区内的事情，比如生活设施发生改变、居民有激进行为等。这是我最大的困扰。"（天正和鸣社区访谈）

课题组从2015年8月19日起进入第一街道——中央门街道调研，到12月10日进入最后一个街道——阅江楼街道，在将近四个月的时间里，一边调研，一边带着不断深化的协商理念、越来越清晰的协商规则和比较接地气的协商模式走完了13个街道，街道和27个实验社区的工作人员配合参与了接下来为期3年的社区协商实验。

(三) 鼓楼协商治理的模式

在鼓楼协商治理的实验正式开始之前,基层政府比我们想象中更为积极主动。2015 年 3 月至 8 月,基层政府开展了 5 个多月的培训、案例分享和实验后,才获批民政部的"社区治理和服务创新"实验区项目。基层政府通过走访、调研、培训,对协商治理已经有了初步概念,希望能积极引入新的协商理念,改变过去日渐僵化的议事会。但大部分社区居民对此并不了解,他们中只有楼栋长、单元长和部分积极分子参与了协商培训,或分享过协商案例,当社区赋予他们决定自己社区的公共事务的权力时,他们还并不知自己被赋权。协商治理的第一阶段必须让居民被带入,为他们搭建合理合法、自主高效的协商平台。

1. 建构协商平台

在正式开展协商事务之前,我们需要为协商的各个主题搭建一个平台,通过协商平台的创建或改建来带入更多的社区居民。这一进程中最大的梗阻不是实验社区主任书记有无积极性、有无主动性,而是由来已久的社区弱参与。

"工人新村社区附近都是私人企业,社会责任感不强,跟社区没有太多的联系。我们之前去这些单位跑过多次,但每次都被拒绝。居民参与社区事务的热情和责任感不高,民主议事不能解决所有事情,有的需要借助政府的力量。所以,我们希望成立理事会,使社区协商的流程能够更加完善,但存在很多现实困难。"(工人新村访谈)

而一旦社区在此之前已经解决了弱参与问题,那么搭建协商平台几乎就是水到渠成的事情。

"我们的一个社工带领 300 户居民,每年都要对他们进行走访,哪怕在这 300 户居民没有时间的情况下,就是在路上碰见,也去和他们交流,让他们提意见。老旧小区的问题无非是环境的问题、安保的问题和停车的问题。我们社区的居民参与意识是非常强的,你做的一些事情,老百姓都看在眼里。我们通过 QQ 群,通过 300 户的走访来和大家交流。有些老人不会用 QQ,他们的子女会用,大事小事,我们都通过民主协商。我们成立'民主协商同盟会',包括骨干居民和驻区单位代表,小事当场解决,遇到大事,我们就坐下来协商解决。"(安乐村社区访谈)

鼓楼的协商治理实验开始尝试"社区理事会"这一协商平台。具体来说,社区理事会以社区居民自主应对和协商解决社区公共事务为主旨,理事由居民、社区居委会和驻区单位代表组成,理事会日常运作的主要形式就是共商社区事务,为居民谋福祉,协商将成为一种共识、一条路径和一种常态嵌入社区理事会建构和运作的全过程①。

采用理事制主要是考虑到未来可以参照民办非企业的理事化运作模式,有选举、有聘期。对居民而言,社区无小事。居民若被推选为社区理事,以理事身份参与协商将被赋予更多的尊重和权限。课题组希望通过协商平台的创建或改建带入更多的社区居民,并通过协商平台常规化的运作撬动一直以来自上而下趋行政化的议事会形态,推进自下而上的提案制、理事制等协商惯习。

2. 选择协商模式

需要协商的事在社区时有发生,而协商平台可能还未搭建完成、运转良好。如何弃"议"从"商",将理想中的协商落地是最迫切的事。其实协商从来都是个技术活,从协商人员的抽样、协商进程的把控到协商决策的合法执行等无一例外都需要精心策划、有效实施。② 城市基层多年来忙于应付行政下沉事务,虽然一直在探索可以持续运用的社区治理模式,但通常迫于人手和时间的紧张,走粗放式、非技术路线,以尽快交差、迅速"唱响"为主旋律。而就协商广泛整合多数居民意见这一点,对实验社区的技术治理、精准治理都是不小的挑战。

笔者曾将协商的模式划分为滚雪球模式、精英模式、理事模式、全员模式、云协商模式和全景模式等③,前三种模式基本是个体导向,由事件的利益方,或社区的日常精英,或有提案权的社区理事等来开展社区公共事务协商;后三种模式基

---

① 闵学勤:《社区理事会:从社区管理到协商治理》,《江苏行政学院学报》2016 年第 3 期。
② Fishkin Jame, *When the People Speak: Deliberative Democracy and Public Consultation*, Oxford: Oxford University Press, 2009.
③ 闵学勤:《社区理事会:从社区管理到协商治理》,《江苏行政学院学报》2016 年第 3 期。

本是机制导向,全员模式建立在社区已有常规的全员参与惯习的基础之上。云协商倡导协商与互联网技术相结合,形成线上协商机制,全景模式描绘了360度线上线下的协商图景。在众多模式中,云协商最受追捧,新门口社区、安怀村社区、天正和鸣社区、安乐村社区、三汊河社区和多伦路社区等率先利用微信平台进行云协商的社区很快尝到了甜头。

"现阶段,我们也在通过微信进行观察,商量怎么发言让群成员不反感,怎么站在居民的立场上对社区的活动发声……关于健步走的想法主要来自马拉松。这一年,这个活动太热了,所以我们想到用马拉松的形式开展健步走,用院落组团的方式增加院落居民之间的联系,因为下一阶段,微信群超过100人后,势必需要居民一起互动才能有增量。我们办有质量的活动,让居民愿意通过进微信群知晓社区活动。"(新门口社区访谈)

随着鼓楼社区协商治理的不断推进,在线治理也随之发展起来,于是云协商越来越受到推崇。后期,为了吸引更多社区中青年群体加入社区公共事务协商,基层政府也积极推进云协商的方式。

3. 构建协商文化

理论上,基层被赋权组织协商,让其倾听多元声音,与社区是否能在外力刺激下生成协商文化有很大关联。这里的协商文化孕育于社区的整体环境,如社区居民的日常参与度、社区领头羊对协商的认知、社区是否能快速形成行之有效的协商制度、社区有无重大事件协商成功的先例等等。不过,区政府不断给实验社区各种协商理政政策支持、协商模式选择和协商制度供给,27个试点社区纷纷寻找自己的协商文化,或建构或改良。热河南路街道小桃园社区在原有"有一说一"工作室的基础上,将每月11日固定为"协商日"。协商日的轮值主席从社区工作人员已扩大到30多位社区居民。从一开始的无人知晓,到现在居民等到协商日拿着提案进门协商,小桃园的居民满意度排名于2015年底上升至鼓楼118个社区之首。宝塔桥街道依山郡社区在原有的社区理事基础上增加2位监事,主要负责协商过程中的公正合法和协商决策的有效执行,并形成依山郡理事监事职责的"双十协定"。华侨路街道的慈悲社社区一直推崇国学文化,有位博士居民坚持七年来每月在慈悲社社区开设国学课。针对公共事务的协商,特别是协商程序和协商礼仪与国学文化相通相融之处,慈悲社社区在国学培训班的基础上建构了协商平台。

(四)鼓楼协商治理的成效

通过成功创建"全国社区治理和服务创新实验区",首选进入协商治理实验的27个小区已经陆续形成社区理事制、云协商、协商邀约制、"有一说一"工作室、"2+2"线上线下协商等一批符合街居实际的特色协商模式。鼓楼区社区协商体制机制更加完善,基层社会治理水平得以有效提升。在第三方开展的社区居民满意度问卷调查中,2018年,全区118个社区平均得分达84.81分,同比增长4.6%。总结一下,鼓楼的协商治理成效可以概括为以下三个层面。

1. 社区基层治理难题破解

社区治理传统议事会制存在议而不决、决而不施的弊端,协商治理则希望在日常的协商中解决基层社区中的各类问题。小到停车、卫生、交通、安保等日常事务,大到冲突类重大事件,协商过程也是问题决策的过程。在作为试验点的三年中,鼓楼区有不少通过协商解决的社区案例。作为鼓楼区协商治理的试点之一,安怀村社区创设的协商形式是"1+N+X院落协商议事制",即以支部书记为召集人,以小区院落为单位,以在居民之间开展广泛协商为手段,切实解决与居民生活息息相关的难题,最终达到社区民主自治。和燕园是20世纪90年代的铁路宿舍小区,也是安怀村社区最大的老旧无物管封闭小区。十多年来,小区长期处于无自治组织、无物业管理的无序状态。自小区建成起,百江气化站(液化气供应点)作为生活配套设施,一直为小区集中供气。汽化站就位于居民楼中间,每天液化气公司都运来十几罐煤气罐更换,存在很大的安全隐患,这也是鼓楼区安全生产的重要关注点。在走访的过程中,约有80%的居民表达了进行"煤气转换天然气"的期盼,希望街道能够帮助解决。但在具体改造过程中,存在业主意见不统一、费用收取困难等问题。加之小区没有业委会,没有进行自治管理,缺少有效的力量,"煤改气"工作迟迟得不到有效推进。在此情况下,安怀村社区组织和燕园居民开展多次协商,并尝试在其他协商自治工作比较完善的小区开协商会,让居民感受到"无序管理"和"协商自治"之间的差距。最终,1 024户居民在1个月内全员缴纳管道天然气安装费用,小区业委会也成立了起来,之后顺势引进了物业公司,让小区走上了规范治理的道路。此外,随着移动互联网技术的发展,鼓楼众多社区采用线上线下全景协商的方式,吸引更多社区居民参与协商治理,解决了鼓楼一些老旧小区的加装电梯、小区改造等民生问题。

2. 居民主体意识增强

协商治理与传统自上而下的社区管理最大的不同之处是需要多元主体的参与。多元主体包括社区党组织、居民委员会、物业、社区社会组织、社区居民以及其他利益相关方。他们为了社区事务群策群力、寻求共识、协同治理。其中分散在各个小区楼栋里的居民是最难组织的,也是最难争取到的协商主体。学者一般认为,居民参与社区需要公共的理性精神作为支撑,要跳出对私利的寻求而诉诸公共利益。中国的城市社区是随着商品房的发展而将居民聚集起来的空间区域,与单位制时期同一单位居住在同一个小区的情形相比大有不同,即城市社区已是一个相对彻底的陌生人社会。加之中国缺乏公民社会和公民意识的传统,居民很难为社区公共事务聚集起来对话、协商。由社区组织起来的协商,则主动创造了居民聚集起来对话的机会,通过各种不同内容的协商,如美化环境、改善设施、解决冲突等,给社区居民赋权,增强了居民获得权力、资源和掌控自己生活的能力,为促进居民参与社区提供动力,居民对社区的主体意识便是从小到大被激发出来的。

3. 社区公共意识萌芽

在持续协商的过程中,居民开始对社区事务和发展有了自发的关心和参与,即对社区产生归属感和责任感。他们开始意识到个人的参与将能对社区的变化产生推动作用。居民的心理变化正是社区中公共意识的萌芽,这也是一种社区精神和文化,将能更好地促进居民参与公共事务的协商,形成一个吸引社区居民参与社区管理的正向循环机制。此时如果有相关社会组织和机构进行引导,将协商治理以制度的形式在社区中确立下来,将能逐步推动社区公共价值的形成,吸引更多的居民行动起来。因此在协商治理阶段,在社区内培育社会组织就显得十分必要。

经过三年的试点运行,鼓楼社区协商治理取得了一定成效,鼓楼区基层政府也开始拓展社区协商范围,向全区推行社区协商治理。那么协商治理能否成为中国城市基层社会治理的理想模式？是否可以在全国范围内推广呢？笔者认为，社区的不同发展阶段、地理分布、居民结构、资源禀赋、传统文化、政府导向影响着社区治理模式的选择。鼓楼协商治理是由基层政府、社区层面主导，推动社区内的居民、业主委员会、居委会、物业公司、部分社会组织等多元主体卷入其中，针对社区公共事务进行协商。在未来城市社区治理中，社区协商治理不仅有赖于政府力量的主导和介入，还要靠社会力量自身的强大。在未来，建构一套社区协商治理的操作流程，发挥多元主体的协同作用，增强社区居民的协商意识，引导社会组织参与协商，推动社区协商治理的制度化发展，这些努力的方向或许可以推动社区协商治理的良性发展。

二、南京栖霞的"掌上云社区"

如果说鼓楼协商治理模式是为线下开展的基层治理积累经验的话，那么笔者参与的另一个基层治理案例是伴随着互联网技术迅猛发展而诞生的新型治理模式——在线治理。在本案例中，笔者将其总结为"掌上云社区"治理模式，即通过社区党组织领导、居委会主导，协同社区居民、驻区单位、物业和社会组织，依托微信群、微信公众号、小程序等互联网平台，综合运用大数据、云计算、区块链、人工智能等信息技术，通过协商议事、党建引领、大数据分析等，在线治理社区事务，共筑百姓美好家园。2018年，栖霞"掌上云社区"项目在全球城市论坛上获得首届"长三角城市治理最佳案例"①，2019年荣膺"首届中国城市治理创新奖"十佳。

（一）移动互联网带来在线治理契机

从电报到电话，再到互联网，信息技术的发展解决了长期困扰人类的信息问题，特别是远距离条件下的信息传递问题。网络社会的到来，给治理带来新的可能性。正如曼纽尔·卡斯特所定义的，作为一种历史趋势，信息时代的支配性功能与过程日益以网络组织起来。网络对时间限制的突破也达到了极致，社会事件更为频繁地从特定时空形式以及组织实体中抽脱出来，社会关系日益与"面对面

---

① 南京市栖霞区人民政府.2018全球城市论坛举办栖霞区"掌上云社区"城市基层大数据治理模式荣获最佳案例(http://www.njqxq.gov.cn/qxqrmzf/201810/t20181029_1276494.html)。

的互动情势"相分离。①

全球各国政府的治理都受到互联网时代信息化浪潮的助推,积极进入电子政府或拥抱在线治理时代,诞生不少治理新名词,例如电子治理(E-Governance)、电子政府(E-Government)、电子民主(E-Democracy)、数字治理(Digital Governance)、数字政府(Digital-Government)、移动政府(M-Government)、在线治理(Online Governance)和在线协商(Online Consultation)等。联合国经济和社会事务部早在2005年即创建了指标用于衡量政府提供电子参与的程度,其中包括三个指标:电子信息(E-Information)、电子咨询(E-Consultation)和电子决策(E-Decision making)②。在西方发达国家,有些地方政府已经通过各大移动互联平台在采集民众信息、回应民众需求、引导民众参与和形成共同决策方面累积了相当多的实践经验。这些实践和探索不仅凸显了移动互联网平台的多重优势,包括沟通成本低廉、传播迅速有效、信息公开透明和参与便捷畅通等,而且表明电子治理还可能带来智能治理。对在线治理的定义,也还未有明确界定,有学者提出在线治理即在政府中使用ICT(Information and Communication Technology)以产生真正不同的结构,以对规范和公共价值产生更大的影响③;也有学者认为在线治理展现了政府一周7天、一天24小时不间断提供服务和信息获取通道的能力④。尽管目前解释视角不一,究其本质,在线治理其实就是公众利用移动互联网技术实现自我赋权,并与政府及其他社会组织共同参与社会治理的过程,其终极目标是善治。

中国的移动互联网发展近些年呈现赶超欧美发达国家之势,其与治理结合产生了互联网＋治理或在线治理,突飞猛进之势使得国内学者不得不重新审视这个领域的研究。党的十八大以来,国家不断强化和创新社会治理体系,积极探索社会治理体系的顶层设计,其中就明确提出了将"科技支撑"纳入社会治理体制的框架。中国基层政府也较为积极地拥抱互联网技术,探索"互联网＋"的治理模式,

---

① [美]曼纽尔·卡斯特:《网络社会的崛起》,夏铸九、王志宏等译,社会科学文献出版社2006年版,第343页。

② Richard Rose, "A global diffusion model of e-governance", *Journal of Public Policy*, Vol. 25, No. 1, 2005: 5-27.

③ F. Bannister, R. Connolly, "Defining e-governance", *E-service Journal*, Vol. 8, No. 2, 2012.

④ C. P. Barthwal, "E-governance for good governance", *The Indian Journal of Political Science*, Vol. 64, No. 3, 2003.

从最开始利用官方网站及时发布信息,利用政务微博实现政民互动,再到利用政务 App 集成信息和事务办理,伴随着移动互联网的发展,政务类微信群和微信公众号不断涌现。信息技术的发展和应用,已经建立起了社会治理的信息平台和参与平台,实现了信息的快速传递、沟通和集成处理,推动不同组织和不同主体在平台上互动。如深圳罗湖区的移动"家园网"进行政民互动,利用互联网及时收集民众意见,政府有针对性地解决问题。以上这些探索还处于治理平台搭建的阶段,没有到多元主体参与治理的阶段,而政府、社会组织、居民等多元主体具体如何在线上进行治理并没有先例,即便是在互联网技术发展更早的欧美发达国家,线下治理仍是主流。南京市栖霞区在 2016 年选择了"掌上云社区"这一新型在线治理模式,算是在国内开启了在线治理的先河。

(二)"掌上云社区"的可能及可为

1. 试点社区选择

栖霞区地处南京主城北部,近年来由于仙林大学城的建设及城市郊区化的推进,该区从城郊结合的形态跃升为下辖 9 个街道、118 个社区居委会的新型现代城区。栖霞区虽然是南京八大主城区之一但快速的城市化,使居民构成十分复杂,既有 20 多万高校的师生及高新技术工作人员,也有近 20 万的征地拆迁居民,还有 10 万下岗职工和农民①,利益诉求多样,这使得治理的任务十分具有挑战性,很难同时满足不同群体的诉求。

笔者研究团队选择在栖霞区推行"掌上社区"在线治理模式与居民对政府及社区居委会的高度肯定和认同密切相关。首先,栖霞居民对基层政府有较高的信任度。栖霞自 2011 年在仙林街道推行网格化管理以来,除了栖霞社区居委会的工作人员及楼栋长"沉入"相应网格参与社区治理,栖霞各政府部门的公务员也被动员起来对三级网格负责。虽学界对基层网格治理有微词,认为其与治理现代化背道而驰,但栖霞政府坚守网格治理,该做法在文明城市创建、2014 年的青奥筹备工作和 2016 年的抗洪救灾等重大事件中发挥了重要作用。网格化配合这种动员式治理短期内在环境、卫生、治安、消防等领域取得成效,普通居民也能亲身感知

---

① 参见车海刚、杨良敏、张菀航等:《以民为本:南京栖霞创新社会治理的价值坚守》,《中国发展观察》2018 年第 2 期。

生活质量的提升,这些都促使居民对基层政府的信任度有增无减。其次,栖霞区的社区居委会拥有较好的治理主动权及声望。随着城市社区市场化程度日趋加深,物业公司在获得社区物业服务的合法性后,在一定程度上充当了社区管理的替代者,社区居委会固有的管理权正在持续萎缩①。笔者于2014年在北京、深圳、南京、沈阳和西宁五大城市对2 000户随机抽样居民的调查印证了这一点。但在笔者主持的另一项调查"'幸福栖霞'的满意度调查"中,则显示栖霞区社区居委会获得了极高的认同度。通过在栖霞的访谈得知,社区居委会之所以仍保有治理主导权和较高的声望,主要还得益于栖霞区政府对物业的托底。由于栖霞区有众多无物业小区,为了对其进行管理,栖霞区政府尽可能地对这些小区进行托底管理,确保居民社区生活有基本的安全和环境保障,这一举措也深得民心。

移动互联网的到来给了居民们更多表达和上传意见的平台,当居民们渴望社区服务,纷纷在线上行使社区权力时,有一定群众基础的栖霞以社区居委会为主导,协同社区居民、驻区单位、物业和社区组织共同治理的"掌上社区"便呼之欲出。

2. 掌上社区治理启动

2016年8月至9月,笔者带领课题组正式深入栖霞的9个街道和相关社区进行深度调研,试图了解各街道有代表性的社区负责人对在线治理的认知,以及推行"掌上社区"的基础及可能性。面对线上治理的转型,社区根据其态度的不同将其分为三类:积极参与型、观望等待型和消极抵抗型,每一类几乎各占三分之一。积极参与型的社区居委会书记或主任相对年轻,有创新意识。有部分社区之前已通过QQ群链接居民,他们甚至已习惯于通过网络发布各类信息、动员居民参与各类社区活动。观望等待型社区并不缺乏建构"掌上社区"的基础资本——社区工作团队及辖区居民较高的文化素质,但对开辟"掌上社区"这一阵地是否会增加工作量、在移动互联网平台上能否与居民保持良性互动仍持有怀疑。消极抵抗型社区所持理由是社区内老年人居多,没有办法实现规模化的网上互动。事实是社区管理者相对保守,对社区工作能否实现网上移转表示怀疑,其自身对网络社会的线上往来也较为反感。

---

① 闵学勤、贺海蓉:《掌上社区:在线社会治理的可能及其可为——以南京栖霞区为例》,《江苏社会科学》2017年第3期。

相比之下，基层政府对待在线治理趋势的态度更为开放。栖霞区的党委和行政都很快做出了批示："运用互联网思维和技术来推进社会治理工作是大势所趋，可先行选择试点，不断总结、推进""启动'掌上社区'是进一步加强和改进社会治理的创新之举，能调动和激发居民积极参与社区治理的主动性和激情，同时也是我们工作进一步公开、透明并能更多地接受监督的好办法，可先行试点"。在基层政府高效的行动力的推动下，来自9个街道的26个试点社区名单很快确定，"掌上社区"的治理实践就在边试点、边反思和边调整中拉开了序幕。

3."掌上社区"的运行

"掌上社区"依托的最主要的技术工具就是微信群。2016年，中国已经有超过7亿的微信用户通过微信群随时发言表达意见。因此，"掌上社区"就是社区作为群主，创建的一个社区居委会、居民、物业、驻区单位和社会组织共在的微信群。移动互联平台的即时性、通达性及低时间成本使得"掌上社区"在建构初期便赢得了中青年社区居民的认可。有些"掌上社区"甚至来不及等居民互相在线打招呼、相互认识即尝试推动社区公共事务的协商。如栖霞街道东阳社区在建群第一天便向群内居民公开征集社区微信群名称，并根据居民评议意见在众多选项中最终确定了群名。马群街道芝嘉花园社区有居民迫不及待地提议，希望社区能常态化地清理楼道。尽管这些只是微小的社区公共议题，却让很难参与社区事务或从未参与过公共事务的社区居民有了意识的萌芽，也为之后开展在线协商奠定了基础。

"掌上社区"微信群的运行通常包含日常事务、公共事务和突发事务三大板块的应对和解决。日常事务的运行主要依靠社区群主或社工在微信群中担当社区"小管家"职责，每天发布一份天气温馨小贴士、一个有价值的转帖、一张美图（如社区照片）和一个笑话等，有的社区还养成了早晨八点问早、每天定点发布固定类型消息的习惯。该类消息不会有很多的响应和讨论，但这是维持"掌上社区"活跃度的办法之一。

公共事务运行主要呈现为，社区可以通过微信群这一平台及时快捷传达停水停电、免费体检、社区公共课堂、岗位招聘等便民服务信息。另外，其也成为居民集中表达诉求的平台，常有居民开始尝试提出诸如单元门故障、楼道灯损坏、水管破裂、垃圾筒外溢、小区能否安装电梯等问题。虽然社区在一开始并无在线应对的经验,但是在这一互动过程中,社区逐渐习得了在线回应的技巧,居民也获得了正面的反馈从而增强了表达诉求的信心和勇气,形成良性循环,开始呈现双赢局面。

最考验"掌上社区"运行的当属社区对小区突发事件的处理。没有在线平台时,社区的突发事件应对通常由各职能部门来完成,而一旦居民与社区居委会同在一个微信群,社区就是第一个直面事件的基层组织,其当时的应对态度及能力直接影响居民对社区的信赖度。例如西岗街道的观梅社区某居民周六晚9点半左右在"掌上社区"中急呼"群里有没有领导在?观梅苑09幢消防栓坏了,大量喷水",社区书记当即回应"刚喷水时我们已报自来水公司,我们正在现场等抢修人员",社区其他在线的社工不时更新抢修信息、上传抢修图片。从社区书记第一时间回应到当晚初步解决问题、第二天修复消防栓并加装护栏,全程居民不停点赞、鼓励。有些居民第二天清晨才看到信息,立即组织长段文字表达感谢,还有居民补充道"下次换届还选这支社区居委会团队"。社会治理的主体均在一个场域,这是以往的线下方式不可能做到的,而面对毫无准备的突发事件,所有的在线即时回应相当于直播,居民也首次共同感知基层社工的应急能力。

4. 从"掌上社区"到"掌上云社区"

2017年,在"掌上社区"运行一年多后,大数据技术的介入促使其升级为"掌上云社区"。"掌上社区"从启动到运营已经产生了多个十分庞大的居民日常诉求大数据库。如果没有一个统一算法的"抓取者",在栖霞9个街道、100多个社区近千个"掌上社区"中产生的民生、民情和民意就白白流失了。此外,栖霞区一直在积极推行的"不见面审批"也生成了基层分类政务大数据库,并随时在政务中心可被调用分析。于是在栖霞区委区政府、专家组和大数据公司的共同磋商孕育下,首个基层政务小机器人——"小栖"于2017年底诞生,运行了一年多的"掌上社区"也顺势升格为"掌上云社区"。

携带"掌上云社区"运行使命的政务机器人"小栖"肩负"即时服务百姓,随时传导民声"的重任,由"政务办理、在线反馈、民主协商和在线咨询"四大模块功能组成。"掌上云社区"里近20万居民①每天的聊天互动,由"小栖"记录并自动在后

---

① 约占栖霞常住人口的三分之一,随着"掌上云社区"规模的扩大,这一数字还在不断刷新中。

台生成相应的四大数据系统——民情民意大数据系统、党务政务大数据系统、智能服务大数据系统和协商自治大数据系统。

第一，民情民意大数据系统。基层政府的活力在很大程度上表现为对百姓的了解度、与百姓的互动度，以及百姓感知的满意度。以往政府希望通过百姓在政府网站、政务微博或政务 App 上表达民意来决策施政，但问题是百姓不可能随时浏览政府网站，也很难对政务微博或政务 App 有黏性。而"掌上云社区"以微信平台呈现，绝大部分居民经常使用微信，于是栖霞政府在 2016 年即意识到百姓在哪儿，政府就应在哪儿，这也是当时"掌上社区"诞生的主要原因。现在升级版的"掌上云社区"在保持居民与居民之间、居民与社区之间时时频繁互动的基础上，增加了"小栖"。它对常规问题即时回应，对疑难问题即时导出，其生成的大数据每周以街道为单位汇总，综合分析居民关注的热点、难点，街道和区政府可以据此精准有效地回应百姓诉求，同时也滚动形成民情民意大数据库，增加了基层政府的服务能力、预判能力和治理能力。

第二，党务政务大数据系统。"掌上云社区"不仅拥有自下而上的传导信息功能，可以将百姓在就业失业、养老社保、幼托医保和婚恋生育等方面的办事需求通过"小栖"传导给区政府的全科政务服务网站进行"不见面"办理，还可以自上而下通过视频、音频和文本等多种形式发布党建要闻、活动信息和服务项目，也可定期发布互动话题、开展主题征文、设立学习留言板等。

第三，智能服务大数据系统。刚开始推行"掌上社区"时，栖霞区居民发现随时可以在微信群里向社区提出环境、物业、安全、违建、邻里往来及文化活动等各类问题。一时间，作为群主的社区委有时需要 24 小时做回应。虽然社区问题有相当一部分从线下转到线上解决，效率大幅提升，但人工 24 小时回应不是长久之计。经过两个多月的试点，"小栖"通过机器学习获得了大部分常态化社区问题的回复能力以及突发性问题的快速传导能力，而且这些能力随着"掌上云社区"互动平台的日积月累还在不断拓展延伸，形成了基于居民需求的生活服务、商业服务和基本公共服务的智能服务大数据系统。

第四，协商自治大数据系统。在线协商是"掌上云社区"追求的重要目标之一。各街道的"掌上云社区"会不定期地针对本地民情民意提出社区公共事务供居民在线商议，居民也可就自己的社区生活体验主动在"掌上云社区"提出提案商议。此时,社区群主会作为在线协商主持,所有群内居民均可发表相关意见建议;而"小栖"就是汇总各类意见的小秘书,必要时还可抛出投票链接协助居民做出决策。久而久之,社区一直渴望但很难突破的居民自治将有机会孕育,而基层政府借由这一协商自治大数据系统将更加贴近百姓,能精准应对百姓的最新诉求。

栖霞区通过四年多的"掌上云社区"建设,目前由南京大学社会学院专家团队定期对其每月产生的 30 万条有效沟通互动信息进行大数据分析,形成月度《民生民情大数据报告》。以 2019 年 11 月的数据为例,作为栖霞区社区各主体多维共在的公共空间,"掌上云社区"在 2019 年 11 月继续保持活跃,消息量达 255 471 条(含文字和图片),民生民情、邻里生活在此汇集。"掌上云社区"2019 年 11 月的具体运行数据见表 5-4。

表 5-4　2019 年 11 月栖霞"掌上云社区"运行情况汇总

维　度	消息量(条)	来　源
消息总量	255 471	—
人均消息量	9	
日平均消息量	8 515	—
单群消息量 TOP1 街道	66 973	迈皋桥街道
单群消息量 TOP1 社区	21 540	迈皋桥街道兴卫村社区
单群消息量 TOP1 工作群	15 056	观梅大群(西岗摄山星城观梅社区)
单日单群消息量 TOP1 工作群	2 476	兴卫社区小区联合群(迈皋桥兴卫村社区)
消息量 TOP1 日期	12 428	11 月 3 日

综合每类话题出现的频率,全区 2019 年 11 月份民生民情前十大话题按照综合热度依次为:(1) 物业服务;(2) 市政公共;(3) 安居宜居;(4) 环境治理;(5) 公共安全;(6) 社会服务;(7) 和谐社区;(8) 医疗卫生;(9) 交通出行;(10) 公共教育。从表 5-5 可见,除了相同"市政公共"跃升两位,"安居宜居"和"环境治理"各降一位,其他排名与 10 月相同。

表5-5 栖霞区"掌上云社区"TOP10话题类别排名①

(2019年9~11月)

话题类别	11月	10月份	9月份
物业服务	1	1	1
市政公共	2	4	2
安居宜居	3	2	4
环境治理	4	3	3
公共安全	5	5	5
社会服务	6	6	8
和谐社区	7	7	7
医疗卫生	8	8	9
交通出行	9	9	6
公共教育	10	10	10

栖霞区委区政府根据每月大数据报告呈现的焦点问题、常态问题、突发问题等,每月安排部门联动逐一应对、各个击破,并及时向百姓反馈,完成了基层大数据治理的闭环。如2018年度掌上云社区民生民情动态简报大数据分析,物业服务话题连续排名第一。栖霞区住建局随即"入群",在"掌上云社区"设置物业管理模块,群内居民可以通过登录"掌上云社区"物业管理小程序反映诉求,诉求将被直接推送给物业企业。

目前,栖霞以"掌上云社区"为平台不断链接各类各级资源,并持续孵化如社区学院、社区微更新、"小栖霞益行"、社区积分商城、梦想剧场、"掌红"社群中心等延伸项目。

(三)"掌上云社区"的治理成效

以"掌上云社区"为平台的在线治理、大数据治理模式在栖霞已成功落地,在数字化的道路上呈现出四大成效。

---

① 话题提炼说明,依据社会学质性研究中的"扎根理论",首先对5万条聊天数据进行"开放式编码"提炼概念,后对这些开放性编码进行"核心编码",并参考《栖霞区"十三五"时期基层基本公共服务功能配置标准(实行)》最终提炼而得。

1. 数字化政府的转型已初露端倪

"掌上云社区"上线五年来,栖霞区委区政府出台相关红头文件不下二十份,栖霞几乎每个职能部门都参与了"掌上云社区"的"规模化战略""大数据战略""一体两翼战略"("掌上云社会"为母体、"社区协商"和"社区营造"为两翼),以及相关行动计划。"掌上云社区"平台打破了传统政府服务的时空限制和信息不对称瓶颈,通过创新服务方式、重构服务"界面",建立起全天候、协作式的服务体系,在解决一个个诉求、办好一件件实事中推动服务型、数字化政府的转型。

2. 民众的数字化参与已初显成效

"掌上云社区"彻底打破了党群干群间的时空隔阂,构建了一个广泛、快捷的联系、服务、互动、响应的线上线下联动平台。居民打开微信即可参与社区事务。对于平时忙碌的中青年群体而言,围绕小区公共事务随时线上发声、即时表达已成常态,老年群体通过定期学习智能手机应用,除日常的线下参与外,对于社区活动、社区助餐等信息的"一键抵达"已成习惯。基于"政民零距离""社区中的所有事物都应该要分享"等初衷而建的"掌上云社区",由20多万在线活跃粉丝通过各类小程序进行身边事的在线协商、在线投票、在线直播和在线学习等设想已基本实现。

3. 数字化集成应用已初试身手

由8大平台系统、10大焦点问题汇聚而成的包含公共事务和民情民意的统计分析、热力图、对比图和趋势图等在内的月度、季度和年度大数据报告已成为区委区政府、街道及各职能部门的日常案头文件。自2016年以来,"掌上云社区"受理线上群众诉求12万余起,疫情防控、文明城市创建等涉及民生的众多决策政策都在"掌上云社区"的数据报告推动下得到落实。自2019年开始,栖霞区每月对老旧小区、保障房和商品房"掌上云社区"矛盾投诉办理情况进行汇总分析,将其纳入区对街道物业管理工作的月度考评与年底的星级考评中,并设置适当权重。考核指标及权重分为回复率、办结率、投诉率、满意率,各占25分,总计100分。这一做法在提升基层投诉回应上取得了明显成效。

4. 数字化品牌建设已初露锋芒

"掌上云社区"自创建和运营以来,相继荣获首届"长三角城市治理最佳案例"

(2018年)、首届"中国城市治理创新奖"(2019年),"2019—2020年度江苏基层社会治理创新成果奖",并入选2020年《中国改革年鉴》、"2021年度全省民政标准化建设试点示范项目"。经过五年"政企社学"多方联动,"掌上云社区"在以数字化为基层治理添"智"赋能,以品牌化推进基层治理可持续发展方面已走出一条独具栖霞特色的智治之路。

第六章

治理体系中的模式研究

面对中国治理体系与治理能力现代化的共同目标,我们必须要回答强政府与强社会何以可能。十大城市的实证调研显示,民众对政府由大变强、社会由小变强有同样的期待,但是现实中国仍存在较大的区域差异和城乡差异,如何在不同的经济社会发展水平下追求差异化的强政府与强社会共在模式,值得各界深思,并需要时间和空间去探索实践。本章试图通过平台型治理、嵌入式治理、大数据治理与合作治理模式的粗浅研究为强强融合治理做一些理论和实证的铺垫。

第一节 平台型治理

移动互联网崛起的近十年来,以跨界互通、合作共享和用户思维为主导的平台型经济迅速成为新经济的主流,并带来城市商业形态和居民消费模式的颠覆性变革。这一趋势与以往人类循环往复的发展规律,即技术变迁带来经济变迁,并进而影响社会变迁一样,正以不可阻挡之势向社会领域侵袭。城市成为首批实验场。党的十九大报告提出"打造共建共治共享的社会治理格局"既是顺应中国高速经济发展之后可能出现的社会发展大潮,也是平台型经济在社会领域渗透复制的一种精妙顶层设计。特别是在中国城市化进程已超过60%的场景下,原本以资源集聚见长的城市有机会率先借助新型平台思维、互联物联技术,像平台经济带来消费变局一样,通过城市各级各类政务平台、协商平台、投诉回应平台及区域一体化平台等的搭建和运营等构建城市治理的新格局。但是这类非经济诉求的城市治理平台既有在线特征,需要学习如何黏住百姓、让其从中受益获利,也有线下特征,嵌入了包括政府、社会等多元主体如何可持续发展,让城市走向共融共享的现代治理之路,等等。我们并没有太多可借鉴的经验。也就是说,从引领商业和消费变迁的平台型经济中汲取营养,走向谋求城市创新发展的平台型治理,我们还有许多未知领域值得探索。

一、平台型治理的缘起及演化

不可否认,当下各类数字平台日渐侵入全球城市生活中心,几乎形塑着人们各类日常实践,平台型社会已悄然来临[1]。愈来愈多的公共部门或正在探索搭建治理平台,或通过与现有平台合作来生产、提供公共产品和服务,以期在改进自身服务质量的同时增加透明性、开放性、创新性和回应性。简而言之,平台日趋渗透入公共治理领域[2],不断有公共部门的论坛、信息交流中心或网站等开始平台化。

平台型治理已远超出理论范围,先行进入了世界各层级政府/公共机构进行试验。首先,在更为复杂、不确定、有争议、充满价值利益冲突的全球治理领域,一种以平台协作模式打破线性决策模式的尝试正在进行[3],且被视为可推动联合国2030年议程的可持续发展目标实现的积极政策工具[4]。同样,在国家层面,各国政府致力于探索构建平台来提供工具、资源,以重塑与公民的互动并实现增效节支,较有代表性的如英国正致力于追求的"政府即平台"(Government as a

---

[1] V. Nash, J. Bright, H. Margetts, et al. , "Public policy in the platform society", *Policy & Internet*, 2017, pp. 368 – 373.

[2] C. Ansell, A. Gash. , "Collaborative platforms as a governance strategy", *Journal of Public Administration Research and Theory*, Vol. 28, No. 1, 2017, pp. 16 – 32.

[3] T. Koetz, K. Farrell, P. Bridgewater, "Building better science-policy interfaces for international environmental governance: assessing potential within the Intergovernmental Platform for Biodiversity and Ecosystem Services", *International environmental agreements: politics, law and economics*, Vol. 12, No. 1, 2012, pp. 1 – 21.

[4] C. Ansell, A. Gash. , "Collaborative platforms as a governance strategy", *Journal of Public Administration Research and Theory*, Vol. 28, No. 1, 2017, pp. 16 – 32.

Platform)愿景①。在城市层面,平台帮助地方政府汇集相关利益者参与创新,以解决城市问题、提升城市居民生活质量,在实现城市可持续发展方面正在发挥重要作用。如爱尔兰都柏林于 2011 年创建的政府数据开放平台,该平台促进了尽可能多的企业和个人的参与,并且作为都柏林管理机构的结构化参与机制,实现了以数据为驱动力的创新,并推动都柏林在开发和测试新的城市解决方案方面成为全球领导者②。与此同时,中国本土各类政府服务平台、网络问政平台、数据开放平台、区域创新平台等治理平台渐次生成,平台型治理被运用于基层治理、创新和经济发展、公共服务等领域。

诚然,目前平台型治理仍是一个正在探索、演化中的治理模式,急需在理论支撑下开展更多的探索试验。治理理论自 20 世纪末兴起以来,已演化出诸多范式。在全球公共部门的平台实践方兴未艾之际,已有学者宣称,继参与式治理之后,一种平台范式兴起③。但梳理国内外文献,学界在认同平台型治理价值的共识之下,关于何为平台型治理尚未有一致定义。各观点的主要分歧在于对平台概念的辨析,目前较有代表的如 Web 2.0 概念的提出者 Tim O'Reilly(2010)为"政府即平台"构想提出的七项原则:开放、简单、参与、"向黑客学习"、数据挖掘、实验和"案例引领"④。数字政府的长期研究者、Elsevier 政府信息季刊联席主编 Janowski 及其合作者提出,平台型治理是政府通过平台将数据、服务、技术和人员聚集在一

---

① A. Brown, J. Fishenden, M. Thompson, et al. , "Appraising the impact and role of platform models and Government as a Platform (GaaP) in UK Government public service reform: Towards a Platform Assessment Framework (PAF)", *Government Information Quarterly*, Vol. 34, No. 2, 2017, pp. 167 - 182.

② M. Stephenson, G. D. Lorenzo, Pol Mac Aonghusa, "Open Innovation Portal: A collaborative platform for open city data sharing", 2012 IEEE International Conference on Pervasive Computing and Communications Workshops. IEEE, 2012: 522 - 524.

③ T. Janowski, E. Estevez, R. Baguma, "Platform governance for sustainable development: Reshaping citizen-administration relationships in the digital age", *Government Information Quarterly*, Vol. 35, No. 4, 2018, S1 - S16.

④ T. O'Reilly, *Government as a Platform*, Lathrop D, Ruma L. Open government: Collaboration, transparency, and participation in practice. "O'Reilly Media, Inc. ", 2010.

起,赋予公民自己创造公共价值的权力,以响应不断变化的社会需求的治理范式①。在此,平台被视为一种数字基础设施,一套通过技术、用户和政策制定者的相互作用而出现和发展的社会技术系统②,其在连通政府、技术开发者、服务提供者、公民等社会主体上发挥关键作用。该治理范式的核心是在数字技术赋能下,通过平台对公民及其他非政府行动者进行赋权,突出政府调动内外资源、工具的能力以及赋予公众自身创造公共价值的结构性作用。也正是在这个意义上,平台型治理区别于其他共享公私合作伙伴理念的协同治理、网络治理和参与式治理等模式。

但是,一些学者提出公共平台概念应去数字化理解③,或者说应超越计算意涵④。遵循这一路径的学者通常借助经济学、工程设计学视角下的平台理论对平台进行概念化。在经济学上,平台通常被理论化为双边(或多边)市场(Rochet & Tirole, 2003)。平台是促进生产者和消费者进行价值互动的结构,其核心是信息和互动,且任一端参与者增加,价值也随之增加,即存在网络效应。事实上,双边市场古已有之,如早期集市、报刊、信用卡。只是在数字技术的进步和应用创新下,搭建平台更简单,平台规模更大、交易成本更低,增加了社群反馈回路,供需匹配性更佳,且随着除供需双方之外的第三方加入(如广告商),网络效应更显著。也因此,平台模式能彻底打败以往的管道模式⑤。此外,工程设计学将平台理论化为模块化技术架构⑥。在这种视角下,平台是一个促进活动的框架,具有稳定性、灵活性、可重新扩展等特点,有利于创新,适应性强。延伸至公共治理领域,有学

---

① A. Brown, J. Fishenden, M. Thompson, et al. "Appraising the impact and role of platform models and Government as a Platform (GaaP) in UK Government public service reform: Towards a Platform Assessment Framework (PAF)", *Government Information Quarterly*, 2017, 34(2): 167 - 182.

② M. Janssen, Soon Ae Chun, J. Raman Gil-Garcia, "Building the next generation of digital government infrastructures", *Government Information Quarterly*, Vol. 26, No. 2, 2009, pp. 233 - 237.

③ C. Ansell, A. Gash, "Collaborative platforms as a governance strategy", *Journal of Public Administration Research and Theory*, Vol. 28, No. 1, 2017, pp. 16 - 32.

④ T. Gillespie, "The politics of 'platforms'", *New media & society*, 2010, pp. 347 - 364.

⑤ Marshall W. Van Alstyne, Geoffrey G. Parker, S. Choudary. "Pipelines, platforms, and the new rules of strategy", Harvard business review, Vol. 94, No. 4, 2016, pp. 54 - 62.

⑥ C. Baldwin, C. J. Woodard, "The architecture of platforms: A unified view", *Platforms, markets and innovation*, 2009, 32.

者从协作的角度提出平台是一个具有独立能力、体系和资源的组织或计划,用于促进多重的或持续推进的协作项目或网络的创建、适应和成功。而平台型治理则可解读为公共部门在治权开放共享的基础上利用多边(双边)平台的空间、资源与规则,连接相关利益群体以促进他们之间互动合作、相互满足并创造公共价值的治理模式。平台型治理为公共事务共治提供了操作框架,为公共服务的多元化供给与开放式创新提供了空间、渠道、工具和机制①。

事实上,以上两条阐释路径在本质上并无冲突,且拥有共通点:两者共用一套平台基本内涵,即一个"凸起的,水平的界面",旨在促进活动的生发;共享开放性、平等和对活动渐进支持之理念;均指向公众—政府的开放式互动合作模式。以此为基础,笔者认为数字平台型治理范式可视为平台型治理的2.0版本。

在既有文献中,平台型治理被普遍认为可以改善政府服务,促进政府在海量、碎片化信息面前重获控制权,在多元复杂社会中更具回应性,在较低风险和较高创新程度的情况下协调各主体在扩展网络或生态系统内的互动②;与此同时,平台治理范式让公众获得赋权,可以促进有意义的公民互动和参与,激发民主③;基于以上两者,平台型治理有助于城市创新、推动城市复兴,让城市走向融合,并实现可持续发展。

总体而言,在全球范围内,平台型治理研究仍处于起步阶段,对于其具体操作路径、各行动主体的角色定位、公共平台的运行管理以及未来可能面临的挑战,各方均知之甚少。公共平台搭建和运营的复杂性远高于商业平台,宏观的如公共部门平台战略核心诉求的确立、组织机构再造,微观的如平台怎样建构、如何实现协同而非竞争的平台网络效应等诸多问题均悬而未决。

二、通往城市共融的平台型治理

中国40年狂飙突进的城市化,因时间之短、效率之高使其仅仅在器物层面上

---

① 刘家明:《平台型治理:内涵、缘由及价值析论》,《理论导刊》2018年第8期。
② Emiliana De Blasio, Donatella Selva, "Implementing open government: a qualitative comparative analysis of digital platforms in France, Italy and United Kingdom", *Quality & Quantity*, Vol. 53, No. 2, 2019, pp. 871-896.
③ A. Wachhaus, "Platform governance: Developing collaborative democracy", *Administrative Theory & Praxis*, Vol. 39, No. 3, 2017, pp. 206-221.

完成了过半城市化,而在人的层面、社会的层面离真正的城市精神还相去甚远。来自不同地域、不同阶层的人聚集在城市,他们如何相处,如何通过社会发声,如何被赋权和尽义务①,让城市走向共融,均需导入有效的治理机制,以实现美好的城市愿景。事实上,不管动因如何,近年来国内城市政府的社会治理创新比以往任何时候都来得活跃。在这一过程中,平台模式也或多或少被植入当下城市政府的治理中,甚至成了城市政府应对各类城市问题的关键抓手,诸如公共服务平台、"一网通办"和"城市大脑"涌现。中央也从顶层设计层面对治理平台的搭建提出要求,如《国务院关于印发促进大数据发展行动纲要的通知》明确提出,要依托现有平台资源,在地市级以上(含地市级)政府集中构建统一的互联网政务数据服务平台和信息惠民服务平台。

在政府、市场和社会这组神奇的三角关系中,如果说市场主要用以应对人们各类经济生活之刚需,那么其他有关人们公共生活、美好生活的升级版需求主要由政府和社会的协同合力来完成,因此通往城市共治共融的平台型治理的关键是政府与社会的角色扮演及互动互构方式。除了政府与社会的角色扮演及协同互嵌,参照现有不多的全球经验和本土实践,通往城市共融的平台型治理还需回应数字化和非数字化的问题、扁平化与立体化的问题、价值至上还是结构至上的问题。首先,从时间上说,平台型治理是数字时代平台型经济的延伸产物,它不仅有天然的数字基因,而且常常需要全方位、多品类的大数据支撑以保持良性运行,但这并不意味着平台治理被数字绑架而忽略了其模块化架构的合理性、能动性。平台架构的自动配置、创新扩展和互连互通等要素往往超越数字之上,成为平台型治理的知识产权。其次,治理区别于管理最大的差异就是多元参与、阶层扁平,信息在短时间内可共享、资源在长时间里可共用等。但平台型治理在理念上遵循扁平化要义,在结构上仍要形成开放式立体化格局,也就是软件要在应用上尽可能扁平化、广覆盖,在硬件架构上要实现跨时空、超线性和多模块战略。最后,平台型治理在平台建构初期及运营中期容易跌入结构化陷阱,忽略平台治理的价值追求和价值共享。相较于协商治理、参与治理、技术治理等模式而言,平台型治理必须搭建一个软硬件皆备、时间与空间穿梭、有形与无形相容的平台,这不是单纯的

---

① 闵学勤:《基于协商的城市治理逻辑和路径研究》,《杭州师范大学学报(社会科学版)》,2015年第5期。

技术平台,而是平台率先嵌入前沿,并逐渐被多数人认同的价值观,这样才能引领平台型治理展开想象,不断形塑、不断链接、不断创新。

笔者在十大城市的调研中注重探索公众对平台型治理理念、认知、框架及互构的理解,并未真正涉及其操作化的部分。事实上,在中国为数不多的基层创新实践中,信息社会、智能社会正急促催生各领域的平台型治理。在社会治理来到中国还不到十年的关口,政府与社会携手推进城市领域的平台型治理需要克服诸多难点,包括理念的更新、技术的嵌入、路径的选择、平台的建构和运营等等。不过,"共建共治共享"的顶层设计已赢得全社会的认同,中国城市领先一步试水平台型治理,将有机会为全球治理提供中国样板。

第二节　嵌入式治理

一、从"嵌入论"到嵌入式治理

"嵌入"这一概念是社会思想家、经济史学家波兰尼横跨一个多世纪进行研究,最终基于19至20世纪经济社会变迁的宏大叙事凝练而出。波兰尼一反古典经济学家的逻辑,认为仅有自发调节的、不从属于社会的市场是荒谬的。他首先从微观上解读这一"嵌入"现象:"原则上,人类的经济是嵌入在他的社会关系之中的,他的行为动机并不在于维护占有物质财富的个人利益;而在于维护他的社会地位,他的社会权利,他的社会资产。只有当物质财富能服务于这些目的时,他才会珍视它。不管是生产的过程还是分配的过程,都不曾与维系于财物占有的特定经济利益相联系;相反,这种过程的每一步都链合于一类特定的社会利益,是这些社会利益最终保证了必要的行动步骤被采取。"[1]进而,他认为宏观上"经济制度仍然被浸没在普遍的社会关系之中,市场仅仅是某个制度设置的附属特征,而这个制度设置前所未有地受着社会权威的控制和规制"[2]。波兰尼将市场嵌入社会、将

---

[1] [英]卡尔·波兰尼:《大转型:我们时代的政治与经济起源》,冯钢、刘阳译,杭州:浙江人民出版社2007年版,第40页。

[2] 同上,第70页。

交易嵌入包含信任和信赖的长期关系中，习俗与法律，甚至宗教与巫术都能限制市场行为的"嵌入论"在二战后并未引起足够的认同，直至40年后新经济社会学的奠基人格兰诺维特在1985年的《美国社会学期刊》上发表经典论文《经济行为和社会结构：嵌入性问题》，再次使"嵌入论"研究浮出水面并将其引向深处。格兰诺维特不仅视经济生活与其身后的社会结构相关联，嵌入性现象始终存在，而且认为其在各个社会中嵌入的水平与程度各不相同，由此他反对低度社会化和过度社会化[1]。也就是说，嵌入性是指个人的经济行为并不完全服从经济利益导向，也不完全服从集体意识的行为，是介乎两者之间的行为。从"完全无社会化"到"完全社会化"，嵌入性思想执其两端而取其中，处在一个社会化适度状态。格兰诺维特在其最新的著作《社会与经济》中进一步阐述了影响经济行为的重要变量：习俗、价值观、信任、权力、社会关系和社会制度等，同时在简单嵌入的基础上提出了经济行为的多重嵌入性，包括关系性嵌入（两人关系）、结构性嵌入（多人关系）和时间性嵌入（关系的时间维度）等[2]。至此，"嵌入论"历经半个多世纪的风雨鉴证，正在被越来越多的学者认同、引用和推广。

"嵌入论"与治理理论交汇并演化出的"嵌入式治理"起源于20世纪后期。1995年，联合国全球治理委员会发表了一份题为《我们的全球伙伴关系》的研究报告，将治理界定为各种公共的或私人的个人和机构管理其共同事务的诸多方式的总和。它是使相互冲突的或不同的利益得以调和并且采取联合行动的持续的过程，自此全球开启治理时代。而就在同一年，美国新公共管理学者埃文斯提出"嵌入式自治"，强调自主性嵌入，即"仅有自主性而缺乏嵌入，或者光有嵌入而没有自主性，不足以形成强大的国家能力"[3]，同时，他将"嵌入"引向地方与国家关系，认为只有国家与地方紧密嵌入才能称作发展导向型国家[4]。"嵌入"与治理的同期相遇并非偶然，治理理论关怀多元参与、有效回应及协商共赢，而"嵌入"意味着包括

---

[1] Mark Granovetter, "Economic Action and Social Structure: The Problem of Embeddedness", *American Journal of Sociology*, 1985, 91(3): 481–510.
[2] 何晓斌：《新经济社会学的新框架》，《社会政策研究》2017年第4期。
[3] Peter Evans, *Embedded Autonomy: States and Industrial Transformation*. Princeton: Princeton University Press, 1995, p.310.
[4] 何艳玲：《"嵌入式自治"：国家—地方互嵌关系下的地方治理》，《武汉大学学报》2009年第4期。

经济行为在内的大多数人类行动在宏观上都无法脱离社会结构,在微观上都需与相关社会群体进行谈判和协商才能做出决策。治理侧重对固有权威的解构和对日常个体的尊重,在国家社会框架下更多倾向于相信社会的力量;"嵌入"侧重对事物的背景考量和路径的选择,而社会这一宏大结构是最重要的"被嵌者"。在短短的二十多年研究历程中,"嵌入"与治理相交汇而生成的"嵌入式治理"还未来得及形成完整的理论体系和研究框架,其在理念与战略、行动与路径以及问题与对策方面都还有待学界进一步探索。

"嵌入式治理"首先要考虑治理所选择的"嵌入"理念和"嵌入"战略,经济体或公共部门不仅需要倾听大众的声音、与各利益主体协商,还需要考虑其背后更深刻的逻辑意义与更宏大的结构背景,稍有不慎就很可能陷入彼得森研究社区政治时所提出的"城市局限性",即"当社区为了经济增长与相邻社区竞争从而创造出新的财富时,社区中的每个人都会受益""让每一个情况变好的途径就是给予企业家和资本家更多的金钱"[1],对此,我们很难预测社区居民的认知。大众的有限认知对"嵌入式治理"的战略选择很可能构成阻碍。其次,"嵌入式治理"的过程与路径也比较模糊,有一些西方经验研究表明嵌入是在多变量环境中进行组织变革的过程,而不是面向预先设计的一组静态结构,虽然重要的组织变革与群体多样化活动与多重嵌入密切相关[2],但这样动态的"结构性选择"对个体和组织而言也许力不从心。最后,"嵌入式治理"可能遇到的最大问题是社会失调,如果治理的参照系——社会正处于动荡期,可能会向治理者提供不确定或错误的信息,甚至有可能付出"集体行动的代价"[3]。因此,社会良性运行才能确保"嵌入式治理"有施行的可能。

即便"嵌入式治理"无法回避操作难题,但面对 21 世纪纷繁复杂的社会发展、全球化浪潮以及不断变革的信息技术,经济组织不再是独联体,经济行为也不再

---

[1] [英]理查德·C. 博克斯:《公民治理:引领 21 世纪的美国社区》,孙柏瑛等译,北京:中国人民大学出版社 2014 年版,第 38 页。

[2] Peter Leigh Taylor, Antony S. Cheng, "Environmental Governance as Embedded Process: Managing Change in Two Community-Based Forestry Organizations", *Human Organization*, Vol. 71, No. 1, 2012, pp. 110–122.

[3] Brent McClintock, "The Multinational Corporation and Social Justice: Experiments in Supranational Governance", *Review of Social Economy*, Vol. 57, No. 4, 1999, pp. 507–522.

只有市场可以左右。在选择治理模式时,除了协同治理、技术治理、协商治理和平台治理等,在应对经济问题的社会化路径、经济模块的社会化链接、经济企业的社会化责任等,我们必须考虑启用"嵌入式治理"模式。笔者也尝试将"嵌入式治理"界定为任何以营利为目的的经济组织如果要获得可持续的发展机遇和动能,须嵌入社会整体变迁的框架中,倾听社会声音、动员社会力量、链接社会资源、运用社会计算和发展社会组织,才有可能将社会利益部分转化为经济利益,并实现经济与社会价值的双赢。

二、从嵌入到融入:基层社会的结构演化

近年来,社区居委会、物业公司和业主委员会形成三足鼎立之势,共同参与基层社区治理。三大主体的出发点和使命不一样:物业从经济视角,以经济利益为重;社区居委会从基层政府的角度,以社会和谐稳定为重;业主委员会尝试自治视角,以业主满意为重。就笔者自2009年、2014年和2018年每四五年一轮至今持续近十年的全国城市调研结果来看,三大主体起起落落,基本构成了社区社会的结构演化格局。单就物业而言,十年前国家在社区让渡的权力很大一部分被市场接管,但物业公司对社区的经济侵入并未赢得治理权威[1],业主们一方面在社区有近50%的需求要依赖物业(详见表6-1),但又很少有人将物业视为"心目中的社区管理者",更少有人将物业经理视为"社区的精英";而业主对社区内的互动交往、扶弱养老、信息公开和参政议政等一直有期待却未被满足。近几年,由于党建工作的加强,社区居委会正在收复曾被物业抢走的一部分领地,而业委会仍未在社区治理中找到真正的主体地位。如果物业一旦意识到从单纯的经济体向复合的经济社会体转型的必要性,理解其嵌入社会的意义和强大需求,并选择嵌入的有效路径,那么社区社会的结构还将迎来新一轮演化。目前正在探索的物业嵌入式治理路径至少有被动式、自主性和互嵌三种。

---

[1] 闵学勤:《社区的社会如何可能——基于中国五城市社区的再研究》,《江苏社会科学》2014年第6期。

表 6-1　中国城市社区治理主体的变化（2009—2018 年）

社区治理主体	选择率	心目中的社区管理者(%)（单选题）	遇到问题找谁解决(%)（多选题）	谁是社区的精英(%)（单选题）
社区居委会	2009 年	38.9	19.3	20.5
	2014 年	29.9	22.0	14.8
	2018 年	47.4↑	33.0↑	21.8↑
物业公司	2009 年	32.4	26.5	8.3
	2014 年	49.9	45.0	10.6
	2018 年	32.6↓	43.0↓	6.9↓
业委会	2009 年	7.3	2.2	7.3
	2014 年	7.3	2.9	5.0
	2018 年	6.2↓	3.9↑	4.8↓
其 他	2009 年	21.4	52.0	63.9
	2014 年	12.9	30.1	69.6
	2018 年	13.8	34.4	66.5

（一）物业被动式嵌入

所谓物业被动式嵌入，其实就是政府和社会的主动嵌入。在《关于加强和完善城乡社区治理的意见》的护航下，基层政府的"代言人"——社区居委会指导和监督物业成为现实可能。但大多数社区居委会并没有完全领悟其真义，也不具备专业能力，所以在实践中观望较多、行动较少。除非物业和业委会发生冲突，直接影响社区稳定，社区委才以协调者身份介入其中，也就是"兜底式"嵌入，即当社区自治无法通过内部协调机制而实现的时候，国家必须出场，动用国家权威填补社区自治体系中"缺失"的一环。理论上国家为基层解决纠纷的"兜底"的方式，不是通过权力来完成，就是通过法律来完成。二者的区别在于，前者是非理性的，而后者是理性的①。

在基层治理较活跃的地区，例如深圳、厦门和南京等地，正在探索政府和社会

---

① 汪仲启、陈奇星：《我国城市社区自治困境的成因和破解之道——以一个居民小区的物业纠纷演化过程为例》，《上海行政学院学报》2019 年第 2 期。

主动嵌入物业的更为积极的方式,包括政府委托职能部门直接对所辖区域的物业进行年度考核和评级管理,政府聘请部分物业公司的员工为基层网格员,市级或区级成立物业管理行业协会等。这些探索对强化物业的社会治理定位、提高物业服务人员的综合素质、理顺物业与政府和社会之间的关系等都不无裨益。关键在于,输出管理不能变成输出管控,承接购买不能变成经济依赖。也就是说,政府和社会在强化对物业的跟进管理时,是基于理解物业作为经济体的社会意义;而物业认同其日常事务并接受政府和社会的监督,是出于嵌入后自身全方位的提升。显然物业的被动式嵌入模式要达到这一认知高度有相当难度,也需要足够的时间。

(二) 物业自主性嵌入

就中国式物业的管理范畴而言,物业在小区围墙内的职责实际上已与基层政府的公安、综治、住建、网格和城管等职能部门相关联,如果物业还延伸服务至"为老为小",那将与社会组织的职能也有部分重叠,但这必不意味着物业已自主嵌入政府与社会。通常他们以微薄和素质相对不高的人力来应对这些日常时多处于无意识状态。而自主性嵌入需要物业自觉自醒、自强自立,主动与这些部门对接,在获取基层政府与社会组织的共同支持下,链接他们的社会资源并引入社区,从而具备倾听业主声音、动员业主力量、服务业主诉求的多方能力。

与物业被动嵌入,接受更多外部帮扶和管治不同的是,自主性嵌入带来的是物业从服务理念到服务方式的变革。在理念上,物业将自身定位于一个集经济、社会和文化于一身的综合体,全方位嵌入社区生活。例如国内一些著名开发商旗下的物业企业已开始推行社区战略,从社区调研开始,以一个社会工作者或社会研究者的身份沉入社区了解社区需求,然后再进行与一般物业完全不同的战略部署。在行动上,自主性嵌入要求物业除了确保日常环境、安保等工作的良性运行,还需全面培养和提升物业人员的各项服务技能,并与外部建构长期稳定的社会网,向上可以承接政府购买,向下也可以向社会组织购买服务。显然,自主性嵌入模式目前并不适合那些受困于物业费收缴较难、人员素质偏低的物业企业。

(三) 物业与社会的互嵌

即便如此,从顶层设计到基层实践,再到十座城市调研数据的反馈,物业的社会属性、社会价值及社会意义正在不断突显,全社会不能再对物业抱以既爱恨交加却又只能听之任之，最后让其自生自灭的态度。想要共同创造美好的公共生活，寻找物业与社会互嵌的治理模式才是最佳的路径选择。

如何互嵌？我们要回到 19 世纪滕尼斯关于社区共同体的认知上来，在社区社会中各主体参与治理的最大公约数即为公众的满意度。物业曾趁房地产迅猛发展，在一段时期内超越社区居委会，成为百姓心目中首选的社区管理者。但人们对美好生活更高质量的追求逼迫物业回到共同体的格局中来，以其经济体的特有优势，寻求与其他共同体成员的互嵌、联结，才能实现经济与社会利益的双赢。同样，社区居委会在经历社区治理主体权威的跌宕起伏后，更应体悟"小社区，大社会"的共同体理念，不仅应拿出人力和资源指导、监督物业，还应让物业卷入基层治理的大潮，与物业互嵌共生、同舟共济。如果业委会、社区社会组织、社区驻区单位等其他主体能以不同的路径方式与物业互嵌，那么社区社会将进入单边被动嵌入到多边自主互嵌的良性循环，嵌入式治理的多元合作、协商共赢的优势也将有机会呈现，基层社会也将从嵌入走向融入，真正实现共建共治共享。

第三节　大数据治理

在 20 世纪 80 年代未来学家托夫勒提出"大数据"的近四十年后，伴随着移动互联网的高度普及和信息化技术的极大发展，大数据在世界各国开始被普遍运用。大数据作为中国的国家战略提出始于 2013 年，当年的《政府工作报告》首次提出要在大数据发展方面赶超先进，引领未来产业发展。2015 年，国务院正式印发的《促进大数据发展行动纲要》强调"推动大数据发展和应用，打造精准治理、多方协作的社会治理新模式"。紧接着，2016 年的"十三五"规划纲要指出要全面实施促进大数据发展行动，加快推动数据资源共享开放和开发应用，助力产业转型升级和社会治理创新。2017 年，党的十九大报告再次强调要"推动互联网、大数据、人工智能和实体经济深度融合"，可以说顶层设计步步擂响的大数据发展战鼓为基层大数据治理的萌芽提供了强有力的政策支撑。

一、从数据治理到大数据治理

数据治理起源于商界。在市场经济的游戏规则下，企业的经营无法回避数据。数据既是行动导向,也是结果导向,几乎所有的经营方略都需要围绕来自资本关系、供求关系、竞争关系和雇佣关系等中不断更新的数据来制订和执行。数据治理从商界渗透到公共领域,特别是政府的施政过程还源于政府的仿企业化改造,或市场导向型政府的源起①。在此视域下,公众即顾客,为输出公共产品和服务的组织,为满足公众持续提升的需求,政府需启用更多量化的绩效考核模式来回应公众,这在一定程度上改变了以文件办理和流转为主的传统行政模式,各类各级数据成为施政的有力工具。

在非互联网下、以样本数据分析推演总体特征的小数据时代,数据治理更多聚焦数据治理理念的建构、数据获取的科学性和代表性、数据质量的评估、数据分析的有效性及数据治理模型的建构等,其中由于样本数据采集的抽样误差等原因,数据的价值质量、结构质量和服务质量等直接影响治理效度。②而大数据时代,以 PB③ 字节为主要形态的海量数据扑面而来,大量异质、非结构化数据的时时呈现是过去前所未遇的场景,对任何领域和组织而言,都是巨大的挑战。

从数据治理向大数据治理转型,无论是理念、方法、实践,还是相关人才储备和相应技术支撑等都未准备好,大部分基层政府有可能还未找到数据治理的真正要义,就要面对大数据治理的全方位侵入。相较于单纯让数据说话,以数据评价为准绳的数据治理,大数据治理在数据共治的全域观、数据挖掘的主体性、数据分析的结构化、数据决策的精准度和数据共享的安全感方面更为突显。

(一) 数据共治的全域观

大数据即为全数据,对于基层政府而言,大数据治理将最先挑战长期的部门割据和条块分割。近十年来,基层政府下多数部门在打造信息化政务平台,熟悉并适应电子治理、电子政府的过程中,已形成自有的数据库,有些走在前列的基层已开始通过互联网和物联网的融合创建智慧政府。可以说,各类政务数据、行业数据和民意数据等作为治理最核心的资源之一已基本获得共识,但大数据时代仅

---

① [美]戴维·奥斯本、彼得·普拉斯特里克:《再造政府》,谭功荣、刘震译,北京:中国人民大学出版社 2010 年版,第 243 页。
② Kyung-Seok Ryu, Joo-Seok Park, Jae-Hong Park, "A Data Quality Management Maturity Model", *ETRI Journal*, Vol. 28, No. 2, 2006, pp. 191-204.
③ 1 PB 约等于 647 068 911 部《红楼梦》。

有各自为政的数据远不能发挥其治理功效,打破部门区隔,形成数据共建、共治和共享的全域观和全域运行机制才能赢得大数据治理的先机。所谓全域观或全域运行机制,必须将沉淀在各部门的数据视为富矿,由基层政府强势推行部门数据联网,形成经济发展、医疗健康、社会保障、文化教育、旅游交通等各类集成大数据平台,全方位地应对大数据治理需求。

(二) 数据挖掘的主体性

在大数据面前,谁是主体、谁是客体并不清晰,几乎人人都在随时随地参与创造大数据。理论上,谁第一时间主动且合法地挖掘沉默,甚至深埋的大数据,谁即为大数据应用的主体。而且与以往发生根本性变化的是,社会作为被治理的客体已不再不可捉摸,它几乎都以大数据的形态而存在[①],基层政府如果不具备活力,不拥有能动性,就丧失了数据挖掘的主体性,和大数据治理也会失之交臂。数据挖掘的主体性还体现在挖掘过程中算法如何确立,以什么样的治理理念,抓住当下民生民情中什么样的痛点,能够形成什么样的创新治理格局等。这些都是算法建构的重要源泉,数据公司却不能完全给予,需要基层政府用智慧挖掘并创建有价值的大数据库。

(三) 数据分析的结构化

大数据的弥漫和非结构化特征常常是它被诟病和搁置的原因之一,如何让大数据从采集到分析都能呈现结构化样态,需要数据工程师与基层政府、社会治理专家及其他各行各业技术人才之间的通力合作。以往数据治理中常被基层政府采纳的第三方介入调研、分析和评估的模式并不足以满足在大数据治理的需求,还需要不同的第三方或多个第三方才能完成。一旦大数据库的变量及数据以相对稳定的结构化方式进入分析阶段,相比大样本数据需要定时采集,考虑到成本问题,其最大的不同就是结构化的大数据可以随时调用、随时分析,甚至随时可视化,这将极大地激活基层政府的常态运行,提升基层政府的日常治理能力。

(四) 数据决策的精准度

大数据的全域覆盖、主体能动及结构化导出问题若能一一解决,将有利于提

---

① Dominique Boullier, "The Social Sciences and the Traces of Big Data: Society, Opinion, or Vibrations?" *Revue française de science politique* (*English Edition*), Vol. 65, No. 5-6, 2015, pp. 71-93.

高基层政府决策的精准度。西方学者曾发现选民们经济生活、社会生活和文化生活变迁的大数据直接影响到地缘政治的变迁①。而经常困扰中国基层政府的一个普遍问题是"我们做了这么多,老百姓要么不知道,要么不领情",显然施政的方向和百姓的需求之间发生了错位。大数据治理针对的是一方水土下所有百姓在不同渠道、不同端口、不同平台上留下的民情民意,这些汇聚而成的大数据所反映出的流向、动态即基层政府精准决策时的重要依据。

(五) 数据共享的安全感

大数据自产生之初就被其可能带来的安全隐患所困扰,也因此有时会让大数据滑向坏数据的边缘②。如何让部门将自己的核心资产——专业数据放手让社会共享,除了基层政府要需具备全域观,更需搭建一张安全网。实名制、分级共享和回溯制等传统的加密方式还不能与大数据所释放出来的超级魔力及不可预知性相匹配。包括不同群体的开放度分层、社群社会的数据认同、大数据延展的边际效用等均需精准预估,特别是在大政府格局下,基层政府在大数据治理的安全防范中可能承担无限责任,需汇集多方智慧、拥有专业前瞻性才能确保数据共享的安全感。

二、大数据治理视野下的基层活力政府创建

如果说在大政府格局下,基层是否充满活力直接影响国家的战略构架和百姓的民生福祉,那么互联网时代基层政府比以往更渴望源源不断的活力。一方面,网络社会充分对称的信息导致基层政府之间的竞争加剧甚至白热化,基层政府的施政稍有懈怠或萎靡,上级政府和辖区百姓就会即刻感知。另一方面,对在政府任职的很多公务员来说,到公共部门任职并不像市场所指的那样是基于经济上的决定,而是希望通过其在政府中的职位来实现对某些政策价值所承担的责任③。

---

① Mél Hogan, Tamara Shepherd, "Information Ownership and Materiality in an Age of Big Data Surveillance", *Journal of Information Policy*, Vol. 5, 2015, pp. 6 - 31.

② James T. Graves, Alessandro Acquisti, Nicolas Christin, "Big Data and Bad Data: On the Sensitivity of Security Policy to Imperfect Information", *The University of Chicago Law Review*, No. 1, Vol. 83, Winter 2016, pp. 117 - 137.

③ [美] B. 盖伊·彼得斯:《政府未来的治理模式》,吴爱明、夏宏图译,北京:中国人民大学出版社2013年版,第85页。

但是面对纷繁且充满各种诱惑的移动互联世界,基层公务员如何在阳光工资及激励措施明显不足的情形下保持个体活力,进而让组织拥有活力,对任何基层政府而言几乎都是难题。此时急需美国社会心理学家、社会科学方法论重要思想家之一的坎贝尔所提倡的"实验社会"主张,即"我们真的不知道到底该不该做,但是我们认为应该试试看"①,而大数据治理视域下尝试建构基层政府活力便是这样的一条实验路径。

以大数据治理为核心机制的基层政府运营模式通过外部输血、自我造血和全身活血三部曲,有机会使相对固化的政府组织焕发青春的活力,在人才结构、组织文化、绩效考评和百姓认同方面重塑政府形象。

(一) 大数据治理的外部输血功能

大数据治理的起点是大数据挖掘,一旦基层政府、大数据公司和专家学者携起手来共同研究算法,把目前和未来沉入基层社会运行各环节的大数据,例如高清摄像头、各类传感器、政务网站、社交媒体、移动 App 等所承载的社会生活方方面面的数据,尽可能在公共平台上进行聚合,由此共建的大数据库及相应的综合分析即时输入基层各部门、各条口,基层便犹如每天都有新鲜血液流入,对百姓的回应和对公共事务的决策将变得更强劲、更精准。同时,基于这样聚合分析的大数据,政府可以更好地布局地方产业经济、尽早发现人口迁移和人才流动模式、修订通勤模式、及时预测流行病的爆发、更有针对性地建构本地养老为小模式等,相对于部门割据、信息疏离的既有行政系统,大数据治理下各条口将无一例外获得基层政府这一中枢神经系统持续输出的新鲜一手信息,也因此将有机会站到引领基层社会治理的制高点。

(二) 大数据治理的自我造血机制

大数据治理推动活力政府创建不是搭建一个中央厨房、一个公共平台就能简单完成的,即便每天时时有新鲜的大数据信息被部门共享,但若没有应对大数据治理的新型政府人才,海量规模的大数据不一定能变成活数据。事实上,绝大部分大数据的输出使用,离不开数据分析工程师及各行各业的专业分析师,而这些

---

① [美]B. 盖伊·彼得斯:《政府未来的治理模式》,吴爱明、夏宏图译,北京:中国人民大学出版社2013年版,第87页。

人才存量目前在基层政府仍相当稀缺，唯有大量培育相关基层大数据治理的分析师，或通过设立大数据岗吸引外部人才，才能开启大数据治理的自我造血机制。例如栖霞"掌上云社区"导出的大数据信息显示物业问题仍是居民反映频度最高的问题，有些是基础物业问题，有些是百姓向往美好生活带来的更新、更高的物业诉求。这些问题直接引导基层政府和专家团队将新一轮的工作重点转向社区微更新或社区营造，将空间更新、地缘文化与物业管理相融推进基层治理。百姓的自治意见满意度变化将通过"掌上云社区"被导出，形成最新的民意大数据。基层分析师将多次跟进修正，才能形成基层活力建构的自我造血机制。

（三）大数据治理的全身活血路径

一旦开启大数据治理的闸门，大数据将从四面八方涌来，如何让其有序运行、让各部门协同共舞成为新的治理难题。基层政府是一个有机组织，在大数据治理体制下，各部门只是其中分工不同的器官，因此建构部门的大数据格局、大数据视野和大数据治理能力是基层政府整体一盘棋的重要方略。打通任何一个部门的大数据经脉，都有利于基层政府全身活血。当然，大数据治理的全盘通畅除了依靠基层政府的创新作为、融合协作，当地百姓也需培养大数据思维，在共享大数据成果的同时，积极参与其中并成为大数据共建共治的一部分，才能呈现大数据时代充满活力的基层社会共融盛景。

就像整个社会从互联网到移动互联网，再到人工智能时代，全社会都来不及准备，但这一趋势已不可阻挡一样，基层政府刚意识到日常工作必须由管理走向治理，还远未适应其变迁，便不得不接受大数据治理的挑战，唯有各部门有序运行，才能迎来百姓期待、社会共享的活力政府。

第四节　合作治理

进入21世纪20年代，以5G和人工智能为主导的新技术革命的冲击，以及由美国为主导掀起的逆全球化行动策略等，为正在推进的中国社会治理体系和能力的现代化建设提供了新场景。这一场景不同于工业化、城市化浪潮中以发展为主旋律的特征，它摆脱线性的、一味增长的态势，更强调反思和变革。同时新场景也不完全等同于所谓后工业、后现代化时期以信息技术为首要变量的趋势预测,它夹杂着人类命运共同体下对国家、市场和社会关系的重新界定,并且呈现多维的、平行的创新性选择。

相比中国改革开放四十多年来相对稳定的发展格局,历经新冠疫情之后的新场景增加了不确定性和多元价值认同,对分属不同主体的组织都提出了最新挑战:假设政府只掌舵不划桨,那么疫情就难以控制;假设市场组织仅以利益为准绳,不嵌入社会保持共振、不承担相应的社会责任,那么企业就很难抵抗逆全球化的冲击;假设社会组织仅强调非营利,不与政府或企业合作、不提倡赋能与赋权,那么其可持续发展就会沦为空谈。正在发酵演化的新场景,如果不明朗、不可预期是其主要特征,那么新场景下的国家、市场和社会的抱团取暖、共克时艰及互嵌共生就变得更为紧迫,或者说三者之间比以往任何时候都更应强调合作而非制衡、伙伴关系而非井水不犯河水、共同体而非个体。

一、基于伙伴关系的合作治理理论

20世纪90年代以来,治理以多元、参与、协商等主张,回应政府和市场的有限性,以及相应的不可持续问题,推动了一场从统治、管理到治理的范式转移,其标志性节点即28位国际知名人士发起成立"全球治理委员会",并于1995在联合国成立50周年之际发表了著名的《我们的全球伙伴关系报告》[①],其间关于治理即"各种公共的或私人的个人和机构管理其共同事务的诸多方式的总和,使一种使相互冲突的或不同的利益得以调和并且采取联合行动的持续过程"的定义被学界和政界广泛采纳。治理携带伙伴与合作的基因,但是西方各国在接受治理实践的挑战中,并没有直接导向合作治理,而是在围绕政府与市场、社会的关系中几经调整,经历了政府定位缩小、放大、再缩小、再放大的多次变革,最后在以契约关系为主的自由主义和以委托—代理关系为主的统合主义之间另辟蹊径,开始探索基于伙伴关系的合作治理模式。

即便如此,合作治理一直试图区别于协同治理、协作治理、网络化治理和多中心治理,找寻自己独有的一套理论模式。学术界也因此展开了不同视角的探讨。

---

① 俞可平:《全球治理引论》,《马克思主义与现实》2002年第1期。

从治理主体而言,合作治理强调主体的异质性,它是政府、社会、市场和个人等主体间以及主体内部通过建立有效的合作机制,促进公共问题解决的治理结构和过程①;从治理目标而言,合作治理是为实现公共目标,在公共、非营利部门内部或跨部门之间所进行的权力与自由裁量权的共享②;从治理网络而言,互联网在伙伴沟通、协调活动和建立关系三个维度上推动了合作治理的网络集成,并大大提高了合作治理运行成功的几率③;从合作治理的类型而言,可划分为"共生"与"非对称依赖"两种类型④,前者突出合作治理是双方相互需要的共同行为选择,双方通过相互嵌入其组织体系或行动路径,以促进公共利益最大化为目标进行平等合作、共同治理,后者侧重合作过程中控制权的分配与调整,从而形成差异化的合作治理结构,例如政府的外包行为。显然本章更强调互嵌共生型的合作治理模式。

互嵌导向共生也为一直未找到内涵及边界的合作治理延展出了一种共生型合作治理模式。这一模式至少包含伙伴关系、资源共享、持续信任以及联合行动等关键词。首先,共生型合作治理中的参与者均为伙伴主体,这意味着一种被平等赋权的话语结构⑤,在治理目标、治理方略和治理进程的推演过程中,双方权力均等,随时保持相互倾听及并肩合作的状态,且因对方的存在而减少成本、增加收益,形成"1+1大于2"的伙伴效应;其次,共生型合作治理的双方均向对方开放自有资源,也因此资源互补的两方更易结成伙伴合作关系,而资源共享过程中包含经济资本和社会资本的增值放大也是合作治理的理想境界;再次,共生型合作治理并不是短期行为,合作初期的需要被满足及资源互享如何能延展成持久信任,并进一步推进合作治理的中长期战略是其中非常关键的要点;最后,共生型合作治理即为双方互称伙伴、互借资源、互相信任并采取联合行动的过程,经由不断的、可持续的共建共治共享,合作治理双方才有可能结成真正的共同体。

---

① 刘力锐:《网络社会的合作治理:赋能的技术与能动的政府》,《中共杭州市委党校学报》2015年第2期。

② 敬乂嘉:《合作治理:历史与现实的路径》,《南京社会科学》2015年第5期。

③ [美]斯蒂芬·戈德史密斯、威廉·D. 埃格斯:《网络化治理:公共部门的新形态》,孙迎春译,北京:北京大学出版社2008年版,第60页。

④ 王欧、杨非凡:《合作治理中政府和社会组织关系研究——基于国家—社会二元论视角》,《华南理工大学学报(社会科学版)》2019年第5期。

⑤ Rob Atkinson, "Discourses of Partnership and Empowerment in Contemporary British Urban Regeneration", *Urban Studies*, Vol. 36, No. 1, 1999, pp. 59–72.

巧合的是这一共生型合作治理模式在欧美落地生根多与社区主导的城市发展有关。20世纪后期,城市复兴越来越多地围绕社区赋权展开。这一时间节点与治理理论的兴起几乎重叠,也与社区这一小体量的地理、生活与经济社会发展空间更易产生信任与伙伴关系有关①。例如在社区赋权实践较多的英国城市更新中,原本自上而下的城市更新范式在20世纪90年代后开始向上下结合、互嵌共生的合作治理模式转变。如英国伦敦国王十字火车站周边区域联动更新方案,邻近社区专门组织"国王十字更新论坛",从1996年提出动议到2007年动工,相关社区互动讨论会超过4 000余场,充分保障多方社区民意的表达,最终以"人的城市"作为更新原则才得到最大范围认可②。在政府公权(上层)和社区民意(下层)之间的沟通与合作中,社会力量和第三方力量彰显出来,确保了空间正义及社会良善的可能。再如20世纪90年代以来美国社区出现的新场景是,周边大学主动服务并经常参与社区发展,并与所在城市的社区发展成为一种广泛而密切的合作伙伴关系。正如美国宾夕法尼亚大学教授哈科维所指出的"这一趋势在全国蔓延,并且很可能大学与社区的合作伙伴关系将成为新世纪美国大学与城市发展的标志性特点"③。不仅如此,社区与大学的伙伴合作关系被写进了美国联邦法案。1990年美国国会通过《国家与社区服务法》,旨在为持续推动大学—社区的合作及伙伴关系建构提供开发与实施资金。两年后,美国国会又通过了《社区扩展合作伙伴法案》,目的是创建专门机构并给予进一步资金支持。1994年美国住房与城市发展部又专设机构来推进这一合作治理模式(朱鹏举、王释云,2018)。

由于工业化和城市化的先发效用,西方城市社区在参与城市更新过程中已率先探索基于伙伴关系的合作治理模式,与西方小政府、地方自治及市场化的治理机制不同,中国大政府建制下,社区从20世纪80年代顺应城市化和改革开放大潮一路走来,直至21世纪20年代,社区已成为城市基层治理的压舱石,也成为国家施政最后的落地执行者。虽然国家和地方政府对社区的各项人财物等资源的投

---

① David Clark, Rebekah Southern, Julian Beer, "Rural Governance, Community Empowerment and the New Institutionalism: A Case Study of the Isle of Wight", *Journal of Rural Studies*, Vol. 23, No. 2, 2006, pp. 254-266.
② 邓智团:《空间正义、社区赋权与城市更新范式的社会形塑》,《城市发展研究》2015年第8期。
③ Ira Harkavy, John L. Puckett, "Lessons From Hull House For the Contemporary Urban University", *Social Service Review*, Vol. 68, No. 3, 1994, pp. 299-321.

入不断加码,但仍赶不上社区负荷的节节攀高①。当下中国城市社区要想摆脱无限扩张的困境,可选的路径无非两条,一条是向政府提出诉求不断扩容以求减负,另一条是向周边寻求伙伴探索合作治理的新路。

二、基层合作治理机制探讨

伴随着改革开放四十多年的经济社会发展进程,区别于西方城市化和城市更新的传统路径,中国城市基层治理经历了行政化、社会化和市场化的锤炼,来到了社区与物业双向联动,业委会和社区社会组织多元参与、合作治理的新场景:一方面,社区居委会不再是社区唯一的管理者,物业这一市场化主体开始参与管理。同时,社区居委会又通过党建引领、强化"网络+网格"的双网治理经历了从有限社区到承接大政府下沉职责的无限拓展,除了对自身的赋权赋能,还急需寻找合作伙伴来分忧分责,并携手完成基层治理的合作共赢。另一方面,物业以市场化之名、搭上房地产迅猛发展的便车,在城市基层治理中不仅分得一杯羹,还曾经一度坐拥"半壁江山"。但随着城市百姓的公民意识增强及对更高质量、更美好生活的向往,物业的服务能力和水准远不符合新场景下各方的期许,物业寻求政府支持、被纳入基层社会治理体系,并习得公共性,最终走向半市场化、社会化。相较业委会、业主代表大会、社区社会组织和驻区企事业单位等其他主体参与社区治理的投入程度及重要性,社区和物业在基层治理结构中越来越突显的位置,以及两者互嵌共生的急迫程度,值得各方努力为其寻找伙伴式合作治理的路径和机制。

(一) 平等赋权及伙伴关系的建构

"赋权"一词进入治理视野通常是因为治理主体中的一方或多方权力感知偏低或需要外部重构,也就是说社区治理中的赋权既来自主体感知,也来自客观建构。有学者将其区分为心理赋权和社区赋权,前者强调个体对所拥有能力和资源的感知,后者指向获得社区资源再分配、参与社区政治生活等②,也指政府在公共服务供给决策中赋予本地社区以更大的参与权和影响力,其政策导向在于强调自

---

① 闵学勤:《从无限到有限:社区平台型治理的可能路径》,《江苏社会科学》2020年第6期。
② 孙奎立:《"赋权"理论及其本土化社会工作实践制约因素分析》,《东岳论丛》2015年第8期。

治组织与社区部门在社会政策体系中的角色,促进政府与公民社会之间复杂的互动关系①。从合作治理的视角推进建构社区与物业的伙伴关系,我们首先应强调来自双方主客观兼备的平等赋权。

从社区这一主体来看,2017 年颁发的《关于加强和完善城乡社区治理的意见》确实赋予其指导和监督物业服务企业的权力,但就目前社区所拥有的能力、资源及时间而言,其客观上指导力和影响力不足。从物业这一方来看,单就 2020 年参与基层社会治理的频率和深度就超过以往任何一年,包括文明城市检查、年尾的全国"七普"人口调查等。物业主动或被动地与社区被一起卷入这些公共事件。"文明城市要求清洁工作更加细致,我们就会配合社区对小区的一些死角地带进行清理工作。"这来自笔者关于《江苏"十四五"物业服务发展规划》的实地调研信息②。物业企业认为 2020 年与社区的合作频率确实达到了一个高点,这对他们行业地位的提升及在他们在政府和民众心目中信任度的提升确实有相当裨益,但是这样的合作关系仍停留在社区借助物业的人力及场所资源这一层面,物业并未从政府那里获得授权,也很少获得政府在网格治理、城市更新或社区营造方面的采购业务,较难走上与社区共担职责、共同发展的合作通道。

任何关系都是建构的,一个行政主体、一个市场主体,面向基层治理的共同场域,若形成上下级关系,就会违背市场规律;若形成并行关系,就会消耗过多公共资源,让百姓无所适从。新场景下,社区作为政府承上启下的压舱石已超负荷运转,而物业虽备受诟病,却不可获缺,两者探索各司其职、互嵌共生的伙伴合作关系才是共同且理性的选择。目前对于这样一种平等赋权的伙伴关系建构,各方急需破题:(1) 社区这一方需在全科社工的基础上探索"社工+物业"的可能性,这样的社工不是管理物业,而是熟知物业的专业服务常识,能有效应对物业与社区的矛盾和纠纷;(2) 基层政府在进行精细化治理时,是否可将一些与楼幢相关、与网格相关的岗位交由物业担当,这样既利用物业就近便利的职业属性,也能让物业承接政府下沉服务的购买;(3) 物业在多元化、社会化的发展进程中,如若不能在

---

① 邓智团:《空间正义、社区赋权与城市更新范式的社会形塑》,《城市发展研究》2015 年第 8 期。
② 2020 年受江苏省住房与城乡建设厅的委托,笔者及团队承担了《江苏省"十四五"物业服务发展规划》项目,这也是江苏省首个以物业服务发展为主题的省级规划项目。课题组的调研覆盖江苏南京、苏州、徐州、扬州和宜兴等城市,被访对象包括当地住建局、物业协会及当地物业企业相关负责人等。

服务理念、人员素质、管理水平上有所提升,就很难与社区形成对等合作关系;(4)社区治理中的业委会、社区社会组织和驻区单位等其他主体是否支持社区与物业的伙伴关系,还有待两者之间良性的互动模板来进行鉴证。

(二)公共协商及合作共赢的可能

社区和物业之所以在城市发展进程中形成双边、双轨运行的新场景,与两者边发展、边应对不断出现的新问题有关。社区在承接街道及各职能部门任务的过程中不断发展,但来自民众的需求也在不断增多,社区常常自觉有不可承受之重。物业从不被看好的保洁、保安起步,现在要面对社区的美化、优化及民众的购物、休闲、养老、交往及各类社会参与的诉求,即要满足小社区大社会的承载,仅靠单体的市场化运作是很难的。在同样的地理空间,看似各自应对的问题不尽相同,但是这几年除了大型公共事件需要两者携手合作,社区治理中需要两者共同面对的问题交集也越来越多,例如小区业委会成立、物业更替、物业费涨价等。面对这些问题,百姓相对更信任社区这一方,只是社区仅被授以物业指导和监督权,在专业能力及资源有限的情况下,与物业合作的唯一出口即是公共协商。

公共协商的核心要义便是多元主体放下成见、让渡资源,通过联合、持续磋商寻找问题解决的方略,并达成公共理性及合作共赢的目标。如果说平等赋权是合作治理的起始,那么公共协商即为合作治理的路径,例如关于业委会成立这一超大难题,除非小区居民大都无意成立或不够条件成立业委会,否则对社区和物业将是极大的考验。如双方站在什么样的立场,能否为此启动协商程序,若共同协商如何遴选业委会候选人、业委会成立后如何监管等,一系列的问题既考验社区和物业合作治理的决心,又考验多方公共协商的能力。目前,业委会成立难、运营难等问题的背后,除了居民自治能力的缺憾,社区和物业的角色定位不准及合作协商的水平一般也是其重要症结。

其实基于伙伴关系的协商与基于契约关系的谈判不同,后者的目标非常直接,即为双方获利,而前者的目标比较多元,让协商保持程序规范、在协商中更顾及社区长远公共利益、协商结果能呵护居民自治的初衷等都是对伙伴关系的维系和践行。特别是近二十多年来原本对于社区治理中"三驾马车""三足鼎立"的期待逐渐被社区与物业的双边合作所取代,最容易被倾轧的即是社区自治的愿景。借助协商的方式,将社区更多的自治力量包裹进来,并通过培育和孵化来建构社区社会,可能才是社区和物业合作共赢的理想未来。

(三) 数字赋能及持续演化的未来

近年来,在城市基层治理中出现的另一新场景即为数字化和信息化的异军突起。无论是社区还是物业,都会试图搭建数字化平台加强各自所在领域的电子治理和在线治理,只是大部分信息化平台并不向对方开放端口,如各自所建的 App、微信群、小程序或微信公号等。作为后台管理者或群主的一方很难意识到要将另一方纳入体系,并探索合作治理。常态化的场景是:在社区信息化平台中反应的物业问题通过社工经由线下渠道传递给物业,物业电子管理平台中涉及社区的事宜同样也必须转向线下沟通。民众几乎很难在同一信息化平台中既能面向社区,又能面向物业。这一信息化的壁垒既来自双方对平等赋权及伙伴关系的认知不足,也源于各自系统的供给主体,即政府和物业企业在投入时对成本支出和平台运行难度的考量。

从信息壁垒到数字赋能,我们还要越过几道认知和行动的鸿沟。首先,信息化及人工智能时代的来临对经济、社会和文化生活的深度影响不可阻挡,社区与物业不仅需要各自顺应这一数字化进程,还需择机从同一地理空间上升至同一数字空间,即在同一信息化平台上进行对话协商,并且这一平台的端口应尽可能向本地居民开放。例如南京栖霞区的"掌上云社区"平台,社区是群主,居民、物业、社区社会组织和驻区单位均在其中,投入其中的党建小程序、协商小程序、物业小程序、投票小程序和"不见面审批"系统等也都同步向所有相关主体开放。其次,即便在认同互嵌共生的伙伴关系下,社区和物业开展合作,双方还有诸多能力短板需要填补。例如社区对物业各类专业运营常识的了解不够、对各类物业纠纷背后深层原因的分析能力不足,以及物业对基层社会治理的知识储备欠缺等,这些短板在短时间内很难补齐。对社区和物业的合作治理而言,数字赋能的真正含义在于双方尽可能被纳入一个数字平台,日常在线各司其职,必要时双方或多方在线协商,并且同一场域的百姓主体也都可见、可参与。这一场景不单单可节约沟通成本,更重要的是大家每天都有机会习得专业常识,共同谋求资源互补。最后,新场景下的数字赋能并非人们想象中那样简单,它挑战差异化的地域空间、年龄群体及知识结构,也挑战社区和物业所面对的政府、市场和社会的三角关系,更挑战一线的社工及物业工作人员。不过可以预见的理想未来是,一旦社区和物业愿意携手,双方互通有无,并能在同一信息化平台上为一方百姓服务,并恪守伙伴关系和赋权赋能的理念,那么合作共赢即可期待。

经济社会发展和技术演化的新场景折射在城市基层治理的结构中呈现这样的图景:原本保持一定距离且各司其职的政府、市场和社会,在各自行政化、市场化和社会化的征程中,不约而同来到社区这一共同的线下地理空间和线上数字空间。社区和物业率先在共同的场域中频频相遇,在国家顶层设计和基层创新实践的基础上,一条放下成见、携手合作的新路逐渐清晰,而基于伙伴关系、资源共享、持续信任和联合行动等关键要素的合作治理模式也为双方未来的合作共赢提供了理论支撑。但是无论放眼全球,还是聚焦中国,合作治理从理论到实践都还处于早期探索阶段,中国城市基层治理中的社区和物业两大主体若能尽早赢得平等赋权、公共协商和数字赋能的机会和平台,那么城市基层合作治理的中国模板即有望实现。

第五节 新参与式治理

新公众参与(New Public Involvement)这一概念源起于西方,亦被称为新公民参与(New Citizen Participation),或新公共参与(New Public Engagement),自美国19世纪60年代中期起,在林登·约翰逊政府推行"伟大社会计划"时流行起来。当时联邦政府要求州和地方政府在实施城市改造计划的过程中,必须赋予公民参与管理的权力,这使得公民参与行动进入合法化程序[①]。新公众参与较之于传统的公众参与至少有三大特点。第一,以往公民是局外人,行政管理职业者是专家,立法者是精英利益的代表,而新公众参与试图改变这种角色定位,使公民成为决策者,行政管理职业者成为专家式咨询者,而立法者则能回应社区所有居民的需求[②]。第二,对于公共参与的核心界定,两者有差异。在新公众参与下,公民不但

[①] [美]约翰·克莱顿·托马斯:《公共决策中的公民参与》,孙柏瑛等译,北京:中国人民大学出版社2010年版,第10页。

[②] [美]理查德·C.博克斯:《公民治理:引领21世纪的美国社区》,孙柏瑛等译,北京:中国人民大学出版社2014年版,第90—92页。

参与政策的制定,还影响政策制定的过程,对政府决策与执行施加压力,其公共参与的主要目的不仅是分享政府的权力,同时也是分担政府的责任,是为了建立一个责任共享、利益共担的机制①。第三,与传统的公共参与的精英理论之偏见相反,公共参与曾经被认为是社会精英的权力与责任,新公共参与拓宽了参与的群体与渠道,所有的利益相关者都可以通过灵活多变的形式参与,不论是社会的中、上层阶级还是贫民抑或那些低收入的社会阶层②。导致西方新公众参与在20世纪中后期兴起的主要原因包括民主政治的包容性、公民的公共责任意识增强,以及信息摆脱地域限制等③,这些都促使公众走向前台,他们以自身所拥有的智识在合法的政策许可下参与、谏言并执行。但是新公众参与实践与预想的一样困难重重,有学者提出两个经典问答:各国政府真的准备好放弃对决策过程的控制了吗?简单的答案是"不"。更大的问题是公民是否准备好挺身而出——而这个问题的答案是"也许"④。有学者历数20世纪60年代至20世纪末,悲观地认为很少有研究成功地将公民参与和政策或政治结果联系起来。也有学者倾向于采取理论方法并假设效果来回避实证问题⑤,但更多的学者看到了西方多国政府从法律及政策制定,到时间和成本的更多投入来推动新公众参与,也看到公众从参与投票,到参与环境、邻避、女权和种族等新社会运动等来扩大自己的话语权,同时还发现更高的公民参与度增强了政策的响应性,相比公民个体、公民小组在推进各类公共事务方面具有很大的潜力⑥,公民加大参与、更积极的招募和更激烈的行动将会提

---

① R. Denhardt, Janet V. Denhardt, "The New Public Service:Serving Rather Than Steering", *Public Administration Review*, Vol. 60, 2000, pp. 549 – 559.
② 顾丽梅:《挑战、批判与反思:解读当代西方的新公共参与理论》,《浙江学刊》2009年第6期。
③ 张振伟、陈文:《公民社会理论视阈下的新社会运动分析》,《山东理工大学学报(社会科学版)》2016年第1期。
④ Don Kettl, "Beyond New Public Management:Will governments let citizens and communities determine policy choices and service mixes?" In *Putting Citizens First:Engagement in Policy and Service Delivery for the 21st Century*, ANU Press, 2013, pp. 39 – 48.
⑤ Paul S. Martin, Michele P. Claibourn, "Citizen Participation and Congressional Responsiveness:New Evidence that Participation Matters", *Legislative Studies Quarterly*, Vol. 38, 2013, pp. 59 – 81.
⑥ Ned Crosby, "Citizens Panels:A New Approach to Citizen Participation", *Public Administration Review*, Vol. 46, 1986, pp. 170 – 178.

高当地公共产品和服务质量①等。

　　与西方公民社会发育较早不同,公众参与于20世纪90年代初传入中国②,经过30年的实践已融入城市规划、环境治理、政策评估等多方治理,同时公众从理念认知到行动选择经历了快速变迁,特别是在移动互联网兴起的近十年,在线公众参与成为中青年群体的重要介入方式。在短短的30年国内公众参与历程中,也有学者将其做了新旧之分,例如,"媒体社会化背景下我国的公民参与显然是一种全新的政治生活实践,而近年来在全国各大城市迅速蔓延的邻避运动,本质上即是一种新公民参与运动。可以说,我国公民参与已进入一个新阶段,新的公民参与时代已悄然来临"③。如果说西方新公众参与是以合法化、制度化、规模化和全过程化来区分传统的公众参与,那么对国内公众参与而言,新旧参与的分水岭出现在人们的受教育程度、参与意识普遍提升的移动互联网、自媒体时代。对中国而言,所谓新公众参与,是指在移动互联网时代之后,基于自媒体和社会组织的迅速发展,并在一定的制度许可之下,相对有素养的公众通过线上线下等各类渠道,以和平理性的方式嵌入公共事件,表达心声、提出谏言,并付诸行动,对解决问题和社会前行达成一定效用的参与行为。

　　从时间节点上,社会治理进入中国并成为政府主流话语始于2012年,也即党的十八大之后,与移动互联网的到来几乎同步。也就是说,社会治理经历理念及实践的逐渐培育、孵化,特别是有关社会治理顶层设计的步步推演和基层治理的多维先发、创新,到2018年市域社会治理提出,走过了一个由宏观到微观,再由微观到中观的过程,并与新公众参与的勃发期相遇。参与对于社会治理而言一直是首要关键词,社会治理的去中心化、去权威化依赖的就是多元参与,而在新公众参与视角下研究市域社会治理,直接影响人们对市域社会治理多个层面的理解。

　　首先是有关市域的界定。一种观点认为市域指地级市的行政区域范围,既包

---

① Melissa J. Marschall, "Citizen Participation and the Neighborhood Context: A New Look at the Coproduction of Local Public Goods", *Political Research Quarterly*, Vol. 57, 2004, pp. 231-244.
② 张丽梅、王亚平:《公众参与在中国城市规划中的实践探索——基于 CNKI/CSSCI 文献的分析》,《上海交通大学学报(哲学社会科学版)》2014年第2期。
③ 刘小魏、姚德超:《新公民参与运动背景下地方政府公共决策的困境与挑战——兼论"邻避"情绪及其治理》,《武汉大学学报(哲学社会科学版)》,2019年第12期。

括城镇区域,也包括农村地区①;另一种观点认为"市域"应该主要指的是设区的城市的行政区域和层级(包括副省级城市、省会城市、计划单列市),以设区的市为单位的社会治理具有更大、更明显的优势,特别是地方立法权优势和资源统筹协调优势,且市域治理以城区为重点②;还有一种观点认为"所谓市域,当视为包含一定乡村在内的自成一体的空间体系,聚集了一定规模的人群,内部形成了相对完整的分工和交换体系,同时也在全球分工体系中居于特定的位置。如今讨论市域社会治理,必须放到中国城镇化进程和世界城市发展的大势中来予以定位"③。对标西方新公众参与合法化、制度化的视角,笔者认为将目前 323 个拥有地方立法权的城市(或自治州)作为市域范畴的界定较为合适。2015 年《中华人民共和国立法法》修改后,全国 289 个设区市、30 个自治州和 4 个不设区的地级市(广东省东莞市和中山市、甘肃省嘉峪关市、海南省三沙市)拥有地方立法权。这 323 个城市(或自治州)的立法权来之不易,作为连接中央和基层的中枢,且以地方立法为切入口,对探索新公众参与下的市域社会治理有先行先试的作用。

其次,寻找市域社会治理行动的逻辑及突破口。市域社会治理不是平地而起的,它有近十年的地方和基层治理探索经验:自 20 世纪以来连续举办八届的"中国地方政府创新奖"和举办三届的"中国社会创新奖"④,以及首届"中国城市治理创新奖"(2019)等产生了近 4 000 多个案例,在汇聚地方和基层治理的各级各类创新实践的同时,也由下至上开展了多场地方和基层的竞赛,涌现出诸多创新样本,包括浙江的"最多跑一次"、诸暨的"枫桥经验"、温岭的"民主恳谈";江苏栖霞的"不见面审批""基层大数据治理",鼓楼的"基层协商"和太仓的"政社互动";北京的"街乡吹哨,部门报到";上海的 3.0 版即"上面千条线,下面一张网";成都的"楼幢自治"和"社区营造";广东广州的"城市治理榜"、深圳的"儿童友好型城市";山西朔州的"朔城街坊"模式;甘肃兰州的"市民城管"等。这些地方和基层治理经验无一例外均涉及公众参与和政社互动。以此为基础,市域社会治理需要回应四个问题:基层经验是否可放大到市域?市域的探索是否能在全国推广?目前的实践

---

① 戴大新、魏建慧:《市域社会治理现代化路径研究——以绍兴市为例》,《江南论坛》2019 年第 5 期。
② 姜方炳:《理解"市域社会治理现代化"的三个着力点》,《杭州(周刊)》2019 年第 19 期。
③ 成伯清:《市域社会治理:取向与路径》,《南京社会科学》2019 年第 11 期。
④ 俞可平:《社会自治与社会治理现代化》,《社会政策研究》2016 年第 7 期。

是否有可持续性？新型市域社会治理的突破点在哪里？对于323个拥有地方立法权的城市（或自治州）而言，上述四个问题可归纳为以新公众参与为契机或突破口，在分析、回应、预判新公众参与的形态、规模和走向的基础上，如何建构和完善市域社会治理的能力及体系建设。

最后，市域社会治理必须回应时空对接的问题。社会治理的支撑体系之一就是公众参与，从空间视角提出的市域社会治理在时间点上恰逢国内的新公众参与浪潮。这并非偶然，而是新公众参与在规模化、公开度和有效性上与社会治理的理念完全吻合，因此市域社会治理不能像之前的基层治理那样摸着石头过河、各走各的道路、各试各的创新，而应正视新公众参与对社会治理带来的可能冲击，时时回应公众的诉求、倾听公众的心声，并在市域空间上，利用具有集约效用的市域平台，寻找推进承上启下、条块融通、政民互嵌和区域共享的治理模式。

第六节　脱域式治理

"脱域"（Disembeding）一词最早由英国著名社会学家安东尼·吉登斯在其1990年出版的《现代性的后果》中提出。吉登斯在现代化变迁中关注社会内在多样化的进步过程，并发现"社会关系从彼此互动的地域性关联中，从通过对不确定的时间的无限穿越而被重构的关联中'脱离'出来"。这一脱域机制包含两种类型，一种是象征标志的产生，另一种是专家系统的建立①。前者意味着现代化进程带来的时空转换会产生一些象征物，如资本主义早期文明时出现的货币；后者意味着在时空延伸的过程中，外行对专家系统的信任为其提供了预期保障。吉登斯关于现代性后果之一的"脱域"的描述恰恰反映了中国乡村发展的现状：一方面，目前中国的GDP已跃居世界第二，而处于城市边缘的乡村基本还处于传统经济和文化的包裹中，时空已呈现相当程度的分离。另一方面，虽然近三分之二的中国人常住城市，但人们并没有遗忘乡村，都希望凭借国策国力、各级各类专家的群策群力，以及日新月异的类似脱域象征物的互联网技术等，助乡村振兴一臂之力。

---

① ［英］安东尼·吉登斯：《现代性的后果》，田禾译，南京：译林出版社2011年版，第18—19页。

但是,乡村的主体能动性不高,主体性缺失的问题一直困扰外部力量,许多看似轰轰烈烈的乡村振兴运动,都因本土的行动力没有跟上而搁浅。因此,中国乡村的各类主体,无论是长期定居未曾进城的老一代村民,还是进城后候鸟式返乡的新一代农民工,甚至包括立志乡村建设的外乡人或经济能人,都需要在点状激活的基础上,进行全方位"脱域式赋能",以提升乡村整体的治理能力,在乡村治理体系现代化的架构下,才有可能实施真正彻底的乡村振兴。

一、乡村治理的"脱域式"困境

正如梁启超所言,"欧洲国家积市而成,中国国家积乡而成"①。对于以千年农业文明为基础的中国社会,我们如果从实践层面来回溯乡村治理,其几乎与整部中国历史相交融,但如果以城乡关系变迁为视角,其实可以是否受到大规模城市化的挤压为基准,来判断乡村治理的逻辑、模式和演化趋势。而1978年以前,因经济社会发展或历史原因,中国的城市化一直处于超级低迷的状态,城市化率几乎在10%以下徘徊。有学者曾据史料判断,南北宋时期的城市化率超过20%,但更多的史学学者通过精算推测即便是发达的太湖流域,其宋朝时期的农村城市率也仅为10%左右②。也就是说,20世纪改革开放前的乡村治理是不受城市挤兑的、完全内生性的,并且是中国社会整体发展的一个缩影。

千百年来中国乡村的发展理路并非都能被冠以治理一词,常常在管理、管治,甚至是控制与治理之间模糊切换,治理的意涵时有时无。不过早在先秦时期出现的"乡、党、朋、间、族、邑、邻、里、什、伍"等有关乡村基层组织的概念,北宋时期涵盖"德业相劝""过失相规""礼俗相交"和"患难相恤"的《吕氏乡约》,以及明朝中叶王阳明为达成知行合一,推出的"立乡约""建乡政""办乡学"和"恤乡民"③的乡村治理体系,足以彰显中国古代从顶层到民间即有的乡村治理理念及智慧,当然也因此在历史上的不同时期出现过乡村繁盛的场景。与帝制下的"士绅模式""地方精英模式"或"宗族治理模式"不同,民国时期由知识分子发动并主导的乡建运动,

---

① 梁启超:《饮冰室合集专集》,北京:中华书局1989年版,第52页。
② 陈国灿:《宋代太湖流域农村城市化现象探析》,《史学月刊》2001年第3期。
③ 王金洪、郭正林:《王阳明的乡村治理思想及实践体系探析》,《华南师范大学学报(社会科学版)》1999年第4期。

与其说是乡村治理,不如用乡村实验形容更为贴切。1926 年起晏阳初、李景汉等扎根十年的定县实验,1928 年起由吴文藻先生所在的燕京大学社会学系引领的清河实验,以及 1931 年起梁漱溟在邹平县推动的乡村建设等①均试图探索多元合作、团体自治、由教及治和由文及理的乡建模式。中华人民共和国成立之后,土地改革、人民公社制、上山下乡运动等将乡村从空间到政治,从生活到生产无一疏漏纳入国家统合之下。表面上,在城乡二元绝对分隔的格局中,相当多的人力资源、政治资源下沉到了农村。1978 年,经济和政治双轮驱动下的改革开放拉开大幕,此时的中国乡村仍拥有 80% 以上的常住人口,与世界城市化的差距达到 50% 以上。但此后的 40 年,中国城市化一骑绝尘,将千年占据主导地位的乡村拉下马来,每年有一两亿农民进城打工,且除了少部分经济发达地区的乡村步入工业化大潮,大部分乡村从人口、文化、空间到经济社会呈现全方位凋敝的景象。汹涌而来的城市化大潮还是超出了农业中国各方的预期:一方面,城市的大开发、大建设吸引了绝大部分农村劳力进城务工,被逐渐掏空的乡村从未想过是否需要留有余力以维系乡村的发展。另一方面,城市文明不断崛起,传统的乡村文明成为落后的代名词。在城市光环的笼罩下,虽有顶层设计和各方努力,但乡村旧的问题未去,新的问题还在不断产生,其"脱域式"困境主要表现在城市化下的乡村人力资源匮乏、市场化下的集体经济乏力、行政化下的干群矛盾突生、现代化下的乡村文化衰退,以及碎片化下的乡村公共空间萎缩。

如果说刚刚过去的 40 年改革开放是城市一路高歌猛进,乡村逐渐被抽血、被疏离的过程,那么在国家、市场和社会均意识到振兴乡村的战略意义和现实意义,并已开启一系列的政策供给、资源输入和参与行动后,接下来城乡之间将不可避免地进入拉锯状态:一方面城市还要走它没有走完的城市化之路,另一方面乡村不能再等待,需要被全面激活,进入新的与城市互补共荣的可持续发展阶段。

二、乡村的"脱域式"赋能

所谓"脱域式赋能",即面对经济社会发展现实,正视城乡变迁中的差异化定位,在治理理念的全方位导入下,利用最新的、可操作性强的互联网或物联网等

---

① 闵学勤:《社会实验:嵌入协商治理的可能及可为》,《人文杂志》2017 年第 3 期。

"脱域式"技术,通过持续的、线上线下的多方努力,以及还权赋能或增权赋能,来应对和弥补乡村各类主体的能力不足,激发乡村的多维潜能,为乡村社会治理体系现代化打下人力基础。与其他视角的赋能不同的是,首先,"脱域式赋能"以乡村治理理念为支撑,提倡多元参与、协商协同及赋权赋能;其次,"脱域式赋能"正视城乡差异,并在赋能中考虑城乡的时空互补定位;再次,"脱域式赋能"以信息社会的象征物——互联网和物联网为承载,并利用科技下乡的契机更多强调穿越时空的线上赋能;最后,"脱域式赋能"既强调乡村主体的自主性和无限潜能,也强调对外部专家的信任,希冀通过内外联通及融合获得能力提升上的化学反应。

具体而言,以乡村多维发展为大框架下的村民不是仅以农业生产为主导的农民,急需进行"脱域式赋能",其内涵包括:(1)互联技术应用能力。有两组数字显示乡村的互联网技术应用远不及城市。截至 2019 年 6 月,中国网民总数达到 8.54 亿人,农村网民规模达 2.25 亿人①,占网民总数的 20.9%,占农村人口的 40.79%,而城市网民占城市人口之比达到 74.14%;同时,农民的学历层次普遍较低,农业生产经营人员中初中及以下学历者占比高达 91.8%,伴随大量青壮年劳动力外出打工,农村的人口结构以妇女、儿童和老人为主,进一步导致了农村整体知识能力水平的低下②。在较低的受教育水准下还要获得较高的互联网技术应用能力,看似是一种矛盾的苛求,但就笔者团队在外沙村培植外婆们的小组工作中发现,其实只要形成一种互学互用、不得不用的场景,即便是农村的老人,他们习得一般性的互联网平台使用能力并非难事。我们只需激发他们强烈的意愿,他们一旦掌握基本信息的浏览方式和文字、图片及视频的处理方法,那么其观念和行为方式都会有巨大的改变。(2)文化反哺和吸纳能力。在各种城市文化、现代文化等外部文化的冲击下,村民们常常无所适从,此时最需要的就是让村民们习惯文化反哺,拥有吸纳和包容多元文化的能力。文化是经年累月的积淀。对祖祖辈辈在农耕文化中浸泡的村民而言,除了使用互联网时有可能吸收信息和改变观念,其脱域或突变的可能性更多来自外力的推动。例如那些外出打工回来的年轻

---

① 中国网络空间研究院:《中国互联网发展报告 2019》,北京:电子工业出版社 2019 年版,第 25 页。
② 王丹、刘祖云:《乡村"技术赋能":内涵、动力及其边界》,《华中农业大学学报(社会科学版)》2020 年第 3 期。

人、一直跟随经济社会变化的乡贤、有学识有文化的村干部、参与乡建的文人志士们,通常他们相对于一般村民更年轻、更有活力,他们对留守村民的文化反哺,加上村民们开放的心态,以及各类各级文化交流平台的支撑,可使乡村的持久发展具备文化根基。(3) 公共参与和协商能力。我们常常在乡村振兴的案例中看到因外力的簇拥和激活,乡村会有一段发展高潮。但发展高潮无疾而终,其根本原因是没有本土力量卷入的参与和协商。这正是乡村治理的核心要义,绕过治理直接谈振兴,其持续发力的根基就不筑牢。当村民打开互联网的大门,并拥有俯身学习的心态,进一步推进其习得公共参与和协商的能力也就相对容易。以往村里也有公共参与和民主议事,如江苏溧阳牛马塘的"议事堂"、宿迁耿车的"为民协商"等,但线下参与议事需要常住人口加入,只能面向不外出打工的村民。"脱域式赋能"更提倡线上线下广泛的参与和协商,针对村里的公共事务,在村子的人参与线下,不在村子的人可在同一时间进行线上表达,这就为村里的自治提供了更大的平台,也因参与者众多或代表性较强而更具合法性。笔者在调研中也发现有些村已建有村民共在的微信群。村里把需要大家商议、投票的公共事务发到群里,群里很快会引起热议。针对村民们因文化水平的问题更愿意用语音、不习惯打字的情况,我们可以定期为其做培训,即时参与对村民的赋权意识、公共意识和相互学习意识的培育远胜过一年一度,甚至几年一度的村民大会。(4) 新一技之长的获得能力。长期以来农民所拥有的大部分农耕技能在城市化、现代化及乡村土地政策变迁和乡村产业发展的冲击下,或使用价值锐减,或几乎无用武之地。除了常态化的第一产业,乡村淘宝、民宿文旅、休闲农业、养生养老、传统艺术、特色手工,以及 IP 村镇等,涉及第二、第三产业,甚至第四产业,扎根乡村的村民若不能与时俱进获得"脱域式"新技能,成为新农民、嵌入新产业、发展新农村,那其个体及村庄都很难在乡村振兴中捧得一杯羹。当然获取新技能并非想象中那么复杂,就像笔者参与调研的外沙村,为了能入选外婆团队,外婆们跟随微信群中推出的"外婆特色菜""外婆手工包""外婆光影时代"等学做红烧肉、学做手工、学剪视频,只要抱有学习心态,投入少许时间就可以获得很大收获。在城乡融合的大背景、乡村发展的新格局下,对每个村民、每个村庄而言,"一技傍身""技多不压身"仍是可追随的进阶逻辑。

"脱域式赋能"看似需要村民们行动起来,抛开旧有的农耕观念,与现代社会融为一体，实则是对现实的最大关照。40多年来被城市化甩下的乡村，急需一场由内而外、由外而内共同的激发和赋能。这一过程与中国乡村变迁任何时候所面临的场景都不同，也与早发国家的乡村发展规律不同，需要从顶层到基层、从政府到百姓、从市场到社会多方贡献集体智慧、调用集体资源。而这样的多元参与协商、共建共治共享的路径即是对乡村治理理念的真正践行。当然，这场行动的主体必须是依附于乡村大地的村民，无论年迈抑或年幼，无论男性抑或女性，无论进城返乡抑或扎根乡土，只要希望乡村振兴，就应将自己首先嵌入乡村治理中，成为乡村治理的推动者或参与者。同样，对乡村本土以外所有的政策供给、资本输入、科技支撑或人力支援而言，从出发点到行动方略都应围绕村民们自身的赋能，而不是大包大揽、倾其所有来解决乡村问题。只有这样，乡村治理的合法性、有效性和持久性才可预期。

如果说改革开放初期"让一部分人先富起来"激发了所有国人对市场经济的认同，也顺势打开了国门、反思了千年抑商文化，并进而掀起了持续40多年的城市化和现代化热浪，那么面对城乡差异和乡村困境，面临信息社会及全球格局的复杂多变，"让一部分人先赋能起来"应成为由乡村治理撬动乡村振兴的重要选项。这一选项在个体层面尊重人的发展权和每个个体的潜能，在治理层面激发的是多元深层参与和持久有效参与。

第七章

治理能力和体系现代化进程中的强强融合

由"大政府,小社会"向"强政府,强社会"过渡,重点意在突破政府的"大而不强"以及社会的"小而不强"的尴尬、粗放的局面,而这恰恰是中国社会由行政管理、社会管理向社会治理转型的最大难点。这一进程的顺利前行一方面依赖政府和社会各自治理能力的提升,另一方面也须在政府与社会的不断互动博弈中,建构最佳融合体系。也就是说,"强政府,强社会"的治理目标是政府与社会共同提升治理能力的现代化,并且找到双方及多方共治共享的现代化治理体系。这与以往政府掌控下的行政管理或政府领导下的社会管理不同。精细化的社会治理强调政府与社会各有分工,且各自精工细作并互相借力、共享共担。这既要求补齐政府全能治理、过度治理、粗放治理的短板,又要求补齐社会参与不足、动能不足、创新不足的短板。由此,本章将详述政府和社会如何各自扬长避短、赋权增能,以及政社之间、政企之间、社企之间如何良性互动、互嵌共生,最终建构强强融合的现代化治理体系。

第一节　政府治理能力提升

在政府层面,为引导并应对治理精细化、现代化的到来,最重要的就是强化自身的能力建设,或者说在能力建设的过程中探索社会治理精细化和现代化的路径。这些能力包括:(1)主导制度建设、顶层设计和社会发展战略构架的能力;

(2) 整合社会各主体、资源及其平台的能力；(3) 孵化极具潜能和持续性的社会组织的能力；(4) 站在全球视角、面对技术变迁下的社会创新能力；(5) 应对社会常态化、突发性的各种诉求的能力；(6) 监督社会良性运行、社会组织成长和社会主体自治的能力。这六个层面的能力是政府在进行自上而下的行政管理或粗放式的社会治理时所欠缺的，且与其他发达国家的小政府形态没有太多可比性，因此将这六大政府主导精细化治理的能力建构好，对全球治理模式都有贡献。

一、主导能力

回溯过往，大政府建制下的中国主导了一场世界瞩目的经济变革，从城市化仅10%左右、大部分国民还处于农业社会之中出发，到完成脱贫攻坚、走上小康和现代化之路，可以说创造了经济层面上的中国奇迹。接下来，世界对中国，以及国民对政府的期待就是面对更深层、更多元的社会发展需求，如何向强政府过渡，如何创造国民满意、世界认同的全方位现代化国家。

在这一进程中，如果仅仅是大政府，它的角色扮演可以用引领，也可以用掌舵来表达；但如果是真正意义上的强政府，它更需要拥有全程主导的能力。首先，就目前政府对人才的集聚看，它已拥有主导的可能性及可操作性。在大政府带领中国经济腾飞的同时，不仅以小政府治理见长的西方开始重新审视大政府的意义，而且沉浸于其中的国人也对一代又一代选择进入大政府序列成为公务员有更进一步的偏好。基于此，中国政府比任何其他国家的政府都吸纳了更优秀的人才，如果再加上更严苛、精准的公务员队伍的培育和管理模式，相比市场和其他社会组织，中国各级政府拥有更多主导社会治理的人力资本。其次，在四十多年改革开放的进程中，大政府建制完整地嵌入市场、参与市场，并通过各级政府的GDP竞赛、创新竞赛和KPI考核，包括长三角、珠三角、京津冀和成渝地区，相当多的地方政府、基层政府经历了各类大考，对城市或区域治理的整体把控能力更强。再次，引领和掌舵，更多是在前期或面上下功夫，而主导要求全程跟进、随时补给和及时纠偏。就目前政府的资源拥有量和经验累积来看，无论在城乡治理的哪个环节，政府主导相比市场主导、社会主导而言，在非经济治理的层级赢面会更大。最后，政府主导需要有一整套治理工具以备用，包括地方法在内的法律、政策、条例，以及未来战略、区域战略和人才战略等的顶层设计，政府有调用和更新的绝对主动权,这对其主导整体的国家治理或地方治理都有相当的裨益。

即便如此,在上述可能性和必要性下,由大政府转向强政府所需要的主导能力仍然需要长时期的孵化和培育,其中包括未来预测能力、精准施策能力、资源供给能力、灵活协调能力和持续推动能力。(1)未来预测能力。建构未来预测能力的前提是审时度势、高瞻远瞩。世界正进入一个政治、经济和社会发展的不确定周期。中国身处其中,如何动态地跟进、判断和预测未来是非常重要的主导力。由于信息传播速度和技术更新速度正处于人类历史之最,不仅是顶层政府,各级各类政府都需具备一定的未来预测能力以应对变迁。(2)精准施策能力。即便预判准确,若要可持续地主导国家治理和社会治理,一个强政府还需要拥有精准施策的能力,包括政策制定和更新、对政策落地执行的有效监督、施策进程中的地方调整以及对施策效度的及时反馈等。(3)资源供给能力。强政府与大政府不同的重要一点在于资源集聚、分配和再生的可能性。大政府很可能占有资源而不一定能有效使用资源、再生资源,而强政府要建构可信服的主导力,应尽可能雪中送炭,而不是锦上添花地供给资源,并且还要能在供给过程中及时补给或生成新的资源。(4)灵活协调能力。强政府是相对的,它在动态变迁的经济社会发展格局中也不可能永远维系头部效应,其灵活应变的能力必不可少的。特别是在突发事件面前、在重大政策调整面前、在人类还不足以抗争的自然或社会事件面前,强政府需具备及时协调各组织的能力。(5)持续推动能力。主导的可持续性有时甚至比精准有效来得更为珍贵。强政府之所以被称为强而不是大,其坚持和耐久、其历久而弥坚才能足以抵抗不确定和变迁。

当然,强政府持续拥有主导力,也可能在政企互动、政社互动中出现结构性的变迁。如何让市场和社会保有自主成长及参与主导的机会,政府需防止滑向高举高打不接地气、颐指气使不顾民情、故步自封不问创新那一边,或者说政府的自我纠偏、自我警醒的意识和能力应与主导能力相伴相随。

二、整合能力

在管理时代,大政府意味着一边独大,其他经济主体和社会主体均在政府的统一管理下各司其职;而在治理时代,政府不再是唯一被看见的主体,其他多元主体参与治理、分享治权是基本常态。特别是移动互联网、5G、大数据、区块链等数字技术的叠加,使得每个个体几乎都有发声的机会,有时甚至个体也拥有与组织平等共治的权力,这也促使政府在由大向强的转型升级中必须具备整合能力。

事实上,政府历来都不缺整合做法,多部门开联席会、区域间协同推进一体化、都市圈建设甚至都开启了跨省合作。但是,强政府对整合能力的需求是高起点且全方位的,既讲战略又讲战术,既聚焦点也关注面,既顾眼前也讲究长远。例如以前政府制定政策和开展工作必须顾及条块分割,但治理时代和数字时代双管齐下,政府工作要想出彩出色,通常需要调用跨部门、跨行业、跨区域,甚至跨国界的整合力量,全面提升整合的意识、整合的路径及整合的策略上。

不确定、高流动、大变迁的新场景下,所谓强政府的整合能力从意识到建构都是崭新且不断升级换代的,这也意味着政府并不需要万能,它只需要在恰当时机、关键事件或临门一脚上具备借力、借智和多方合作、多元共享的能力。具体而言,新场景下的整合能力包括平台整合能力、技术整合能力、人才整合能力、区域整合能力、行业整合能力和文化整合能力等。(1)平台整合能力。这里所指的平台既包含政府常规的政策平台、工作平台、审批平台、联席平台等,也包括网络平台、大数据平台、区块链平台等云平台,后者的整合需求更大、难度更强。例如近几年政府各部门都在力推在线治理、大数据治理,几乎每个部门都有各自的治理云平台,而数据不共享、平台打不通等现象已是司空见惯。此时特别需要强有力的政府在合适的时间点上整合各类各级云平台,在减少同类政府支出的同时,让政府多部门和民众能够进一个门、办所有事。(2)技术整合能力。理论上,政府并不拥有技术以及相关专利,但与传统社会、工业化社会不同的是,信息社会和数字社会之下技术的发展和应用远超大部分人的想象。此刻政府如果没有驾驭和整合技术的能力,那么也就谈不上治理。例如近几年各地政府部门纷纷创建大数据局,有些地方意识到大数据的重要性主动创建,有些地方看着其他地区有而被动设立,还有一些地方因对大数据技术的畏惧,仍在观望中。政府如何在不精通技术的场景下了解技术的未来和应用,并整合各级资源主动搭建平台推进,同时引导技术的上下游孵化,最终促进地方的经济和社会发展,这是新时代对政府技术整合能力的基本要求。(3)人才整合能力。随着新治理时代和新技术时代的同步到来,政府通过各种人才引进政策、落户政策和创业政策吸引优秀人才已是常态,但这并不意味着其拥有人才整合能力。所谓整合人才其实是为人才建构生态圈,其中既有上下游的人才链,也有从工作到生活的服务链,还有互助互学、共同进步的成长链等。人才不可能单体存续,人才与人才之间的相互碰撞及合作共赢才是人力资源可持续的必要法则。政府对人才库的熟知度、对人才体系的调用度、对人才团队的重视度等都极其重要。(4)区域整合能力。随着城市化进程逼近70%,城市与城市之间、城市与乡村之间的区域整合比以往任何时候都更重要,最明显就是长三角、京津冀、粤港澳的一体化战略。区域整合能力要求政府放下部分地方利益、通过协商应对难题、提振区域经济社会发展、谋求百姓的共同福祉。但有时区域竞争的白热化遮蔽了区域整合的重要性。这里既存在策略运用问题,也存在格局问题。一个地方政府是否有战略眼光、是否具备大开大合的格局在相当程度上决定了其区域整合能力的高低。(5)行业整合能力。治理的多元性不仅包括主体多元,也包括行业多元及政企社之间的互动整合。跨行跨业对任何组织来说都是挑战,但实际上各行各业的融合场景已是前所未有。就基层治理而言,如果基层政府只懂经济不懂政权、只懂政权不懂养老、只懂养老不懂幼托,只懂幼托不懂医疗,都形成不了整合效应。在产业链中更是如此。如果分管大数据局的相关政府部门只懂数字产业不懂数字营销、只懂数字营销不懂虚拟数字人,只懂数字人不懂数字社会或智能社会等,都会将治理带入僵局。(6)文化整合能力。文化治理在政府施政和地方振兴中的作用越来越突显,文化整合既有传统文化与现代文化的整合,也有基于文化与经济、社会发展的整合。例如在乡村振兴中,越来越多的乡村通过挖掘本土山水文化、历史文化及非遗文化来实现文化产业化,从而吸引人才回流和提振地方经济。政府文化整合力的展现并不比技术整合、平台整合要求低,文化的可操作性、可整合性需要长期耕耘和多方联动,并且也是对过去和未来的深度链接。

我们可以看出,所谓政府的整合能力其实是基于学习能力的前提下,从格局、意识到政策、方略和行动的全方位展示,它在一定程度上决定政府是否能占据高位、拥有主导权,是否能将自身拥有的资源和权力最大限度地回馈于民,这也是治理时代相较于其他时代对政府最大的挑战之一。

三、孵化能力

大政府时代对现有组织的有序、高效管理堪称最佳,而强政府是竞争性政府、创新型政府,按既有规范、既有板块、既有人力来进行管理,无以称其为强,也无以和其他新兴成长性组织站在一个赛道上。全球各类各级政府正面临人类历史上前所未有的高速发展阶段,此起彼伏、你强我弱的交替转换对所有参与其中的组织随时都会发出警告。政府若要担当起主导和整合职责,必须时时保有预估和前瞻性,并在此环境下及时孵化新兴技术、新型组织和多面人才。

孵化意味着从无到有、从有到大、从大到强。从无到有的阶段需要冒巨大的风险,相比政府,个体、企业或社会类组织在从无到有培育一个新型组织、一个新兴产业时,所需投入的成本非常高。政府虽然同样需要花纳税人的钱进行孵化,但政府拥有大量信息汇聚的通道、人才和技术整合的资源、庞大的各级各类支持系统。当然,政府从无到有孵化新兴技术或产业,同样也面临挫败的可能,而强政府需将这样的创新风险降到最低。当一类技术、一个产业或一个新兴平台完成从无到有的过程,它的从有到大,还需要政府介入吗?既然是新兴的,它在成长的过程中仍然会不时遭遇风雨,此时政府的孵化作用表现在随时关注、有问题及时嵌入、有业绩及时鼓励,当然,资源嫁接、论证推进、整合平台等仍十分必要。而在由大到强的过程中,政府看似已退居二线、三线,处于远观的位置,但所谓强政府的孵化能力表现在其可以让自己尽可能地出现在国家级或世界级的舞台上。这样看来,拥有孵化能力的强政府,其存在意义远超仅保有管理效率和管理秩序的大政府。

政府要建构孵化能力,不是一朝一夕,也不是靠一个领导或一个部门就能完成的。它需要政府上下、各环节和全体系共同的有意识、长时间培育。例如2018年至2019年,随着移动互联网及与之相随的数字科技的兴起,政府各部门、城市治理各环节及大体量的互联网公司都存在大数据的沉淀和闲置的情况,而社会治理的方方面面都需要大数据信息的支撑。彼时从中央到地方都已意识到大数据治理的重要性,但是否需要成立相关大数据机构、大数据从生产到消费是否能形成产业链、如何培育民众的大数据意识和消费能力、如何规避大数据的存储和使用风险等都不清晰。直到2019年全国有八个省份率先成立省级大数据局,这层窗户纸才被捅破。这些走在前列的省份抢先在新兴科技的应用不明朗之前,通过设立常驻机构孵化相关人才和产业,即以边探索、边创新的勇气主动拥抱大数据时代的到来;而其他跟随而来纷纷设立各级大数据局的政府看似慢了一拍,实则在孵化能力上已落后一大步。

与其他能力一样,政府的孵化能力同样需要多维度建构。首先是对信息搜集和分析能力的建构。数字时代首先是信息时代,信息爆炸不意味着我们随时拥有有效信息,政府亦如此。对政府而言,与以往上级部门发布信息和下级部门输送信息不同,信息充斥周遭,由谁、用什么方法来攫取并分析有效信息已成为政府的常态化工作,而孵化能力也由此而来。所谓有效精准的信息不仅为政府提供过往各行各业的所作所为,更重要的是蕴藏着将来可能的场景。这样的信息就是宝藏,也是建构政府孵化能力的必备。其次,面对宝藏信息,要不要做出率先出击的决定,还需要政府建构各级论证和拍板的能力。论证在先,拍板在后,看似程序合理,但面对新生事物,没有方方面面的论证,拍板有可能沦为冒进。不过即使有多方论证,也并不一定能促成正确和有价值的拍板。即便如此,论证程序确保了各方对新生事物的判断得以集体呈现,而最终一锤定音的决策力还基于信息的完备性、论证的充分性及领导的综合素养。因此,政府要建构孵化能力,还需要从领导到各部门都拥有敢作敢为的勇气和纠偏能力。对新生事物、新兴产业的敏锐度有助于政府拿到一手优质信息并在完成论证后做出决断,同时政府还需要具备排除歧义、说服异见的勇气。特别是在孵化过程中,若出现当时预估的最坏场景,那么团队整体还要有足够的纠偏能力。

四、创新能力

创新一词大概从未像现在这样拥有如此高的热度,无论在全球还是在中国,无论在商界还是在政界、学界,可以说是数字技术席卷或倒逼,也可以说是各种不确定和混沌让创新从每个缝隙生长出来。

政府的创新动能最初来自改革开放带来的经济腾飞以及观念变迁,农业中国通过乡镇企业崛起、国企改革、沿海城市先发以及房地产市场开放等系列举措开启了城市化、工业化和现代化征程。在总设计师的顶层设计下,各级政府有些参与其中主导了地方变革,有些跟随其后尝到了改革的甜头。即便晚发地区仅赶上了青山绿水的生态经济建设,也能提振一方信心。政府从中习得的变革观念和创新意识为迎接数字化浪潮奠定了基础。新一轮的创新驱动一方面来自移动互联网的迅猛发展,数字经济的在线化、大数据化为社会治理展开了无限想象,同时每个个体的网络参与、社会参与成本之低、便捷度和到达率之高也对政府的治理战略和治理效能提出了挑战。同时,来自政府内部的创新竞赛,包括部门之间、地方之间、区域之间,不创新便被赶超、不创新便是停滞几乎成为各级政府的共识,也因此各类创新治理成果申报和评比叠出,有时人们甚至会认为政府的创新是否太过频繁,刚孕育成熟的治理模式很容易被新一轮的创新成果所取代。除了新技术的外驱力和政府间的内驱力,政府真正的创新驱动还来自满足民众日益增长的多元需求。以1978年改革开放之初为起点,民众经历了从脱贫到小康的物质生活质变,也开启了对文化生活、社会生活等精神生活的不同追求,接下来还将迎来现代化征程中个体生活的更高目标。不仅如此,物质生活和精神生活的多元目标和多维形态成为不可回避的日常。从代际角度来说,作为互联网原住民的新生代不断涌现,其成长环境与他们的父辈、祖辈有巨大差异,现在和未来对政府主导或整合社会治理也将不断提出新要求,这些都推动各级各类政府将创新融入日常,将创新视为工作必备。

所谓创新能力,是为应对和解决一系列问题,调用多种资源、协调各类关系、聚焦重点环节、攻克关键难点、提出流程改造直至改革治理模式的一种可持续变革力。拥有或培育创新能力并非易事,政府要习得创新能力,至少有三种路径:一是传承式创新。这类创新以现有的治理模式、治理文化和治理路径为基础,为进一步提升治理效能,激发多方参与,并引进新的资源,在现有治理的各个环节进行升级改造,有些地方或基层政府将其称为1.0版、2.0版和3.0版。传承式创新基于持续深耕,与以往的治理模式与地方经济社会发展有较高的匹配度,也在一定时间段里解决了当时面临的各类社会问题。只是随着时间推移,既有治理模式需及时更新以适应新的经济社会发展需要。传承式创新容易被各方接受,也最易形成可持续创新效应。二是微创式创新。与传承式创新不同,微创式创新需要在观念上进行适度调整、在体系中动些小手术,但它的切口较小、伤口弥合速度快,主要通过微创及时应对新问题,并快速提升治理能级。微创式创新有时通过简单的叠加即能达到理想的效果,例如"党建+""互联网+""社区+""物业+"等等。看似简单的"+",有时已经带来思路的拓宽和行动方略的转变,甚至治理机制的再造。微创式创新也有可能植入某项新技术,但这一技术并不彻底改变治理路径,而让治理变得更顺畅、更快捷。三是变革式创新。相对于前两种创新模式,变革式创新要对既有治理模式进行深度反思,在汲取其经验教训的基础上,探索适应性、实操性和可持续性更强的治理模式。它不一定完全否定过去,而是更多地考虑如何改变固有顽疾、应对新兴格局、加快治理步伐。变革式创新的难度不仅在于它需要精准独到的创意,而且在于从上至下如何能在还未看见其成效时便接受它开启的实验。相比企业,政府试错的空间非常狭小,民众对创新能够一举成功的期待是与其对政府的信任紧密相连的,因此变革式创新是政府由大变强的重要试金石。

五、应急能力

应急能力作为政府治理的必备和刚需,在近十年中的作用越来越突显。一方面,全球政治、经济生态的变迁有常态化、极端化倾向。对于中国的崛起,许多西方国家开始联合进行一些"反常规"操作,并伴有经济政策、外交政策急转弯现象,我国中央政府、地方政府常常需要拿出应急方案或者多套备选方案加以应对。另一方面,国内经历40年的高速经济增长,虽然已完成脱贫攻坚,但贫富差距的拉大是不争的事实,中产阶层的规模看似在不断扩大,但在金融危机、高房价高教育支出、互联网经济对实体经济的冲击面前,中产的地位并不稳固。加之社会发展与经济发展的不同步,社会累积的不公平、不正义也容易诱发群体冲突,这些都对基层和地方政府解决突发矛盾的能力提出新的要求。

应急能力需要常态化的培育和建构。相对于封闭、流通范围狭窄的传统社会,在信息公开、流动频繁的现代信息社会,应急无处不在,既有经济问题的应急,也有社会矛盾的应急,既有百姓物质生活上的应急,也有民众心理健康上的应急。不仅政府需要应急处理的客观事件随处会发生,而且在突发事件面前,民众对政府应急能力的期待也比任何时候都高,再加上一把手负责制及各类监督体系的不断健全,可以说政府的应急能力有时候是政府治理成败的关键能力,也是大政府向强政府过渡的必备能力。

总体而言,为应对国内外各类各级复杂变迁的经济社会环境,政府需具备的最关键的应急能力包括以下几个层面:(1)应急的前瞻性预判。所谓应急的前瞻性预判是指突发事件未到来时的各种应急预估、体系建设及能力储备等。人类已经历漫长的文明史,先人所经历、所应对的各类各级突发事件已不计其数,从中汲取经验和教训,特别是了解和习得减少或防止灾难发生的应急程序,以及应急体系的完善和应急能力的提升等是政府应急治理的必修课。(2)应急当下的首要问题。当灾难来临,政府第一时间要做什么,是相关领导到场,还是安排紧急救援、信息公开,这些都应该有章可循。在应急过程中最关键的 24 小时、48 小时、72 小时,最能体现政府是否应急有素、是否有责任担当。(3)应急过程中的媒体应对能力。这大概是政府应急治理中最需要补的短板。在资讯不发达的传统社会、工业社会,灾难性事件的发生至少需要 24 小时甚至更久才能被公众知晓。但在信息社会,灾难性事件通常只要一至两个小时即会传遍全世界,因此政府在应急时必须有一个环节即如何向媒体发布信息,其措辞、语气及原因分析都是公众非常关注的点,且最能代表政府形象。虽然近年来各级政府的宣传部门已非常重视政府在应急处理时的对外发布工作,但发布时对重要环节的把握能力等仍需要不断提升。(4)应急处理的持续应对能力。有些灾难性事件需要较长时间的处理和应对,政府在其中如何持续扮演好担当者和发布者的角色非常重要。特别是重大事件的原因及处理结果一直悬在百姓心中,需要应急部门及相关善后部门共同关心,并能分阶段、分批次应对和回应,这既是应急程序中不可回避的可持续问题,也在挑战政府在重大事件面前的耐久力和一以贯之的能力。(5)应急后程的反馈重构能力。当一个灾难事件被处理完毕,其复盘、反馈和重构即应被提上议事日程。政府除了要在事件本身中寻找杜绝其再发生的可能,更需要发现事件背后那些积重难返的体制机制问题,并通过变更和创新从根部去除未来滋生灾害的土壤。这一反馈重构能力往往是政府相对缺失的,应对和建构能力对大政府也是一大考验。

六、监督能力

政府的监督能力历来有之,从常态化的纪委和作风办等机构设置,到各级各类巡查、巡视组的明察暗访,绝大部分党政工作都已列入监督范畴,但政府是否可被视为拥有监督能力还需获得如下验证:(1)监督处于有形与无形之间。当被监督者在工作岗位上想要进一步创新,以提升政府治理效率时,并不因监督的存在而不敢创新、不敢作为,此时监督是无形的。当被监督者的工作或往来有可能越界时,其直接能感受到监督之网的存在,此时的监督是有形的。(2)监督的内容也是监督能力的重要组成部分。例如各地市都有作风办,结集超大规模的各行各业精英组织专门的监督小组,以监督各条口、各部门的工作作风问题。诚然,政府公务人员的工作作风直接影响政府形象,但以过高的人力成本和时间成本来监督作风问题,是否有违治理的效率和效度问题?而且对于政府作风问题的监督,并不能直接改善政府最关注的营商环境,有时还可能过度消耗政府的行政资源。(3)如何监督更显示政府的治理能力。例如有些地方政府部门会在年底采用电视台直播的方式,向公众汇报并听取意见。这看似是一个公开集中监督的好办法,但是现场提问的听众有可能是提前安排的,不排除有时可能提的问题也被设计过,那么这样的监督形式同样也浪费公共资源。(4)通常监督之后会有整改再反馈的环节。此时如果从监督的内容到监督的形式均为粗糙的,那么监督后程的意义也容易被扭曲,形式大于内容,有时甚至会降低被监督方的工作积极性,并影响到政府治理体系的能动性和创新性。

其实政府治理中监督能力的提升,依赖从监督体系到监督内容、监督实施和监督反馈的全过程,就监督体系而言,除了围绕遵循党纪国法必须设置机构,更多应依靠制度设计、智能监控等方式推进。

第二节　社会治理能力提升

在社会层面,需要有更多的组织化担当和技术化路径才能与政府资源互补,共同推进社会治理的精细化。这些担当和路径包括:(1)从社会弱参与到社会强参与的机制和文化培育;(2)有效社会组织的规模化建构;(3)面对公共事务形成常规化的协商治理模式;(4)顺应移动互联网时代,形成时时与线下同步的在线治理平台;(5)削减各阶层利益差异、应对各阶层多元诉求,并寻找社会各阶层精细化融合路径;(6)在不过度消耗社会资本的前提下,需找到社会自治的可操作路径,并培育相应文化。中国社会由小到大、由弱变强虽不是一朝一夕的事,但经历经济快速变迁后的社会转型,加之移动互联网的超速推进,上述六大担当和路径若能一一精细化地引导,很可能迎来社会治理能力的大幅提升。

一、参与机制

社会参与的有无及程度深浅引起多方关注大约发生在21世纪之后。彼时经济腾飞已经历几个高潮,全社会的市场活力已在相当程度上被激发,但与之相匹配的社会发展明显滞后,特别是规模化崛起的中产阶层急于寻找表达和参与的出口。与西方社会发展历程相类似的是,我们的环境参与成为第一类集体性的参与启蒙。

环境污染的频发从来都是高速经济发展的次生品。当工业废水、废气的排放直接影响到周边民众的日常生活,不需要制度安排,民众会自然结集与相关利益方进行参与式抗争。而随着城市化的迅速扩张,各种重污染企业、垃圾清运站、加油站等的搬迁,又会激发邻避效应。经济发展直接带来空气优良指数的明显下降,出现了全民卷入空气质量改善的认知提升和行为改变,这将环境参与推向高潮。

但仅有环境参与是不够的,不仅因为环境参与多为抗争型的负向参与,而且因突发事件才有相应参与意味着社会整体没有建构常态化的参与机制,也就是自下而上的正向、良性参与通道缺失或者不畅。这一情形随着互联网,特别是移动互联网的极速发展迎来了一些转机。移动互联网将自媒体和公众一起推到了台前。一方面,自媒体以快捷、灵活、直面社会事实的方式抢占主流媒体的发声通道;另一方面,公众在信息相对对称的前提下,参与表达更易被激起,其内容也更精准。与之相伴随的是,自媒体信息掺假、公众参与盲从容易被舆论裹挟等问题也浮现出来,网络参与在多大程度上被证真、采信,又在多大程度上能带动线下良性参与仍存在许多不确定性。总体而言,改革开放四十多年来,社会参与从不被认知到有所呈现、从单一的组织参与到个体相对自由的独立参与、从线下参与到线上线下同步参与等场景已频繁出现在公众生活中。但合法化的正式参与、自下而上的有效正向参与、参与惯习和参与文化的培育等还需要参与机制和法律的不断健全,这其中最重要的是以下三条路径的建构:(1) 建构常态化的自下而上参与机制。所谓自下而上的参与,包括所有公民在内,他们的所思所想以言论和行动投射到所在社区、单位、城市及国家的公共生活,以此推动社会的良性运行。但目前自下而上的参与主要呈现为负向参与,即信访、打"12345"等。虽有零星居民通过政府网站发表意见建议,但因政府回复不及时、不到位,很难形成良性的互动机制。也就是说,除各级政协委员、人大代表外,普通老百姓很难有合法化、常态化的绿色通道进行参与和表达。究其原因,公众自身的参与意识还处于启蒙状态,我们需要思考如何建构良性的参与机制。例如,目前几乎所有地级市都已获地方立法权,通过地方立法来搭建参与平台、规范参与内容、建构参与文化,这是最理想的常态化机制建构。再如许多地方政府、基层政府都已建设各类各级用于电子治理的 App、小程序或微信群等,如果端口向百姓开放,不仅可以节约社会资源,而且可以时时获取百姓的需求和信息反馈。事实上,有地方政府已经进行了尝试。当然,公众参与在国内仍属起步阶段,还需更多的时间来摸索更富中国国情的参与机制。(2) 建构良性的网络参与大数据发现机制。近年来,网络参与已成为公民表达的重要通道。如果通过各省市大数据局、各地发改部门的大数据信息中心或政府购买企业服务建构网络参与的大数据发现机制,让更多民间有效的自发参与汇成洪流,那么数字时代的网络参与将在很大程度上实现弯道超车,加速推动社会进步和发展。(3) 建构积极有效的参与反馈及回应机制。参与的涌动和持续有赖于良性的反馈和回应机制。仅有参与没有回应,或没有有效回应,后续的参与就会减少。笔者曾分析来自瑞典政府质量研究所的开放数据,其中 52 个国家(包括中国)的各级各类政府,其治理质量评估的首要指标即为回应。回应标志着参与被发现、其内容被重视、其诉求被回馈。回应不一定是解决问题或满足诉求,理性的公众参与都不期待一蹴而就。当回应表达了尊重、理解和正在进行中的改善,公众就会有获得感,就会饱含对政府和社会的认同和支持,持续参与也就成为可能。

二、组织建构

经历改革开放之后社会组织的从无到有,社会组织于地方政府已成为必不可少的支撑补充。对于一个发达地区的区县级政府而言,通常会有近 1 000 个在册社会组织活跃于社会治理的一线。不过社会组织看似有蓬勃发展之势,但基层在购买其服务,或与其合作共治时总有不给力之感,而包括政府和社会整体已经培育起来的对社会组织的需求却有增无减。在面向更大规模社会组织的发展之前,我们有必要反思嵌入社会治理的社会组织目前遇到哪些困境,如何突破。

作为一个非营利组织,社会组织遇到的第一困境便是如何生存。非营利属性限制了组织发展,若政府用于购买社会组织的服务体量偏小且给付不及时,或比例倒挂,小组织在成立初期很难承接政府购买,相对成熟的组织也受困于自营不足。第二困境是大部分社会组织都极度缺乏人才。一方面,无论是政府外包还是社会需求,对社会组织的创新性和精细化都提出相当高的要求。另一方面,社会组织普遍低薪低酬,几乎无法吸引优秀人才,通常一个社会组织只有创始人才有能力应对外部需求。社会组织遇到的第三大困境即成长与发展难题。通常社会组织在成立之初主要运用一种能力面向一类需求,但迫于生计,社会组织往往需要十八般武艺样样精通。例如专攻养老服务的社会组织很可能要为老为小同步推进,而专攻社区营造的社会组织往往要懂得公众参与、团队赋能等社会学常识。也就是说,社会组织的专业性常常要让步于它的全面性和拓展性,大多数社会组织仅靠自身的生存能力和人才队伍并不具备这样的成长空间,而外部需求并不因此降低水准。甚至政府基层组织也是如此。例如社区居委会或村委会,他们在政府的创新驱动和各类考核推动下,主动或被动地获得了成长。三大困境环环相扣,社会组织与各类小微企业、中小企业一样,需要渡过生存难关,才能迎来发展机遇,有效社会组织的规模化建构才是强大的基底。

所谓有效社会组织,特指专业性与多元性兼备、成熟度和成长性共存、创新能力和嵌入能力同时在线的社会组织。这看似是对完美社会组织的过度要求,但中国后发的现实决定了无论经济还是社会均长期处于快速变迁的状态。加之网络技术、智能技术的助推,不仅社会组织,其他各类市场或非市场化组织都面临更新过快的难题。所谓社会组织的有效性,是指社会组织能解决他们自身在某方面的专业性缺失、某些技术难点,弥补规模化需求的人力不足以及明确创新性发展的方向等,这确实不是目前大部分社会组织能做到的。首先,社会组织创始人的不断精进是组织存续的关键。相对于营利组织而言,非营利组织的规模很难无限扩张,大部分社会组织的创始人几乎能长期影响所有员工以及组织管理的各个环节。创始人必须亲力亲为,其学习力、沟通力、创新性力基本决定了这一社会组织的成败。其次,社会组织比任何其他属性的社会组织更应成为学习型组织。社会组织参与社会治理而不是经济建设,经济建设有市场规律作为准绳,而社会治理缺少刚性的、统一的可以依照执行的铁律,社会组织在应对不断变迁的社会发展格局方面没有选择和退路。以学习型组织来架构社会组织,不仅要组织成员从书本中学习,而且应向日新月异的社会学习,反哺组织成长,并以此成为组织凝聚的根本。再次,社会组织与外部的有效沟通需要与时俱进。社会组织发展至今,大部分购买方都已了解社会组织的常规套路,社会组织与外部的每一次前期沟通都直接影响后续可能的合作。与时俱进可以理解为时时适应买方需求,也可以理解为社会组织自身不断学习、实践后对买方的引导和启发。如果没有这样的与时俱进,社会组织很容易陷入内卷。最后,社会组织链接外部人力资源是必由之路,也是一条捷径。以社会组织目前的薪酬水平很难与体制内组织或企业组织竞争,如何补人才的短板是大部分社会组织存续要应对的问题。最简便的方法包括打通与其他社会组织互动的桥梁,以便共享人力资源,或链接高校相关专业师生,或聘请专业顾问等,总之以较低成本和较强关系来获取外部人力资源的支持是上策。

三、协商模式

自 2015 年《关于加强社会主义协商民主建设的意见》出台至今,协商已成为中国社会治理中非常重要的路径选择和社会运行的润滑剂。承担政治协商重任的政协在 2019 年政协成立七十周年大会上成为专门的协商机构,"有事好商量"这一朴实的民间习语也正被广泛地运用于基层协商实践。

看似协商已破冰成为中国社会治理的重要手段之一,但协商其实是个技术活,而且需要长时间的耕耘、磨砺,需要一系列的社会实验和方法推演,更需要在各阶层培育有专业性和持久力的协商队伍。就目前各地纷纷探索的协商实践而言,存在以下几个误区:第一,多方坐在一起议事不一定是协商。就一个公共或跨界话题,各方坐下来议一议,互通一下信息,告之一下进展,并没有实质性的结果,这类议事活动不能称为协商。其关键点在于没有针对问题、针对争议展开有效的、积极的讨论。有些政府部门简单认为就一个事件跨出政府部门,与业界、学界进行了共商,听取了多方意见就可以称为协商。但如果协商不能深入问题的本质、不能直奔问题最难解决的中心,不能各方让渡部分利益,就还停留在议事这一层面。第二个误区是参与协商的各方只是来表达认同。协商的每个席位都非常珍贵,每位协商者都应携带协商资源才能参会。特别是大部分基层协商,都习惯主持人带来问题的解决方案,在座各位举手同意即可。以此为出发点组织协商就变成了凑各方代表、凑人数，这样的协商完全违背协商的根本要义。协商最渴望出现的场景是参会各方完整表达自己的不同意见，经多轮商议、各方争论，最终找到公共利益最大化的应对方案。第三个误区是有事才能协商，无事就不能协商。有事协商是最基础的协商一种形式，也是公共生活的底线；无事仍能在一起协商，协商当下、协商未来，才是公共生活的最高境界。或者说，协商永远在路上，协商不一定只能解决问题，协商就是多方表达对公共事务的关切，并为此贡献智慧。协商的过程也是各方表达民主的过程，各阶层长久持续能有机会浸润在协商中，公共生活才能呈现生机勃勃的样态。

在社会治理持续推进的过程中，协商正成长为社会培植动能、各阶层融合互通的重要手段，在协商收获各方认同的基础上，我们目前亟须突破协商的误区，建构协商的常态化机制，并推动全社会成员参与协商、懂协商、会协商。为此，在协商机制和协商模式方面，我们还需进行制度化的设计：第一，协商议题的确认尽可能还权于民。在社会各界都认识到协商的重要性后，常常有各类政府安排的协商。这些协商议题较大、协商主体官员居多，这样的协商也许能解决一些问题，但百姓的获得感较少。如果将协商议题，至少是部分协商议题还权于民，也就是以自下而上的方式确认年度、季度、月度协商议题，那么从一开始协商即吸引到民众的多方关注，协商的过程和结果也将直接施惠于民。第二，协商主体尽可能多元化。协商通常会围绕其议题的利益相关方而展开，但如果仅有利益相关方参与协商，协商解决的可能性和意义都大大减弱，协商主体可以涉及其议题相关的多方正式或非正式组织以及个体代表，一方面可以吸引更多的协商资源，另一方面协商的过程也是民主洗礼的过程，协商过程的重要性有时甚至大过其结果。第三，每场协商都有可能是持久战。大到国事的协商，小到民间、社区的协商，大多数都不可能一蹴而就，以持续协商的心态组织或参与协商，协商的程序就显得更为重要。对一个组织有序的协商而言，在现场协商无果的情形下，通常都应告之下一场协商将于何时何地再次进行，这就确保协商永远在路上，协商一直都可期待，这是协商最终走向多方认可的解决通道的重要方略。第四，协商结果的执行仍需多方持续关注。协商的合法性一直都是世界难题，参与协商的主体代表性、协商程序的完备性、在线协商和协商结果的法律依据等都有可能受到挑战，因此即便协商有结果，其执行仍有可能受阻，如何呵护协商结果的顺利实施，也是协商后程的一门学问和技术。

四、在线治理

在线能否治理？在线何以治理？这是治理来到中国十年后大部分治理主体都会发出的疑问。治理以平等、参与、公开、回应、法治、有效等属性为改革开放四十年后经济超速发展、社会相对滞后的中国注入了活力。几乎在同一时期，互联网技术的发展将日常生活无一例外地推向在线，治理在线也随之成为一个大家不得不面对的问题。起初，政府网站建设成为政务在线的标配，各类各级政府及部门纷纷通过建设自己的官网对外公开信息，宣传政府形象，并接受民众的提问和质询。然而，其不回复或低效回复阻碍了政务网站的在线治理进程，离参与回应、平等有效的治理属性还有相当距离。紧接着，各大城市的政务 App 纷起云涌，这是 PC 端在线向手机端在线的一个转折。许多城市 App 包罗万象，期待将百姓的社会生活都包罗进去，而事实是日常消费类 App 巨头占据了大部分城市人的手机终端，它们的黏性远超过政府与技术公司合作开发的 App。于是，一方面，政府工作人员以拉多少人加入政务 App 为考核指标；另一方面，被拉入的民众从不发声，成为沉入网底的"僵尸粉"。随着时间的推移，大部分城市政务类 App 都陷入轰轰烈烈兴起，默默无声退下的窘境。但是，民众对政府和社会在线治理的需求并未减少。人们期待在线办理社会事务的同时，也希望能有窗口在线参与社会治理，微信群、微信公众号和微信小程序的面世让这些期待成为可能。

摒弃政务 App，选择以微信平台为载体的在线治理需要政府和社会各主体拿出极大的勇气。其原因很简单：App 如果有互动式的参与及回应，主体与客体之间是隔网而动的；但微信群是不见面的时时共在，民众需要了解信息、咨询问题，或提出疑问，无论"圈"不"圈"相关责任人，大家共在意味着当事人和旁观者都在关注问题何时回应、何时解决。多方参与、共同应对这一看似理想化的治理诉求，在线技术已完全可以实现。在线治理已是"箭在弦上"，它将与线下治理一起共同嵌入社会治理的主轨道中，关键就看我们如何把握在线治理的精髓，并共同推进它的发展。

在线治理首先需要解决的是认知，包括在线治理有多大合法性、政民是否需要零距离、部门数据是否需要打通并共享、如何应对隐私过度暴露问题等等。这些认知问题几乎没有历史参照物,也没有绝对的标准答案,关键就在于治理的主体是否愿意探索创新,治理的客体是否愿意嵌入参与。就现状看,两端都还存在顾虑。治理的主体并没有做好百分百与公众面对面并分享数据的准备,治理的客体也从未习得频繁在线参与的文化。但是当一部分基层治理创新活跃的地区大胆尝试政民共在的在线治理模式,并尝到时时了解民意、治理全过程透明的甜头,在线治理就已经启航,而且几乎没有回头路。其次要解决在线治理技术的时时跟进问题。互联网技术日新月异,再加上5G、人工智能等技术的快速迭代,基于微信平台的在线治理如何叠加新技术对基层治理提出了巨大挑战。未来"技术官员＋技术治理＋技术公民"的场景不在少数,技术永无止境,但在线治理仍需以百姓为基础,技术发展与伦理关怀需协调同步。再次,在线治理特别强调多组织共在回应的问题,而治理各方对程序正义的理解能否达到共鸣还需相当长时间的磨合。例如在社区微信群中,居民反映周边菜场缺失的问题并"圈"了物业。物业认为这不属于它的职责范围,未予理睬。居民会觉得就算不是物业的职责,物业也可将民意向上反映或组织协商引起各方注意。此时社区居委会或业委员若在群内就不应保持沉默。虽然这并不是简单回应就能快速解决的,但多方介入参与才能迅速让这一议题升温并有坐下来协商的机会。此事可能还需涉及街道、规划部门、区政府及开发商等,在线治理因为共在会在短时间内触发多组织的卷入。最后,在线治理正在从底部撬动各方参与的文化习惯。以往百姓关于周边公共事务有意见、建议无处发声,或发声被关注应对的概率不大,也就放弃或减弱了这部分参与需求。但在线治理不仅提供了这样的参与平台,而且大概率会时时回应,这就会激起持续的良性参与。而治理的另一方总有更大、更急的公共事务需要处理,相关方和无关方都共在共情,这样的循环往复直击社会整体的参与文化,治理的理想场景或可预期。

五、阶层融合

2021年,中国"全面建成小康社会,实现第一个百年奋斗目标",这也意味着对一个超级人口大国而言,全社会为最底层群体的脱贫做出了巨大贡献。但是,经济极速发展带来的阶层裂痕很难在短时间里消弭,特别是城乡二元差异、地区差异等中国特有的不平等、不均衡问题仍然存在。

阶层差异在多大程度上阻碍社会治理？治理即面向差异、应对差异，但阶层差异过大、过于复杂，很可能治理还来不及应对，阶层差异就已经固化或者进入更难以逾越的新阶段，即治理有可能跑不赢阶层差异的发展。所以，消弭或削减阶层差异即治理的目标之一，治理过程本身也是应对各阶层多元诉求并寻找社会各阶层精细化融合的过程。

　　回到中国现实，改革开放四十多年来阶层变化最重要特征至少包括两个：城市化触发的大规模农民工进城建构了市民化不完整的农民工阶层，城市的拉力和乡村的推力造就了农民的大流动、大变迁。农民进城从事最基础的建筑产业和服务类产业，以体能换取薪酬。虽有农民因进城而致富，在居住地买房或回乡建房，改变了祖辈、父辈的生活方式，但大量农民工一方面在城市难以获得公民权，另一方面回乡已失去土地或失去农业生产技能，他们通常被统计为城市流动人口，参与城市治理的机会少之又少。改革开放对阶层变迁的另一影响即造就了大规模的新兴中产阶层。他们或因受教育程度提升而赢得职场机会，或因"下海"创业而参与了最轰轰烈烈的经济腾飞，也可能因城市房地产业的翻倍增长而获利。无论何种原因，他们因这场变革而超越父辈享受到城市中产阶层的生活方式，当然也因此比其他阶层更易获得参与城市治理的机会。但是作为社会整体运行最稳健的阵营之一，因社会变迁过快，其心态、收入、诉求并非如想象般平稳，参与社会治理的获得感并不强。农民工阶层和中产阶层的同时规模化兴起在西方早发国家的历程中并不多见，这也为中国社会发展的阶层融合问题提出了新的挑战。

　　阶层融合首先意味着包括受教育机会、就业机会、就医机会、居住机会和自我发展机会等在内的多维度平等正义。这里不是追求绝对的平等正义，而是不同阶层群体在法律提供的机会上无差别、在文化认知上的机会趋于平等、在资源供给上的机会差异最大程度缩小、在现实操作层面上的机会在大多数情形下可公开回溯。如果说在法律层面相对可以保障机会均等，那么在文化认知、资源供给和现实操作层面，其中无论哪一项，都需全社会持续不断的努力。例如受教育机会相比改革开放前理论上应更公平，但来自大山里的孩子、乡村的孩子、三四线城市的孩子和来自一二级城市的孩子在受教育的文化认知、资源供给和现实操作方面有巨大差异，有些与其自身的阶层递进意愿有关，有些与制度供给有关，但我们应缩小其差异。阶层融合还意味着不同阶层之间有机会平等对话、互动。不同阶层之间的上下融通,取决于各主体在沟通上有必要、有意愿、有内容、有关怀、有促进。这五"有"层层递进,如果卡在前两个"有"上,那么社会治理一定出现了大问题;如果不同阶层之间对话时缺乏内容和关怀,那说明治理应提供更多的阶层对话机会,让彼此增进了解,互通有无;如果阶层沟通对话能够达成相互促进,阶层融合即进入良性轨道。阶层融合的更高境界是社会对阶层差异不敏感、不歧视,而这背后需要有强大的社会保障体系和良性的价值观体系做支撑。最后就中国的区域特征和发展历程而言,我们在不同区域可选择一个突破口来推进阶层融合,无论是就医、就学、就业,还是居住,任何一个切口在阶层融合方面都大有文章可做,其根本都是消弭或削减阶层差异,推动更广泛的阶层融合。

六、自治文化

自治对于中国而言是地道的舶来品。没有城邦社会的孕育基础,直接期待社会团体及公民个体靠自治来解决公共事务,确实有些操之过急。

中国社会经历漫长的自上而下的统治和管制,在改革开放后底层活力开始有所释放。在工业化、城市化推动下,普通公民的受教育水准和收入都有所提升,房地产经济蓬勃发展也促进了物权的回归。物权有种神秘的力量,公民即业主的事实,其直接结果之一便是公民对物权的维护。而这一过程除了依赖法律保障,以个体为中心、以具有共同利益诉求的公民为伙伴进行相关公共空间的自治也开始涌动。不过在自治意识相对弱的中国基层社会,这样的涌动更多地是以利益受损之后的维权行动呈现的。

在经济高速发展的映照下,中国社会的自治文化孕育如涓涓细流,但随着移动互联网技术的不断成熟和广泛应用,信息的即时性、对称性远超任何时代,这在一定程度上加速了公众对自治意义的认知,也助推了公众对自治效果的期待。不过新的问题横亘在政府与公众面前:一方面政府并不反对自治,甚至有些基层政府期待在所辖区域有成功的自治案例方便推广复制;另一方面,即使有自治意识、了解自治的重要性,但公众如何开展自治行动几乎无章法可循、无经验可学,大多数自我摸索的自治法则常常以失败告终,最经典的印证便是业委员的成立与运作。自深圳第一个业委会成立至今,中国各大城市的业委会从刚开始被作为城市社区自治的重要力量,到近十多年来业委会不增反减,这一路走来最根本的原因是欠缺自治文化。即便一群有志于社区服务并有较高职业素养的业主被遴选出来成立业委会,其运行一段时间后也纷争不断、不欢而散,就连业主本身也常常怀疑业委会成员的公心。一个有利于自治文化建构的制度设计运行不到三十年已陷入艰难维系的状态,确实值得各方深刻反思。

从时间维度看,1998年取消福利分房至今也不过20多年,还不足以培育自治文化。但从社会治理的需求看,不从现在起找到关键切口开启中华文明的自治之旅,理论上不仅会加重政府的负担,使用更多的行政资源,实质上也会忽略成长起来的各个阶层,特别是中产阶层对社会良性驱动的渴望。那么如何培育自治文化呢?第一,全社会对自治要有共识。自治不影响共治,在局部、细微处的自治反而更有利于整体、更大范围的共治,因为共治需要各方出力,平等贡献资源和力量。第二,应鼓励在居住小区中进行各类自治实验。上述关于业委会成长的曲折经历也可视作自治实验的一部分,其中可汲取的教训很多,包括业委会法人资格的制度设计、自治过程的信息公开、委员的信任机制等。当然,业委会的开启,让每位业主找到了自主参与、自主建设的赋权感。第三,在线社群的自治成功案例值得复制。在线社群是一支新生力量,跨越时空边界,因经济、文化和社会认同在云中相聚,不受科层制约束,其自治的重要指标包括活跃度、黏性、认同度、获得感等。在确保合法性的前提下,在线社群维系这四个指标需要强大的自治力量,除了领衔者的自主性及领导能力外,每个在线参与者的自治意识和自主贡献都极为重要。他们被激发进而参与自治的过程也是影响他者加入自治行列的过程。第四,除上述三点外,其实对自治文化最重要的启蒙还来自青少年时期和大学时期的学校教育。这在目前中国的教育系统中是极其匮乏的。如何为摆脱贫穷、正在富裕起来的国人提供一定的自治教育,才是自治文化培育的真正所需。

第三节　中国治理体系的建构及未来

上文提出的主导能力、整合能力、孵化能力、创新能力、应急能力和监督能力这政府六大能力建设,以及参与机制、组织建构、协商模式、在线治理、阶层融合和自治文化这社会六大治理方略,是想找寻政府和社会共同精细化治理的机制。但难点在于这十二大模块的同步前行及互动融合,需要有精确的推进时间表、指标体系和操作路线图。

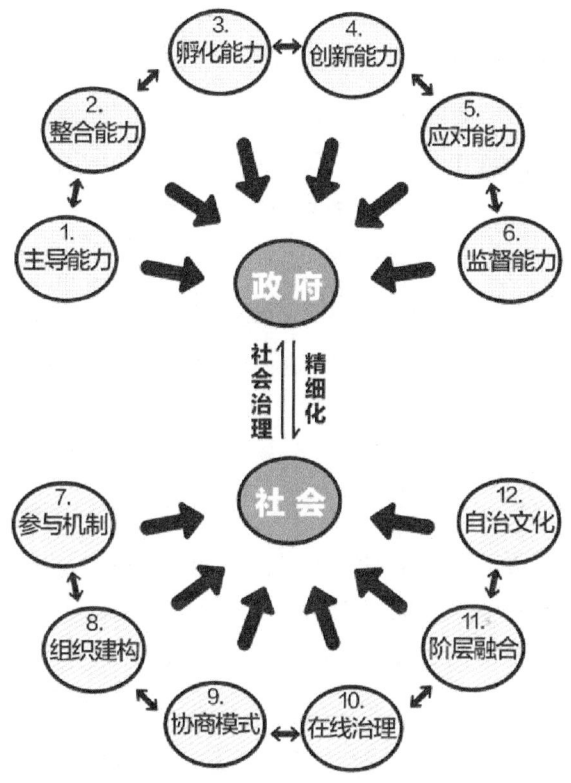

图 7-1　政府和社会共同精细化治理的路径图

众所周知,中国已向世界宣布胜利实现全面建成小康社会的"第一个百年"奋斗目标,当前正在乘势而上,全面开启建设社会主义现代化强国的新征程。站在这个新的历史起点,立足新发展阶段、贯彻新发展理念、构建新发展格局是我们共同面临的新的历史任务。也就是说,从以往的快速发展向高质量发展转型,从解决温饱问题、让少部分人先富起来向大家共同富裕、经济社会发展均衡的现代化国家转型,这不是单纯靠政府或社会就能完成的历史变迁,这样的宏伟目标需要靠政府与社会之间的强强联合,需要社会治理体系的整体建构和良性运行。总体而言,需要解决以下几个关键问题。

第一个关键问题,政府由大变强和社会由小变强是互为补短的过程。政府的六大能力建设中,主导、整合及监督能力是其长板。政府若要由大变强,补足孵化能力、创新能力和应急能力的短板是关键要务。例如政府孵化新兴组织、新兴技术、新兴产业、新兴平台和培育新兴文化能力,要学着下沉既有的权力和资源,并与社会一道共同探索各种可能性,寻求各阶层福祉的提升。在这一过程中,作为被孵化的社会团体的一部分,不得不通过参与、协商或自治来承接政府的孵化要素,社会原本的这部分短板也得以弥补或强化。再如政府近年来不断提升创新能力,意味着他们不断设计创新机制、研发创新平台、建构创新产业。而这些中的绝大多数不是由政府走完创新的全过程,政府只是提出创新的思路和总纲,社会需要接棒将所有的创新落地实现。在这一过程中,社会也将习得自上而下的创新思路,如在线治理就是政府搭建创新型的在线平台,在补短重构的过程无形中推动了社会的强大。

反之,社会的治理能力培育提升的过程同时也是与政府协同或敦促政府,甚至倒逼政府治理能力提升的过程。例如中国社会正在兴起协商治理,"有事好商量""众人的事众人商量",有相当多的组织部署和行动落地。看似协商的发起者、协商内容涉及的利益主体、协商结果的受益人可能都来自社会,但通常每场协商都需要政府在场。类似的协商过程是社会主体不断学习、修补和提升的过程,在此过程中,政府无论在协商中扮演什么角色,都能够更深度了解社会的需求,习得应对社会诉求的方法,也有更多机会提升其应急能力、整合能力和创新能力。

第二个关键问题,政府和社会在急速变迁的格局中互嵌共生。具体到中国而言,大政府向强政府转型,除了自身需要不断提升能力,社会也正不断演化。社会作为政府治理的变量而不是常量,向政府提出的诉求、与政府合作的方式等都在持续变化中。此时所谓的强政府应是不断适应社会变迁、有效应对社会变迁的强政府。例如非良性运行或不成熟的社会中常常存在沉默大多数、公地悲剧这样的怪象。政府若习惯这样的社会,那么当遇到需要社会共同来担责的问题时,政府就会忍不住将手伸得很长,去担社会应该担的责。这不仅要消耗更多的纳税,还要接受纳税人的诟病。但如果政府将社会视为不断成长的社会,适时放手让社会去适应和挑担,这一互相留有余地、留有空间的过程恰好给了政府与社会共同的能力提升机会。同样,社会在成长过程中,政府也在不断调整工作思路、工作内容和工作方法,社会如果固守一些以往的成见,那么就很难与政府有所协商、有所合作。政府和社会在急速变迁格局中的互嵌共生,鼓励双方以成长、变迁的视角来看待世事和对方,以适时调整、同频共振的相处模式进行合作,更需嵌入对方的各类新结构、新思路中才能获得共生共赢的新局面。

第三个关键问题,技术是政府和社会强强联合的重要变量。与19世纪至20世纪工业化技术推动社会变革不同,21世纪新兴的互联网技术、智能技术改变世界的速度几乎是翻倍和超常规的,而且与传统技术变迁先改造产业再波及社会,最后再影响个体的路径不同,新兴技术直接侵入生活世界,由此形成的改变反过来再影响政府治理和社会治理。

在中国政府治理和社会治理中有一个不可回避的技术问题,即为数字化。虽然数字政府和数字社会目前还未有明确的指标体系,但在这一技术变革的进程中,数字化有可能成为政府与社会强强联合的桥梁。首先,政府向来拥有数字资源,只是由于部门割据导致的数字孤岛现象、人才缺乏导致的大数据沉淀现象仍是常态,短时间内政府很难通过人才引进和技术赋能扫除数字化障碍。用数字化驱动来借助社会的力量已成为发达地区的地方政府、基层政府的重要工作目标。其次,在政府与社会共同搭建的数字平台中,例如各类地方性的、包罗万象的智慧App,常常希望将城市生活的方方面面都覆盖到,如果一方信息更新不及时、回应速度偏慢,作为粉丝的公众对平台的依赖和黏性马上就会下降。如果需要双方维系平台运营的协商不专业、不到位,那么智慧App的治理意义即会减弱。再次,数字化的源头技术研发来自社会,且这些技术从来都不单纯是工程师的研发成果,数字化要应对的是社会整体的深层变革,从提出需求到技术落地试验都需政府和社会联手。例如经由成像感应来疏导城市交通,其背后必然有交管部门、数据公司、属地政府、专家团队、志愿团队等一系列跨政企、跨政社的合作。最后,轰轰烈烈的数字化运动才刚刚开始,政府和社会目前均已达成数字化发展的共识。如果数字化只是解决政府内部或社会内部的数据运用问题,而不涉及政府之外、社会之外的数据共享、数据融通、数据链接问题,这理论上不能称为数字化。也就是说,以往单体运作、内部合作的封闭式内循环治理模式将被数字化本身必然波及的体内体外大循环所替代,数字化的开放性、平台性和共享特征将持续为政府与社会的合作提供千载难逢的契机。

第四个关键问题,强政府与强社会未来的共同存在是中国首创。在人类文明史上，东西方一直都在国家、市场、社会的黄金三角中寻找平衡，希望各守其土，彼此依存，形成三足鼎立之势。但这一理想场景至今未能精准落地：或市场乏力、不完善，国家和社会为其做了大量替代之功而忽略了自身成长；或国家弱小，当自然和人为的危机来临时，市场和社会无以阻挡；或社会贫瘠，看似繁荣的背后，许多人类基础的需求难以满足。本书的研究在控制市场这一变量的情形下，试图打破"小政府大社会"和"大政府小社会"的不二选项，探求中国本土政府（国家的代言人）与社会之间的最佳合作图景，并提出了"强政府强社会"的强强联合治理模式。

强强相遇在日常的个体合作与组织合作中是一种可遇也可求的常见状态。两强之所以会面对面，至少说明他们在一路成长过程中都克服了各自的艰难险阻，并因此而获得超过同道的不俗业绩。而当两强有机会共同完成更大的目标时，他们之间的竞争关系有机会进一步刺激各自的潜能发挥，他们之间的互补关系有机会给予各自更多的资源和动能，他们之间的合作关系有机会挣脱强弱组合的无力感和挫败感，他们之间的监督关系有机会形成更合法、更持久的赋权结构。我们之所以说是有机会而不是肯定达成，是因为强强相遇也有可能因价值观差异、竞争冲突等而导致两败俱伤。

与通常的个体或组织之间强强相遇不同的是，政府与社会在各自成长道路上一直都有合作，只是合作时的赋权不一定平等、资源不一定对等、能力不一定相等。本书希冀以治理之名，在治理的理论与实证框架下，通过政府与社会各自在六大治理能力方面的提升，找寻政府由大变强、社会由小变强的可能及其可为，一旦从理论上跨越国家与社会此强彼弱的藩篱，从实践上摆脱国家与社会强弱组合的困境，那么中华复兴之势就不可阻挡。